BLACK SWAN|黑天鹅图书

········· 为 人 生 提 供 领 跑 世 界 的 力 量 ·········

BLACK SWAN

进阶

成为快速升职加薪的少数人

杨萃先　著

北京联合出版公司
Beijing United Publishing Co.,Ltd.

图书在版编目（CIP）数据

进阶 / 杨萃先著. — 北京：北京联合出版公司，
2017.12
　　ISBN 978-7-5596-1304-2
　　Ⅰ．①进… Ⅱ．①杨… Ⅲ．①职业选择－青年读物
Ⅳ．①C913.2-49

　　中国版本图书馆CIP数据核字（2017）第284926号

进阶

作　　者：杨萃先
产品经理：周亚菲
责任编辑：宋延涛

北京联合出版公司出版
（北京市西城区德外大街83号楼9层　100088）
河北鹏润印刷有限公司印刷　新华书店经销
字数380千字　700毫米×990毫米　1/16　23.5印张
2018年1月第1版　2018年1月第1次印刷
ISBN 978-7-5596-1304-2
定价：49.80元

PART 1

找到更适合自己的工作

PART 2

定心，热爱当下的工作

目　录　　C o n t e n t s

PART 3

提升工作效率，多劳多得

PART 4

拥有良好的人际关系

PART 5

职场，拼的就是长期持续增值

参照物

以人为镜

目　录　Contents

企业家+老师=年轻人最需要的职场导师

大家好，我是公众号"十点读书"的创始人林少，杨萃先老师是我们平台的签约讲师，也是我非常欣赏的朋友。

众所周知，杨萃先老师被誉为"职场参谋长"。这些年来，她做过职场咨询培训，出过求职类畅销书，帮助不少年轻人解答职场困惑，此外，她还创过业，职场经验丰富。

今年年初，我邀请了杨萃先老师在我们的服务号"十点课堂"开课，主讲"职场36计"。截至目前有超过26000人订阅，零差评，在同类课程中创造了奇迹；后来，她的英语课程订阅量更是在上线的首月就突破4万人。

杨老师的职场课程，引发了学员超过5万条留言提问，这说明她所讲的内容戳中了听众和读者的痛点，引起了极大的共鸣。但是，真正让我们感动的是，我们经常在后台看到杨老师凌晨还在回答学员的提问；每次在"十点课堂"开直播，杨萃先老师都会做充足的准备，让大家在最短的时间内得到最大的收益，临近直播结束时间，看到还有那么多积极提问的学员，她总是不忍心离开屏幕，在学员的挽留下一拖再拖，能多回答一个问题是一个。

杨老师的职场课受到极大欢迎，在我看来，这得益于她"1+1"的双重身份，她既是一名企业家，也是一名优秀的教师，她用最佳的教学技巧，找到了最适合学员理解的方式，把企业老板对员工的要求清晰地讲解出来，让年轻人知道如何才能升职加薪，解决职业规划、工作技能、人际关系、个人成长等方面的职场难题。

　　一本好书，或一个好的课程，就像生命中的贵人一样，可能改变你的一生。我希望更多的年轻人可以受益于杨老师的书籍、课程，在职场不断进阶，成为更好的自己。

林少

2017年9月13日

奋斗需要技巧和常识

我与杨萃先相识于我主持的天津卫视的《非你莫属》节目，她是BOSS团成员之一，古方红糖副总裁。

细致地问，专注地听，是杨萃先的特点。在她参与的每一期《非你莫属》中都能看到这个特点，由此可以看出她对年轻求职者的诚恳关注。

年轻人除了奋斗，别无选择，好运气是自己拼出来的。但是，正如《非你莫属》上的一些选手一样，不少人缺少奋斗的技巧和常识。

杨萃先低调而务实，一如她的作品。希望年轻的求职者可以从这本务实的作品中得到启发。

涂磊

2017年8月5日

自序

公司没有告诉你的36个常识

这封信是40+的我，给20+或者30+的年轻的你，做的一场掏心掏肺的分享。

40+的我，从30+才领悟到的职场规划中获益，实现了财务自由。

做了多年老师的我，以学生的成功为最大满足，所以我讲课写书，想帮助20+或30+的你，在最短的时间内，活成自己想要的样子：认清自己的现状，走出职场的误区，找到适合的职业，了解和老板的相处之道，成为快速升职加薪的少数人。

围观我的故事，想想你的未来。

大学毕业后，我做过国企技术翻译、耐克公司销售，结果都以辞职告终。在开始进新东方工作的时候，公司正处于欣欣向荣大发展阶段，然而我却简单地因为"世界那么大，我也想出国看看"，错过了十年难遇的职场大发展机会，错过了在30+实现财务自由的机会。这在40+的我看来，是不懂规划犯的错误。

28岁时，我出国转了一圈，回国后以新人的身份（多么痛的领悟）回到新东方讲雅思、讲面试英语，却已然被称为"骨灰级老师"。年龄大了，有娃了，人家年轻人每天能上10小时课，我吼4个小时就崩溃了，于是上课带来的收入骤减。我凛然惊觉：若无职业规划，敢问路在何方？综合我的"红点"和"终点目标"，我给自己锁定了一个新的人生和职业目标——出书。

为了写书，我每天跟学生混在一起，跟他们一起吃麻辣烫，给他们修改简历，唾沫横飞地指导面试，只为了写出来自一线的、最实用的求职技巧。整整三年，我把300多万字的资料提炼再提炼，写出了一本30万字的书。书籍出版一个月后，就在中关村图书大厦登上社科类畅销书排行榜第三名，创造了新东方中文书的奇迹（除了俞老师、徐老师这些大佬的书籍之外）。

一个小小的转型规划，三年为了规划而做的刻苦努力，我的人生让我惊讶地开了挂：

有了"畅销书作者"的身份，我被中央电视台、中国国际广播电台邀请做嘉宾。后来，又被黄大仙（原新东方部门主任，现在可能是国内SAT最牛的培训老师）引荐，成了上海交大高金和长江商学院EMBA课程的英语老师，成了可能是中国最贵的、日薪2万的英语老师。

然而，尽管成为"客座教授"意味着我实现了我心目中的财务自由（带孩子下昂贵的饭馆不犹豫），我绝不会停止职业规划，因为没有规划的教训，太痛。我预测到日薪2万不符合市场规律，估值过高的泡沫早晚会破灭，于是坚持不懈地寻找下一个工作机会。后来，我参与创办了"古方红糖"品牌，历经八年的发展，"古方红糖"已经成了区域名牌，从去年开始冠名《爱情保卫战》。去年，我二次创业，创立"途正文化"，为年轻人提供职场和英语培训。

在整个职业规划的过程中，我发现自己走了很多本可以避免的弯路，也错过了很多本来可以直接进阶的机会。后来走上领导岗位，自己做老板的时候，我更加深刻地感受到升职加薪是有技巧的，但是这些常识，公司却不会主动告诉你。

所以，我尝试着把自己掌握的常识分享给身边的人，包括我家的小保姆、公司的厨师和员工。身边的人了解了这些之后，都有了可视的进步。我家的小保姆也成了一名雅思老师，在北京买了房，实现了人生逆袭；厨师女孩也成长为同时教厨艺和英语的少儿老师。

所有的这些常识，都被我陆续总结成了"36计"，于是，就逐渐有了这本书的雏形。

这本书是我傻实诚的分享，我的目的当然只有一个——帮你进阶。职场如同打游戏，要不断打怪升级。如果你看了这本书，长了千里眼，知道前方高能有陷坑，你的进阶当然更快。

傻实诚分享和热盼你进阶的杨萃先

微博：Tracy杨萃先

微信公众号：途正职场&途正英语

2017年10月12日

PART 1

找到更适合自己的工作

现在，请你做道单项选择题：

1. 你认为不知道自己做什么工作最适合，或者不知道自己目前所做的工作是否最适合自己的年轻人的比例是多少？

A. ＜30%

B. 30%～50%

C. 50%～70%

D. ＞70%

2. 假定你的选项是C或者D，你目前的心理活动符合哪一种描述？

A. 我不那么焦虑了，因为我发现迷茫的不止我自己。

B. 我很想知道到底是什么原因，让这么多人都很迷茫。

C. 难道年轻就意味着迷茫？四十不惑也许是真的吧！

D. 我意识到：机会来了！只要我尽快找到自己的职业定位，就能甩开很多因迷茫而不能全情投入工作的竞争者！

如果你的答案是D，恭喜你！你是一个有竞争意识并知道如何竞争的人。

D也是我的选项，因为：

搞清楚自己最适合哪份工作之后，你就可以埋头跨过自己的"坎儿"了；而当你咬牙爬坡的时候，自然有因为迷茫而分心的竞争者落在你的后面。那么，你就可以升职加薪了。

所以，在第一部分，我们赶紧动手，搞清楚自己最适合哪份工作。

一、如何判断自己更适合哪份工作？
——"红点黑点"

自从《这些道理没有人告诉过你》出版以及"十点课堂"的"职场36计"上线，我收到了至少5000条来自读者和学员的提问。其中大约50%的问题，都和"我适合干什么"相关。比如说：

1）苹果的麻麻：我在一家公司工作了六年，从文员转到了销售；现在又冒出了创业的想法。但是很多时候都只是想，我也不知道自己适合干啥，怎么办呢？

2）上海ZZ：我即将从物流专业毕业，在找平面设计的工作，目前在自学。因为学的不是这个专业，所以找个实习的地方都很难很难。家人要我考公务员或事业单位，但我觉得那种一眼望到头的生活不是我想要的，难道不该按照理想和兴趣找工作吗？

3）传说中的羊：我在准备公务员考试，又想要去试试外贸工作，我不知道我能不能胜任；但我又有点喜欢体制内的工作。我自己都觉得自己纠结得烦人，我该怎么办？

没有经验的职场小白，有的会借助性格测试工具找工作，有的会听取爸妈、身边朋友的意见，不过，更多的人还是用"三问法"进行自我判断：

一问：这个单位有前途吗？

二问：我对这份工作有兴趣吗？

三问：我有能力干好它吗？

这个"三问法"看上去非常合理，但事实上，它的实操性很差。它导致90%的年轻

人非但没有受益，反而被它误导。我们来看个案例：

小翠，22岁加入耐克公司做销售助理，这个工作看上去很符合"三问法"。然而事实上，她的职业发展并不顺利。当了半年助理、一年销售代表后，她因公司大裁员被解雇了。接下来找工作的时候，她发现了一个更残酷的事实：对她而言，体育行业的就业机会少得可怜，而且工资很低。

后来小翠跨行就业，成了新东方老师。耐克的两年经验，对她的整个职业生涯而言，几乎没有为她增值。

这个小翠，就是我自己。二十多岁的我，把"三问法"的每一问，都理解错了：

1）单位有前途，其实不是单位的前途，而是我自己在离开这个单位的时候有没有前途。入职的唯一目的，就是离职的时候身价倍增。入职时要想清楚：下一步，哪个公司会出双倍工资挖我过去？

2）我对耐克的兴趣，不是真兴趣，是伪兴趣，只是对未知事物的一种好奇。年轻人对没干过的事，都有兴趣。

3）我的能力，只能匹配起步时期的助理和普通销售的工作，却不能匹配销售总监和销售副总。

那么，像小翠这样的年轻人，一没经验，二没判断力，不可能准确掌握"三问法"，他们应该怎么办呢？

▲ "红点黑点"计策

我在过去十多年里，跟踪了几百个职场案例，帮助年轻人提炼了一个实用的方法——"红点黑点"职业定位技巧，实操起来有四步。

1. 找"红点"，找"黑点"

回顾往昔，列出你过去十年的全部经历，圈出"红点"与"黑点"。

"红点"是你已经被市场认同的事情，因为你比其他人在这方面强一些。

"红点"，当然包括你的**大学专业**。即便你非常不喜欢它，你也学了这个专业三至四年。与其他没有学习这个专业的人相比，这必然是你的"红点"之一。

"红点"，也可以是你的**个人技能**。比如，音乐技能、体育技能、手工技能等等，甚至做饭和打扫。只要你拥有一个周围很多人都不如你的技能，那么这一定也是你的"红点"之一。

"红点"，更包括你多年积累的**工作经验**。如果你干了十年护士的工作，那么，你的"红点"当然包括"准确扎针不流血"。

当然，"红点"也可以是你个人的被周围所有人认可的**鲜明特征**。比如，语不惊人死不休，特立独行，点子特别多。

但是，如果只是你自己认可，而其他人并没有意识到，这就不是"红点"。比如，有的小伙伴说"我非常有创意"，但是他周围的人从来都没有见过他任何一个创意作品，那么这个就不能列为"红点"，很有可能是一种误判。然而如果你有长达五年甚至十年的兴趣，而且你在该兴趣方面所积累的知识远高于你周围的任何人，那么这也是你的"红点"。比如，有的人狂热地喜欢足球，有的人狂热地迷恋"二次元"，而且有五到十年之久。

对于工作经验较少的人，可能找"红点"有一些难度，我来给大家举一些例子：

1）人缘比班里其他人都好，老师有事就找你办；

2）写作水平明显高于其他人；

3）上大学就入党了；

4）书法大赛亚军（你不是被家里人拿着鞭子逼着练书法的）；

5）在某个岗位上评了先进；

6）数学成绩总是前几名；

7）连续两年都是同学推举的"生活委员"；

8）你是班里第一个靠打工养活自己的人；

9）你从小到大都是那种"老师比较喜欢的孩子"，乖巧听话，受到老师表扬，这给了你很大的安全感。

"黑点"呢，就是你跟其他同龄人、同背景的人相比，被证明做得比较失败的事，或者大家都觉得你比别人差的特征。比如说：

1）跟高中同学相比，你成绩较差，上了大专（不要提你考前生病的事，生病也说明你可能心理素质不过硬）；

2）跟大学同宿舍的人相比，你更粗心，几乎每个月都会丢东西；

3）跟闺密相比，你是特别没主意的人，从小到大都是听爸妈的、听老师的、听班长的（千万不要辩解说是别人太强势）；

4）你在班级里是表达能力最弱的人之一；

5）感觉自己没有任何出彩的地方；

6）你性子直，不会说话，好几次莫名其妙就得罪了人。

在这里我想特别指出两点希望各位读者注意。

第一点，千万要重视你在大学所学的专业以及你曾经积累的工作经验。所谓"人生苦短"，这句话在职场上是非常适用的。因为无论你多么不喜欢一份工作，它必然在你的身上积累了别人花费时间与精力才能与你竞争的"红点"，所以在没有其他非常明确的"红点"之前，绝不能放弃自己本专业"红点"以及原有的工作经验"红点"。它们是你胜过竞争对手的重要手段。

第二点，在你描述"红点黑点"时，不要只给形容词。比如，我的"红点"是乐观、上进心强；"黑点"是粗心、性子直。用形容词描述"红点黑点"是完全无效的，因为你有可能对自己产生误判；你必须找到"学校、职场已经验证过的事实"作为"红点黑点"。如果你觉得很难做到，诀窍就是对比加举例，比如：

1）我比其他同学乐观，跟同学一起搞促销的时候，我总是扮演打气的啦啦队队长的角色。

2）我比其他女生粗心，我无数次丢过钱包、身份证、钥匙，现在每次出门都要强制性告诉自己"伸手要钱"，即身份证、手机、钥匙、钱包。如果不强制提醒，我就会丢三落四。

2. 用"红点"对应自己适合的工作

"红点"代表你具备的适合你的工作的特质，如果你有三个"红点"，你最适合的岗位，就是让这三个"红点"交集在一起的岗位。比如说：

1）人缘比班里其他人都好，老师有事就找你办：

销售、公务员、人力资源等需要人际交往能力的岗位。

2）写作水平明显高于其他人：

教师、培训师、媒体、市场等需要"笔杆子"的岗位。

3）上大学就入党了：

比其他未入党的同学更适合体制内的工作。

4）书法大赛亚军（你不是被家里拿着鞭子逼着练书法的）：

美工、创意策划等需要创意、审美的岗位。

5）数学成绩总是前几名：

与数据相关的岗位，如会计、审计、数据分析师、软件编程、咨询顾问、采购等。

6）连续两年都是学生推举的"生活委员"：

生产管理、客服、行政、办公室管理等需要细节与协调能力的岗位。

7）你是班里第一个靠打工养活自己的人：

你比别人更适合尽早创业，如果不想现在创业，建议的岗位是销售。

8）你从小到大都是那种"老师比较喜欢的孩子"，乖巧听话，听老师的话，受到老师表扬，也给了你很大的安全感：

你比别人更适合体制内的工作，进入大公司比进入小公司更好，因为你喜欢在预设的轨道上前进，大公司里有无数预设好的轨道，而小公司里老板自己可能都不知道明天应该干啥。

3. 用"黑点"排除自己不适合的工作岗位

"黑点"显然代表了你要避开的岗位或者单位所需要的特质，例如：

1）你高考成绩较差，上了大专（不用解释说你遇到了什么特殊情况，只看结果）：

你不适合考研和医生、教师、律师、咨询师等任何带有"师"字和研究性质的岗位，也不适合进银行、公务员系统，这些体制内的人需要一辈子不停地培训、考试以获得升职资格。（备注：这些分析基于大概率的估算，不排除特例。）

2）你几乎每个月都会丢东西：

财务、行政、人力资源模块中的薪酬分析、保险福利专员等需要耐心细致的岗位都不适合你。

3）你是特别没主意的人，从小到大都是听爸妈的、听老师的、听班长的（千万不要辩解说是别人太强势）：

a）人力资源中的招聘培训模块、公关传媒、市场策划、产品研发与运营等需要自己拿主意的岗位不适合你；

b）不需要"一技之长"的岗位都不适合你。你的话语权，不能来自领导力、沟通力，而是来自你超过了其他人的对某个专业技能的掌握，他们因此不得不听你的。比如：数据分析、财务分析、薪酬分析等需要分析技能的岗位，设计师、插画师等需要设计能力的岗位。

4）你在班级里是表达能力最弱的人之一：

a）请你避开需要优秀表达能力的任何行业和岗位，比如教育行业、咨询、保险、直销，你完全可以选择动手、动脑的工作；

b）有很多人表达能力弱却要挑选最需要表达能力的岗位以锻炼自己，我反对这样"扬短避长"式的择业；

c）销售岗位并非全都需要表达能力超强，结巴也能做好销售，"读心"能力强就够了。最厉害的销售，一定是情商高、善解人意的人，而不是那种巧舌如簧、说个不停的人。

5）你感觉自己没有任何地方"出彩"：

你要避开入职后需要较强个人表现力的岗位，比如，一个安静的女生进了某医院党办，就算到了40岁也难以发展成党办主任，而一个风风火火的女生就有希望升职上去。个性"不出彩"的人，比较好的职业路径是做"月亮"，反射"太阳"的光芒。比如，进入特别优秀的大公司，跟随非常优秀的企业家，靠高效执行获得发展。

6）你性子直，不会说话，上学期间几乎就没被老师表扬过：

避开体制内，进入对人际关系要求最弱的私人企业，选择"君子动手少动口"的岗位，比如做表格、做数据、做订单、电商运营（数据分析方向），等等。

分析到这儿，我必须再次强调：所有分析都是基于逻辑推理，只能参考，而不能刻板地对号入座。永远不要刻板地相信职业测评，也不要刻板地照搬我这里的分析。在冷静分析的基础上，热情勇敢地尝试，毫不犹豫地修正才是年轻人应有的行为。

4.坚持

一旦按照"红点黑点"选择了工作，就要专注地走下去。**遇到诱惑不动摇，遇到困难不退缩，才会比别人更快升值，在职场中崭露头角。**

年轻人职业发展不顺利，更主要的原因并非选错了工作，而是浅尝辄止，频繁跳槽。所以，我希望每个读者都忠实于自己原有的"红点"，聚焦"红点"，这才是正确的职业发展之道。

① 请总结下自己的红点黑点，说明胜任岗位的理由。

② 黑点是丢三落四，红点是善于沟通，热情大方，我申请进入贵公司的HR部门。

③ 黑点是有点粗心，红点是有冲劲，设下目标就充满动力，我认为自己会是一个不错的销售员。

④ 你们的红点就是我的黑点，我的红点是特别能吃，听说进食品公司每天可以吃很多好吃的，我就来了。

"红点黑点"计策案例分析

为了让大家更清晰地理解每个计策如何实操，每个计策都会配备详细的真实案例，通过实战分析，让你了解具体的计策应该如何使用。

案例一：小翠的职业生涯剖析

"红点"：学霸，当地高考状元，作文常被老师作为范文朗读，演讲比赛冠军、辩论队成员，英语八级，大二自己回农村老家办过英语辅导班。

"红点"匹配就业方向：

1）学霸加英语加创业，可以创业开英语班，或者进英语培训学校先当老师，汲取丰富的经验然后再创业；

2）写作加演讲，可以做记者、策划、出版。

"黑点"：大学忽视团支书多次邀请，最终没入党；成绩第一但是不太受老师们的喜爱；被其他女生认为着装品位奇特。

"黑点"要避开的行业、单位或者岗位：

1）需要接受约束的单位，如国企、政府机关；

2）要求审美超越普通人的行业，比如服装、化妆品、奢侈品公司。

现在，我们来看看小翠（当然就是老人家我）的真实职业经历：

1）国企半年，以装疯卖傻的方式成功辞职；（"黑点"：不适应较为安逸的工作）

2）体育服装公司工作两年，被裁；（"黑点"：没有任何体育方面的特长）

3）开美容院，四个月倒闭；（"黑点"：审美差）

4）优秀英语教师—畅销书作者—创业古方红糖与途正文化。（"红点"：擅长写作、善于沟通、胆量大）

你们看，这些马后炮的分析是不是非常惊人？我所走的弯路，其实早就被"黑点"预言到了。而我当老师、写书、创业比较成功，恰好也是"红点"预言到的。如果当初的小翠能掌握职业发展之道，创业可以提早十年开始。

案例二：面对选择纠结的大南

大南，毕业十年：三年携程销售，六年恒大项目管理，现在是南昌某著名物流公司的供应链事业部经理，月薪2万。节后准备跳槽，拿到俩工作邀请：一是阿里巴巴P5岗位，做农村淘宝的销售运营，月薪2万，有两名下属；另一个是P2P金融分公司负责人，月薪约3万，有十几个下属。金融公司优势明显，可大南内心渴望去阿里学习三年，崇拜马云，也觉得大平台一定能学到东西。

我们先来了解一下专业名词。第一个，供应链管理，就是管理供应的链条，设计供货的流程。举个简单的小例子，大家都知道"三只松鼠"，那么，"三只松鼠"在全国设置几个仓库最合适？都设在哪里？这就是供应链管理要考虑的事。第二个，淘宝的P5是专业技术岗，看重个人的专业能力，而不是管理团队的能力。第三个，P2P公司，peer to peer即伙伴对伙伴，就是把借钱的人和有钱借给别人的人，拉到一起来，你可以简单粗暴地理解为小额贷款公司。第四个，淘宝运营，就是通过宣传策划，往淘宝店拉人，然后留住他们买东西——一次性买很多，而且重复过来买买买；运营岗需要突出的数据分析能力和创意文案能力。

如果你不了解自己感兴趣的岗位，最简单的办法是上智联招聘、前程无忧等招聘网站搜索一下。如下所示，这是两个"运营岗位"的任职要求：

任职要求：

1.大专或以上学历，<u>市场营销、电子商务等</u>相关专业；

2.一年以上女鞋类目电子商务运营工作经验；

3.三年以上天猫等大型电商平台运营管理经验；

4.熟悉淘宝网、天猫等大型网购平台的运作规则；

5.熟悉搜索引擎优化，具备提升宝贝排名技巧。精通淘宝直通车竞价排名规则，优化竞价关键字；

6.具有较强的<u>产品策划、活动选题能力</u>；

7.灵活运用生意参谋等软件，及时优化店铺和宝贝浏览量；

8.有较好的组织、沟通、协调能力，有很强的团队精神。

任职要求：

1.有一年以上天猫、京东、聚美、当当等在线平台运营经验；

2.<u>策划及沟通能力强，有一定的数据分析能力和文字功底；</u>

3.熟悉淘宝、天猫或京东、聚美等在线平台的运营环境和交易规则；

4.<u>有很强的创新和执行能力，</u>以结果为导向，有团队合作精神；

5.<u>思维清晰、反应敏捷，</u>具有创新精神和良好的职业操守。

大南的"红点"：

1）突出的销售和管理能力；

2）保持着向上攀升的激情，有野心。

显然，大南适合销售经理—销售副总—销售总经理这个发展道路。如果想升职快，要在原来干过的旅游、房地产、物流中选择一个，升到高层，然后被猎头高薪挖走。正确的跳槽，是同行业换公司，三五年跳一次，工资翻两三倍，而不是两三成。

那么，大南很想做的P5运营岗是否适合他呢？在他过去十年的经历中，没有找到这些"红点"：

1）文字——没有得过作文比赛的奖项；

2）创新——没有被大家认为是"特立独行"的有想法的人；

3）策划——没有成功的产品或者项目策划推广经验。

所以，我极力建议大南去做销售管理。不过，他坚持认为大平台上能学到东西，而且以马云为神，所以毅然选择了阿里。

不过，如我所料，他只干了两个月就辞职了，觉得只给他两个兵，实在"耍不开"。后来他跳槽到了一个农村金融P2P公司，管理二十几个人，继续做销售管理。

案例三：逆袭成为雅思老师的露露

农村女孩露露，16岁进城打工。村里有的女孩进饭店当服务员，有的学美容美发，有的当小保姆。她该怎么办？

这是一个比较难的案例分析，因为对于16岁就参加工作的人来说，她的过去没有太多可以剖析的内容，得到的信息是有限的。不妨就通过她曾经的生活及性格来推断一下。

1）在"红点"方面，露露是村里的孩子王，连男孩都可以与她打成一片，显现出领导风范；有十足的胆识，12岁开始一个人独立生活，爸妈和哥哥都出去打工了，家里盖房子欠了不少债，在面对周围人的目光时，她完全没有感到压力和恐惧；有很强的学习能力，在没有家长辅导的前提下，成绩在班级里居中上游。此外，她有野心，不甘平庸，渴望改变家庭的生活状态和自己的成长困境。

2）在"黑点"方面，她极度丢三落四，超级粗心；除了把自己打扮得漂亮外，家里乱七八糟。露露的"黑点"代表她不适合服务业，比如服务员、美容美发、小保姆；而"红点"，诸如有胆识、有领导力，则表明她适合当老师、做销售，或者其他有挑战性的工作。目标要高，才能安放她的野心。

3）最后，她选择到一个英语老师家做保姆，保姆只不过是她的一个跳板，真实目标的确是有野心的，就是在耳濡目染中学会英语。这个露露就是我家原来的小保姆，逆袭成了雅思培训老师，前一段时间还被我邀请开设了"零基础英语课"。

大Zoe（她的自称，我一般偷偷称她"丰满的大Zoe"）因特殊的家庭变故，从9岁开始负责煮饭做菜，没想到一下子爱上锅碗瓢盆。大学没有"炒菜"专业，所以她学了商务英语。毕业后，找了一个饭店做厨师助理，后来发现有个"英语公寓"招聘厨师，于是她想到这儿把自己唯一会的两件事——英语和炒菜——都给用上：用英语问大家想吃什么，然后炒出来！在这里，她遇到了八姐我这个当年开英语公寓推广浸泡式学习方法的理想主义英语老师。那么，大Zoe的职业发展之路，是炒菜还是英语呢？

1）跟其他学商务英语的女生相比，大Zoe会炒菜，这是个大"红点"；跟其他会炒菜的人相比，大Zoe会说英文，这也是个大"红点"。此外，大Zoe还有个大"红点"，生性乐观，爱说话，很幽默。而大Zoe的"黑点"，根据我当年的观察，是比较任性。她不是那种"我要挣钱我要发展"的女生，而是随着自己的性子来，爱干什么就干什么的人。这类性格呢，通常不适合大公司的高级岗位。

2）后来的故事你们都知道了，大Zoe用上了自己的全部"红点"，变成了一个"教孩子们炒菜的英语老师"，每动一次炒勺，就收几块钱的课时费；更让人眼红的是，她超爱自己的工作，扬言要干到牙齿掉光、说英语漏风为止。

3）大Zoe的案例非常励志吧？我最近鼓动她开设一门"大Zoe教你炒出好菜好英文"的课程，不过她说自己锁定了方向只教青少年，绝不给成人授课。而且她还责怪我："你当年教我说'职业发展必须专注'，现在竟然要拉我跑偏？不干！"

这个故事是我从"连岳"微信公众号看来的。本来我只引用自己学员的真实案例，但是，连岳分享的这个故事让我很有感触，所以我把它分享给大家。

有个"留守妈妈"，老公去国外做生意，后来离婚了，女方并未分到很多财产。她自己带着俩孩子，租住地下室，长期不工作导致她并没有什么职业技能，一咬牙在富人区当起了保姆。因为以前做过阔太太，所以特别知道如何为阔太太服务。她十分敬业，很快做出了口碑，逐渐走管家的高端路线了。后来买了房子，大儿子去年考上了麦吉尔大学。

1）这个阔太太的案例，对很多"不知道自己有什么'红点'"的人应该有一些启发，"红点"包括你所有的经历、阅历、学历。

2）此外，岗位的起点其实不重要，因为再低微的岗位，也能找到向上的发展空间。

除了刚才的这些大段的案例分析，我额外增加一些"快速案例"，因为大家的择业困惑太多，希望更多案例可以让你们有更多思路。

1）学机械的文艺青年：

"红点"：二本机械专业，写作获奖四次，校记者团成员；

"黑点"：并不喜欢机械专业。

职业规划：到与机械相关的出版社从事编辑推广工作，让懂机械加擅长文字两个大"红点"集中爆发——积累三四年文字编辑经验之后，重新按照文字、创意的大"红点"进入更广泛的出版、传媒、创意领域。（八姐备注：该案主现年41岁，经历五次跳槽，年薪上涨路径为：两万—五万—十五万—六十万—一百三十万。）

2）学外贸干外贸的外贸男：

"红点"：二本外贸专业，英语六级，口语较好；

"黑点"：性格比其他男生固执，对于自己认可的事情敢和老师争吵。

职业规划：适合进入外贸企业工作，但根据"黑点"，在同等条件下，应优先考虑民营的外贸企业，而不是进入体制内。（八姐备注：该案主已在大型民营外贸企业工作十年，行情好时年薪百万，行情不好时年薪六七十万。）

3）不觉得自己聪明的理工男：

"红点"：二本电子信息工程专业，做过心理委员，参加过省级智能车大赛（获三等奖），与其他三人创立本地团购网站（虽失败，但却是坚持最久的人），自学计算机（被全班同学公认为小咖），作为非计算机系学生参加计算机系国际计算机学会挑战赛（虽然成绩很差）；

"黑点"：无社团活动，喜欢独处，不活跃。

职业规划："红点"方面，有电子信息、自学电脑、为同学排忧解难、大量的自学经历，适合需要大量自学的初创型团队，同时带领其他员工。（八姐备注：该案主今年28岁，第一份工作为初创企业的电商团队组建，从一人到招聘六人完成四百万年销售额；第二份工作，被猎头挖到某东南亚国家，为某传统企业转型开设电子商城，依然负责从零到一创建电子商务运营团队，年薪翻三倍。）

4）四线城市迷恋二次元的英语六级男生：

"红点"：二本统计学专业，是班里四十五人中考过六级的五人之一，喜欢干净，宿舍卫生基本独立负责，对二次元方面的知识超过身边所有男生，自考日语N1证书，做过生物公司公众号排版，做过民政局录入员；

"黑点"：大学从未参加过社团活动，性格不活跃，相对孤僻，健康状况比身边很多男生差，"只说不做"派，想法很多，实施一拖再拖。

职业规划：如果所在城市或者理想中所在城市能够找到二次元公司的相关工作，如：公众号编辑、文案编辑等工作，建议以长达十年的兴趣为核心大"红点"找工作。长达十年的兴趣，一旦点燃，就是熊熊烈火。反之，如果没有足够的魄力离开自己所在的城市，因为二次元的相关工作通常是在北上广深几个城市，那么，退而求其次，用英语加编辑的"红点"获得竞争优势。（八姐备注：该案主刚毕业，跳槽两次后，入职一创业中的文化公司，从事英语编辑工作。）

5）大专学软件的马路歌者：

"红点"：大专软件专业，高中时期疯狂唱歌，多次在马路边唱歌，大学文艺部成员，班歌比赛领唱，海信研发中心软件测试三个月工作经历，公路收费站工作半年，长达十年的爱好为打游戏、看书、写随笔；

"黑点"：懒惰，不擅长交流，孤僻。

职业规划：如果所在的城市里面有类似唱吧、麦颂这样的和歌唱、文艺相关的工作，可以考虑投简历到该类公司使用唱歌加文字加程序员三方面的"红点"，寻找与运营、推广、策划相关的不与人打交道的工作。如果所在城市没有此类文艺、市场类的相关工作，可以考虑将写随笔、软件相结合，例如寻找可能会使用微信号小程序的相关工作，例如在某些英语学校，校方会开发小程序增加学院的黏性，此类工作需要了解软件，爱学习，并且可以做相应的推广工作。（八姐备注：四线城市对于"文艺青年"的职业发展有极大局限，如果是事业心强的人，必须离开。该案主目前入职文化公司，担任编辑助理，与唱歌和程序无关，就只能用力开发"写随笔"的"红点"。）

看完以上这些案例，我想，你们应该彻底了解了如何用"红点黑点"选择工作。也许你会说："哦，原来用'红点'找工作很简单，就是把所有的'红点'罗列进去。"的确如此，用一个"红点"工作，你必然辛苦，如果把三个"红点"集合起来工作，稍微一发力，就燃烧起火焰了。

比如说我自己，我有写作的"红点"，但是，如果我用这个"红点"在职场谋生，我就会被莫言这些正牌作家秒杀到趴在地上一辈子都爬不起来，我真的就要"莫言"了。但是，如果我把写作、演讲、创业经历、英语相结合，我可以写职场书、讲职场方面的课程，告诉年轻人如何快速学英语，那么，我和莫言先生就在不同的赛道上竞争了，我获得了"不可替代性"，就可以活得很好。

"红点黑点"计策练习题

下面所列的这些问题，都是我在公众号后台收到的留言，其中有很多问题具有典型性。

现在，我邀请你为每一个案例的案主出谋划策，看看你能否应用我们刚刚学过的计策。以人为镜可以正衣冠，帮助别人分析也恰好可以让你看清自己。

我把自己的点评放在了后面，但它绝不是唯一的标准答案，抛砖引玉，我希望我的点评能够激发你的思考（这句话绝非客套）。

1. 放飞心情：

我是三本毕业，做投资理财的电话销售，因为觉得有欺诈性质而辞职，后来做人力资源因为被拖欠工资又辞职。目前在一个商场做服装楼层的主管，不知道自己适合什么工作。"红点"是从小学到大学都是班里的班干部，有一定的领导能力；喜欢交朋友；有一定的绘画天赋；运动是强项。"黑点"是盲目乐观，遇事总往好处想；比较固执，不太容易听进去朋友的意见；太容易相信别人。我应该从事哪方面的工作呢？

2. IrisChing_Aug:

我是一名刚毕业的留学生。本科在211大学念电子商务，硕士在英国念经济金融。喜欢阅读，写点随笔，性格较为内向。现在准备公务员考试，但是压力很大。同时留学归国的同学大多都在北京和上海就业，而我回到了自己的家乡，心有不甘。怎样看待我现在的情况呢？

3. 点击快乐:

我是个二胎妈妈，准备重返职场。我从事工程造价工作，有在大型国企和民建十一年的项目经验。目前进地产管理层却屡遭失败。难道我的选择不适合我吗？我的"红点"：解决问题的能力和执行力很强、思维敏捷、亲和力好、善于沟通；"黑点"：解决问题易采用换位思考的软策略，而非强硬手段。我该怎么办呢？

4. 黄晓bee-Rache:

我本科是物流管理专业，在新西兰读的教育研究生。毕业后发现留在海外门槛不低，回国后除了海归身份和英语较好也没有什么优势。现在正在办理新西兰的移民，在一家华人小公司工作至今。

目前的办公室经理已到顶，虽然老板准备再创业，说新公司要交给我打理，但要半年后才能知道新公司能否成立。要跳槽其他公司觉得英语是一个瓶颈，而且只会文书类工作。对会计有兴趣，但不清楚是否应该重新读书。

虽然正在办移民，但也想过回国就业，也同样面临不知道选择什么行业和岗位的问题。"红点"是学习能力强、领导能力不错，该怎么办？

5. 雪丫头@Love:

我是大专药学专业。最先在保健品公司做销售，不满对老人的欺骗而离职。我很喜欢自己的专业。最近接到的邀请都是销售类，和专业不符。我一直考虑做行政后勤、助理类，投递简历结果也不理想。

我的"红点"：外冷内热，好奇心重，喜欢新鲜事物，喜欢运动爬山，容易迁就别人，忍耐力强，不愿做与自己价值观相冲突的工作，喜欢慢节奏的生活，不喜欢冲突，容易心软，不喜死板，喜欢有活力的事物。

"黑点"：不自信，不善沟通表达，丢三落四，家里办公桌面乱槽槽，记忆力差，做事犹豫不决，想得多做得少，无法隐藏自己的情绪，立场不坚定，经常被别人说服，做事主次不分，三分钟热度。

"红点黑点"练习题解答

职场的问题纷繁复杂，千人千面，每个问题也许还有它很多背后的影响因素，这里只是八姐我站在自己的角度给出的参考。

如果你对某个案例有切身的体会，或类似的职场经验，我们非常诚恳地邀请你分享。请你关注微信公众号"途正职场"，或者加入QQ群给我们留言。越分享，越成长，越成功。

1. 放飞心情——三本、想第三次跳槽的服装楼层主管：

a）你曾经做过理财销售，否认了"理财"这个行业，同时也否认了"销售"这个岗位，这不是"连孩子带洗澡水都给倒掉"了吗？不喜欢卖理财产品，你可以去卖其他的。

b）你的"红点"是有领导力、亲和力、抗压力，运动好。这些"红点"非常匹配销售岗位，更匹配一个运动服务类的销售岗位，比如耐克、阿迪达斯；如果你绘画才能也好的话，去做艺术品类的销售也可以。

c）你目前的服装楼层主管岗位，跟你的"红点"匹配程度也比较高，我认为不需要换工作，做到优秀，自然就有更好的机会出现；不要拿"工作没选对"作为自己工作表现不优秀的挡箭牌。

d）你曾经选过两个工作，一个你觉得是骗子，另外一个拖欠工资，虽然这两家公司的确有可能一个是骗子一个是坏蛋，但是也足够暴露出你自己的一大"黑点"：判断力不足。这对于人力资源岗位来说，是个几乎无法逾越的硬伤。所以我个人觉得，你从事人力资源岗位未必像销售那样有前途。

2. IrisChing_Aug——不甘心回家乡考公务员的英国金融海归：

a）你的"红点"：英语、金融（此处要打个问号）；公务员需要的"红点"：爱国爱民（非常严肃地说）、能说会写、有某一个领域专长（比如你想当公安局长肯定要懂安全与行政等）。我实在看不出来这些"红点"如何匹配。

b）我想，你并没有按照这些"红点"找工作，而是遵照家里人的意愿，谋求"现世安稳"，谋求踏踏实实、体体面面的工作吧？也许你的父母是这样的，他们希望成功地复制在你身上？这样做不好，真的。如果你一直听父母的，最有可能的未来是：你不喜欢自己的工作，可怜；你父母操控了你的一生，可恨。（备注：我不反对你考公务员，只是坚决反对你"听家里人的意见考公务员"。）

c）"写点随笔加性格内向"，如果你的"随笔"写得特别好，也许可以在公务员体制内成为领导的"笔杆子"；如果你没有勇气摆脱父母的操控，也许可以往"笔杆子"方向发展吧，这样你的"内向"就不会成为"黑点"了。

d）从你的提问里，我看到了一个大"黑点"：你选工作的标准都是错的。你在思考的是大城市与二线城市，公务员与其他；你在思考自己要从职场中攫取到什么好处。而事实上，这些都是"身外之物"，你必须本着"我要干活"的心态来选工作。请问：你到底能给职场带来什么价值呢？比如说，你能写？你能分析？你能做电子商务策划卖东西？不干活，何来收获？

3. 点击快乐——二胎妈妈重返职场谋求管理层岗位：

a）二胎妈妈重返职场，别人已经给你扣了"一定会因为两个孩子而影响工作"的帽子。所以，能找回原来的岗位和级别，已经是最高期望了，不能期望直接进入一个新单位成为管理层，更不能指望换行业、换单位、换岗位，一次性三级跳。

b）年龄同样是个大问题，用人单位不会培养一个四十来岁的没有部门管理经验的人，所以我建议你继续做造价，先不要计较职位高低，而是先进入一个合适的单位，然后靠自己的表现谋求升职。

4. 黄晓bee-Rache——物流本科教育硕士海归，移民与就业中徘徊：

a）"红点"：英语、新西兰留学、办公室行政事务处理。如果想回国，可以到新西兰留学中介谋职；如果想移民，当然是做任何有利于移民的工作。

b）所有海归都不要期望回国就能找到一个2万元月薪的工作。职场如同种果树，你必须先选择在哪里种植，而不能说"我得先看到苹果，再去种树"。

c）回顾往昔，你一直是"追求流行"的人：原来物流火，你学物流；然后留学火，选教育的人多，你就留学新西兰，读教育；再后来，流行移民，你又开始办理移民。你放弃了之前选择的每一棵果树，每次都重新种植，请问：你到底啥时候想吃苹果呢？

d）想好你的居住地吧，想当新西兰人，就一门心思拿到绿卡；如果只是为了获得新西兰的好福利，你也许还会错过中国的"一带一路"大发展呢。一心索取的人，最终收获最少。如果你确定了未来要定居新西兰，我认为也不需要再学习会计，要么去做物流相关工作，要么去做教育相关工作吧，这样你就不用重新再种植一棵树了。想事业有成，就想想你这辈子到底想干物流，还是干教育，或者其他的。

5. 雪丫头@Love——丢三落四的待业前销售：

a）"黑点"是丢三落四，这说明你不是一个好的内勤或者助理，很难找到此类工作，找到了也不容易升职。

b）我看到了另一个你自己没看到的"黑点"：判断力弱。理由是：你认为自己"喜欢慢节奏的生活"，但同时"喜欢有活力的事物，好奇心重"，这两个描述逻辑截然相反。所以，你工作表现不好，找工作困难，和选择无关，是自己的能力太弱。

c）能力弱的人应该怎么办？请参考"煤油炉子"（此计见本书PART 2，第九节）那一计，尽量少跳槽，努力在一个行业、一个岗位扎根，用更长的时间，去烧开一壶水。所以，做销售药品或者与药品相关的工作是最好的选择，你可以选择不针对老人的药品或者保健品进行销售。

二、选哪个岗位更有前途?

—— "自讨苦吃"

职场小白总是吐槽自己对工作不满意。那么,在这些吐槽中,最大的槽点是啥?

不升职不加薪!

比如下面这些吐槽:

1)老师,我在一家国企做结算员,工作四年了,感觉自己还和刚刚工作一样,没有机会升职加薪。感觉再待下去,几年以后我还是这样。怎么办啊?

2)莘先老师,我做县医院文员的工作有很长时间了,但是公司老板很抠,不给加薪,我该怎么办呢?

3)我在咨询公司工作遇到了瓶颈,已经没有太大的提升了。待遇很好,可是不知道什么时候能再升职加薪,不会就一直这样卡在这里吧?

不升职不加薪,这可咋整呢?(写这一计的时候我正好跟两个东北人在一起,所以,只有用东北话才觉得铿锵有力!)

▲ "自讨苦吃" 计策

不升职不加薪可算是职场中最大的顽疾，其实根治这个顽疾，只需要"自讨苦吃"这一良方。按照字面分析你就可以理解，就是要撇开简单的工作，尽量挑选具有挑战性的岗位、担当重要的责任。具体来说，有两点你必须做到。

1）在择业时千万不要以稳定、工作容易上手、清闲、适合女性兼顾家庭等理由来择业，因为一旦选择了容易的岗位，就为未来的升职加薪埋下了病根。

2）即使你选择的工作有一定的难度，当工作了一定时间后，对工作驾轻就熟了，升职加薪的病灶也会开始形成。一定要时刻提醒自己：每天的工作要有难度挑战，保持警惕，向领导要求更有难度与挑战性的任务。

"自讨苦吃"看上去没什么了不起的，实际上，恰恰是很多年轻人做不到的。**我见到的很多年轻人见到别人高薪就眼馋，轮到自己吃苦就抱怨**。我希望那些经常抱怨自己加班、劳累的人，可以看一下下面这段分析。

为什么"自讨苦吃"能根治"不加薪升职症"：

1）工作难度大，市场价值就高，老板才会给你更高的薪酬；

2）工作难度大，意味着门槛高，相当于为自己设置了保护层，刚踏入职场的人来踢馆时面临着巨大的挑战，从而保证自己工作岗位的稳定；

3）工作难度大，老板培育新人的时间和精力成本高，当你提出升职加薪时，老板会不得不点头；

4）工作难度大，就预留出了增加执行性助理的空间，这样你才有可能升到更高的职位。如果你本身都从事简单重复的工作，公司怎么会协调助理来配合你呢？

5）工作难度大，即使单位经营出了问题导致不得不离职，你也会发现自己接下来就业会容易很多；

6）工作难度大，就更容易吸引猎头的眼光，他们会出双倍、三倍甚至更高的工资来挖你。

最后，我要说一点"鸡汤"励志了。如果你想要过和别人不一样的生活，就要付出和别人不一样的代价，而唯一的办法，就是年轻时玩命工作，比别人吃更多苦。浮于水面得鱼虾，入得深海抓蛟龙。未来的你，一定会感谢今天你自己讨来的苦头。（这些话听着很鸡汤，不过，少废话，喝了它！）

"自讨苦吃"计策案例分析

案例一：迷茫的护士小丹

小丹是一名护士，在三甲医院工作了8年，但是枯燥的工作让她觉得烦闷。她想自己工作十年后依然是夜班护士，于是否定自己现在的工作；但即使离职也不知道自己能做什么工作，觉得生活没有了方向。

1）女生去做护士这份工作，十有八九是家长帮忙选择的。因为多数家长认为女孩子在医院找个护士工作，干干净净，体面并且稳定。可是这些家长没有想到的是简单重复的工作做久了之后会出现问题：**首先，没有解决困难与挑战带来的成就感与刺激感；**其次，职场新人会源源不断涌入这样的岗位，不会有很高的薪资。

2）所以说，如果选择工作的时候以"安稳"为首要前提，那么，你就得"安稳"一辈子，没资格抱怨无聊与低薪。

3）真正应该选择护士岗位并且能够在护士岗位取得成就的人，必须是那些具有南丁格尔精神的人，他们热爱救死扶伤，富有奉献精神，能在护士这条道路上走得开心、满足、有成就感。

案例二：因裁员而跌入低谷的海归小航

小航是在英国深造的海归金融硕士，留学期间在金融公司有两年的工作经历。这在很多人看来是"镀了24K纯金"的学历。可是家里人觉得女孩子工作不应该压力太大，结婚生子、照顾家庭才是本分，太拼的工作还是不考虑了。于是她被安排在一家有名的金融公司里做行政工作，压力不大，不过因为企业的实力雄厚，工资有8000元。但两年后，因公司内部裁员，小航被裁，无奈只能再去找其他工作。可是没有竞争力的她再去找工作只有小公司肯要她，薪水只有3000元，满足日常开销都成问题。小航陷入了低谷。

1）小航在选择工作时没有"自讨苦吃"，选择了既不需要英国金融海归，也不需要硕士学历的行政工作，虽然入职时拿到了不错的工资，但这一切**并不是因为她自己的实力不俗，而是因为企业的实力雄厚**。一旦客观条件发生改变，小航的行政工作资历拿到市场上就相形见绌了。

2）职场规则是简单的工作要配简单的人。公司的行政岗位一般会拒绝硕士学历的人，因为大材小用。所以，哪怕就是薪资2000～4000人民币的工作，也会把小航拒之门外。

3）此外，**小航的金融硕士是"伪硕士"**。她本人对金融并不执着，她的学历及在金融公司工作了两年的背景在之后的工作中几乎没有派上用场。

4）小航把她的职业问题发给我看的时候，我一眼看出了她的症结所在：她通篇的描述都是对现状的纠结以及对未来的期望，没有分析自己的技能和自己的"红点黑点"，也完全没有理解踏入职场后，**自己想要的根本不是重点，首先要考虑的是"我能给什么"**。由于没有搞清楚这个基本的职场逻辑，小航成了一个搁浅的海归。

5）如果小航真的要重新扬帆远航，她要通过第一计"红点黑点"来挖掘自己的长处，**把自己的特点"卖"给职场**，然后才能找到属于自己的职业规划。

我是Andy，在咨询公司工作遇到了瓶颈，已经没有太大的提升空间了。待遇很好，可是不知道什么时候能再升职加薪，不会就一直这样卡在这里吧？

想要升职加薪，自己必须升值，为公司增值。对于Andy来讲，无外乎在两个方面升值：第一个是个人的专业技能，比如分析能力、创新能力；第二个是领导团队的能力。

那么，Andy只需要回答这两个问题：

1）还有没有自己能够提升的个人能力？比如说，演讲能力。如果还能提升，那么需要采取相应的行动去把这个能力补上来。

2）能否提升管理能力？这个难度很大，因为这是个"先有鸡还是先有蛋"的问题——如果不升职，管理能力就得不到提升。我的建议是：跳槽到稍微小一点的咨询公司，直接获得一个管理岗位，利用这个岗位锻炼自己的领导能力、管理能力，在小舞台成角儿，历练完成后，再跳回到大舞台当角儿。

"自讨苦吃"计策练习题

1. 火星来的Z先生：

我毕业一年，一直从事文员的工作，但是越做越不开心，闲杂事务太多感觉没什么发展前途。想要换一份工作又觉得自己什么都不会，没什么特长，我该怎么办呢？

2. Autumn：

我英语专业毕业，喜欢教育和孩子就去做了英语老师，但觉得自己能力不够并且抗压能力不强就辞职了，现在去了一个网球馆当前台。工作简单，用到一点英语。可考虑到以后的就业方向，我又有点迷茫了。

3. Chen：

我大学学的是商科，目前在银行柜台工作。我知道这种工作没有太多技术性，重复性大，优点大概只是工作较稳定。如果要等内部轮调可能需要大概五年的时间，想换工作也没有一技之长，该如何在这种工作中取得成就呢？

4. Huoxu:

我快30岁了，刚刚转岗做财务，但平台不够大，感觉自己的发展受限。不知道怎么能从不怎么好的企业进入好的企业。年龄已经不允许我再"飘"了，我该怎么办呢？

5. Smintnear:

我前年毕业后通过别人介绍进入国有天然气公司，前景一般。日复一日的无聊工作让我想辞职，但是这两年的工作并没有给我带来太多所谓的工作经验。我不想按父母的安排就这样度过一生，我该怎么办？

"自讨苦吃"练习题解答

1. 火星来的Z先生——不开心干杂事又不知道还可以干啥事：

a）我不知道你的昵称是否代表你的真实性别，如果你真是男生，当初为什么要选择文员这个相对容易的岗位呢？

b）不过，也有很多人从文员岗位起步，做到了企业的老总，比如阿里巴巴著名的前台童文红。所以，关键在于你是否不断给自己加压，做越来越难做的工作。

c）当你不喜欢一份工作的时候，要么忍，要么滚，要么狠。你选择的是忍，是最难受的一个状态。我建议你一周之内考虑好，要么"滚"，马上辞职换工作；要么"狠"，像疯了一样努力工作。坚持一两个月，看看是否会更开心。

2. Autumn——英语专业的网球馆前台：

a）你哪里是迷茫，我觉得你是打着迷茫的旗号畏惧困难。当老师没成功，可以先退做助教，怎么能一下退成了前台呢？前台需要的技能高中生就能掌握了，可能简单重复的"how much""how long""how many people"这几句话就差不多了，这值得你一个英语专业的人去做吗？

b）重新选一个工作，立刻。和英语是否有关不重要，重要的是要选你要咬着牙、踮起脚尖才能干好的有前途的工作。

3. Chen——苦等轮调的柜员：

a）"苦等轮调"要不得，要"苦干轮调"，干出来。我曾经给中国银行培训协会做了一套完整的培训，在培训之前采访了很多在银行快速升职的人，其中有人最快用两年时间就完成了轮调，成了客户经理。原因很简单：他每次都跟来银行办事的老头、老太太多聊几句，每个月都能给卖理财产品的客户经理推荐好几个特别有钱的老头、老太太，于是，客户管理部的经理点名把他要走了。

b）从现在开始，请你马上给自己加压，增加工作难度。我每次去银行都特别羡慕柜员，因为你们不需要"引流"，大把的客人就争先恐后地到银行去排队，还要领号才能跟你见面办理业务，而你们全程冷漠客套，从来没想过讨好他们。反之，我自己最初运营古方红糖旗舰店的时候，得花好几块钱引流才能把客户"勾引"过来，还要让客服妹子隔空微笑让客户感到诚意。就在这种"冷漠"与"讨好"之间，国有银行逐渐流失了客户，淘宝店抓住了越来越多的客人。所以，请你别再冷漠了。银行大规模裁员是非常有可能的事，你要在裁员之前，学会微笑，学会"巴结"客户。

4. Huoxu——30岁不想在小破企业"飘"的财务人员：

a）现在，你是一个唱财务这出戏的小配角，你觉得自己的舞台太小太破，想换到更大的舞台上去。大舞台的经理当然不要你，因为你在小舞台都没混成角儿，哪来的资格到大舞台当角儿？就连跑龙套人家都未必愿意要。

b）如果你是个小舞台的名角儿，有绝活儿，大舞台的老板可能会挖你，让你到大舞台先当小配角，赢得满堂彩，再慢慢熬成角儿，就像周星驰那个"死跑龙套的"一样。

c）我工作了二十几年，从来没有遇到过谁是由于舞台太小而无法施展才华的，不过我遇到了很多眼高手低的人，你不会也是其中之一吧？

d）总结：小舞台当主角—换到大舞台当配角—继续熬成大舞台的主角。

5. Smintnear——被父母安排进天然气公司而天然生气的员工：

a）前年，你逃避了自己找工作的困难，轻松地进了一家不错的国有企业，殊不知，你同时失去了一次历练的机会，变得比其他受过找工作磨难的人更软弱。

b）现在，你在体制内过着清闲日子，你的同学在私企里被老板劈头盖脸地骂、被压榨，他们被劳其筋骨，变得更强壮，而你更软了。

c）要么，在体制内硬起来，拼命找活儿干，找难干的活儿去干；要么，离开温水池塘上岸，接受市场的挑战，让自己变成硬汉。

d）最后，如果你都做不到，就学学品茶辟谷、修身养性这些事吧，让自己的事业心死掉。"心死法"比"生气法"还算好一些。（八姐备注：很抱歉我又控制不住刻薄了，可是我真是对这些天天抱怨、天天耗着的年轻人感到气愤又无奈。）

三、怎样才能做个接地气的职业规划？
——"以终为始"

自从《这些道理没有人告诉过你》出版后，读者通过各种渠道发给我的关于职业规划的问题简直是不胜枚举：

1）杨老师，职业规划到底有没有用？

2）Tracy老师，我该不该跟着男朋友去外地工作？

3）我该打工还是创业？

……

关于职业规划，有两个问题要探讨：第一个，职业规划真的有用吗？第二个，如果有用，到底该怎么做规划？

我们先谈第一个问题，职业规划真的有用吗？

我个人的观点是：真的有用。理由就是马云所说的："梦想一定是要有的，万一实现了呢。"其实，这句看上去不那么靠谱的话，有非常靠谱的理论证据。美国的社会学者做过调研，数据表明，职业规划跟任何一种人生计划一样，比如减肥、戒烟，能坚持一周的人约75%，坚持一个月的约64%，坚持半年的约46%，坚持一年的约10%，最终能实现目标的占8%。

那么，今天你要问自己的第一个问题就是：你是否愿意为了8%的成功概率而制订职业规划？

现在，第二个问题才是重点，也是很多职场小白的困惑：如何制订职业规划？

"以终为始"计策

我为各位提供的制订职业规划的计策是"以终为始"。具体做法为：

1）以终点为起点，不要想我现在要干什么，而是考虑未来我想要什么。由于社会变化太快，以三年后作为终点考量就好了。

2）你要安静地思考，在脑海中勾画三年后，让你幸福指数达到最高的三幅"在阳光中的工作画面"。

3）你的"阳光工作画面"不要"打高射炮"，比如你现在是职场小白，却把目标定为总经理，这种没有办法实现的目标会对你造成极大的干扰。正常来说三年后的工作只可能比现在高一到两级，不要操之过急。

4）以终点的三幅画面，倒推出今天要采取的至少三个行动。

"以终为始"计策案例分析

案例一：小翠的决定

我的三幅阳光工作画面：

1）时间自由；

2）如果我休假半个月，不会影响公司的正常运营；

3）落实我的个人创意和管理理念。

立即要采取措施的三个行动：

1）2017年退出古方红糖的管理层，不再做高强度的坐班管理工作，这样才可以真正获得自由的工作时间。

2）聘请可以完全处理公司事务的总经理（这就是我在二次创业时的首要事情，所以我花了三个月的时间去找合适的总经理）。

3）确定公司所提供的服务是文化类的产品，比如说与"十点课堂"合作出品的

"36计课程""杨萃先英语课",与磨铁合作出品"36计"职场书籍,这些就是我想要的产品。

案例二:就业、成家都要忙的小倩

小倩刚刚26岁,单身,上海某大学传媒专业研究生,马上就毕业了,信奉基督教,老家在陕西宝鸡市的一个县城,单亲家庭。面临毕业,同学们都建议她留在上海就业,毕竟机会很多;她的一个老师建议她到北京去,因为那是传媒业的老巢;她妈妈想让她回老家,毕竟离得近一些。她该何去何从呢?

1)以终为始,三年后的小倩29岁,她的三幅"阳光工作画面":身边有个可靠的男人,这个人也信奉基督教;一家四口(老妈、老公、孩子、自己)在一起吃饭;有自己的小房子。你们看这三幅画面,其实跟工作的关系不太大,而是跟生活息息相关。所以说,90%的女生做职业规划的时候,首先要做生活规划,尤其是24~27岁的单身女性。因为如果你不想对抗中国的传统文化,就得在该找对象的年龄优先找对象;超过了27岁,选择就会减少。这里需要单独强调一下:我不反对独身主义,不反对晚婚,不反对丁克,但是我反对做事情逻辑混乱,主次不分,不设置优先级。比如,想在29岁结婚,却在24~27岁闷头猛干工作,到了28岁才开始着急相亲。

2)列出三个行动:注册世纪佳缘网,找也信奉基督教的适龄男生;在上海北京同步找媒体工作,哪里工资高就去哪里;找到男朋友后,两人定好未来生活地点,攒钱买房。

案例三:在留职和创业间徘徊的菲菲

菲菲32岁,以前做新闻采编,后来需要照顾家庭,就转做行政后勤工作,收入低了,工作重复,感觉能一眼看到退休的样子,好处是能准点下班。打算要二胎,又怕开销太大。老公有教育行业的资源,可他是国家公职,不方便出来,便想让菲菲牵头创业,可是菲菲没信心。那么,菲菲是应该留在原单位,消消停停准备二胎,还是出来创业呢?

1)三年后,菲菲35岁,三幅"阳光工作画面":大宝、二宝其乐融融;老公和自己可以赚够足够养育孩子的钱;避免过一辈子看到头的生活。

2)如果要实现三幅"阳光工作画面",菲菲32岁时需要辞职,照顾好老大,也为怀二胎调理好身体;同时,启动创业项目。33岁怀孕成功,创业项目开始运转。34

岁，生二胎，创业项目有盈利。这样一个"以终为始"的计划做下来，大家都能看到巨大的难度。在我看来，照顾老大、孕育老二、做创业项目CEO，这三个一起做，除非菲菲特别能干，否则几乎是不可能做到的；但是，如果一切都是她老公在背后运作，菲菲只是当个代言人，那么，还是完全可以应付的。综上所述，菲菲需要跟老公谈清楚，我可以创业，但是只能做代言人，所有的事都得老公来操心。

① 三年后,我要吃遍世界,边吃边挣钱。

② 幻想中……

③ 哎哟! 想得真美……

④ 哼,想得美可是变美的第一步!

"以终为始"计策练习题

1. ①沫撒笑：

我是三本师范学校毕业。毕业后在一家有100号人的公司做行政人事一年半，和弟弟开过淘宝店卖真皮手套，成果不错。不知道自己想成为什么样的人，只知道OL（OL = Office Lady）很有范，自主创业做点小生意也不错。希望三年后有幸福的家庭、成功的事业，家人身体健康。我该怎么行动呢？

2. 果汁?????：

我的大专和本科学历是通过成人教育取得的，2010—2016年在一家外贸公司工作，前两年是总台文员，后来转岗到人力资源部做招聘和文化活动策划，后来辞职考研失败又回到这家公司。考研是因为想让自己未来有更多的选择，想问您我是否有考研的必要。我的"红点"是形象好、有亲和力、善于沟通协调，有一定的才艺，多次组织公司大型活动；"黑点"是不够自信。

3. 五月的风：

我今年刚入媒体行业。十年前做过，现在回来从零做起。我的副总监的年龄跟我差不多，她做了十几年做到了这个职位，我想问如果我想做到她的位置，该如何快速提升自己？想提高一下自己在媒体公司的能力又该怎么做？还有，我想学好对工作有帮助的英文，我该报考什么样的英语学习课程？再长远一点想重新学习广告媒体学，在国内学好，将来有机会去国外观摩学习。

4. 心随意动：

我2013年毕业后在一家国有财险县分公司上班，做了三年客户经理，收入可观，因为一直无法转正、不能晋升而辞职。最近考上了一家国有通信公司相同岗位的正式工，目前还是实习试用期，待遇福利一般，但是发现任务重、压力大，同事基本都在抱怨，负面情绪大，有点动摇。不知道是该回原行业工作还是创业。

5. 英子：

我今年27岁，已婚未孕。在农村小学当了四年老师兼班主任，去年通过公务员考试进了县财政局。我的"红点"是亲和力强，做事专注。大学时在校园推销电话卡，我一个人推销出的是小组其他六人的总和。但情绪不稳定，容易急躁；除了相关工作基本不和领导交流；团队合作时，太讲原则，比如说好的时间，别人没准时我就会有意见。我真的不喜欢制度内的工作，也真心对美食和中医感兴趣。我适合做什么？我该怎么办？

········· **"以终为始"练习题解答** ·········

1.①沫撇笑——想当OL也想当小老板的女生：

a）"以终为始"的三幅画面必须主要刻画工作场景，而不仅是"好家庭、好生

34

活、好事业"，不然全国人民的三幅图都是一样的了。

b）OL的三幅图：在高大上的写字楼里；上下班打卡；升职到主管。

c）个体老板的三幅图：可能很破旧的办公环境下，你在数钱算账；没什么上下班概念；你指挥着三五个伙计。

d）如果现在想不清楚终点到底在哪儿，就默认在目前的道路上狂奔。

2. 果汁？？？？——考研失败还想再考的HR文员：

a）如果你三年五年后希望面对实验仪器，或者面对书海去做文史类研究，那就去考研；如果不想成为一个研究者，就不需要考研。

b）考研和前途无关，考研只会让"研究者"拥有更好的前途，会让"不适合研究者"前途更糟。

c）"红点"是形象好、有亲和力，应该很适合做人事或者创意策划，现在的工作是一个很好的职业选择。

3. 五月的风——想快速当上"副总监"的新媒体人：

a）很遗憾，你的终点设置错了，别人花十几年的时间跑完的马拉松，你想一两年跑到终点是不可能的，职场不像阿迪达斯的广告"Impossible is nothing"。

b）既然终点设置错了，现在对自己的规划就是错误的：你不需要学习英语，也不需要去国外学习广告媒体学。我想一个合理的三年后的终点应该是一个资深媒体专员。你要确认你最终的专长是策划、编导还是其他，确定这个之后才可以决定你为了能在三年后成为资深媒体专员应该做什么；不然不要说总监，资深媒体专员的位置都很难达到。

4. 心随意动——未转正而自降薪酬的电信员工：

a）你过去几年来心心念念的终点是"转正加升职"。现在，你已经"转正"了，不要再犹豫，赶紧往前跑，追求升职吧。

b）创业：不稳定、可能高收入、辛苦付出。从你目前的描述中，我觉得你似乎没有做好迎接这三幅图的准备。

5.英子——讲原则、爱美食养生的财政局科员：

a）很多人的惯性做法是向着大家都想去的终点夺路狂奔。你努力考到财政局的科员岗位，我想就是这种羊群效应（认为羊群跑的方向一定有丰美水草），而不是你发自内心地想治理国家财政。

b）很遗憾，这些人还有一个惯性——明知道自己最终想要的不是现在所做的，但是，绝不对既得利益放手，不敢向着终点出发。

c）你和环境格格不入，这是大问题；是否要去做养生、美食，倒是次要问题。所以，先问问自己：我是否有勇气扔掉人人都想要的铁饭碗？

四、如何快速了解不同行业的不同岗位？
—— "7531"

大家看完"红点黑点"理论之后，很多读者马上发来了这样的一些反馈：

1）八姐老师，我了解自己的"红点黑点"，可我不懂职场啊，知己不知彼，还是不知道怎么选工作啊！

2）杨老师，销售和市场，这俩工作哪个好啊？

3）我爸妈想让我去考公务员，可我觉得自己不太适合体制内的工作，体制内的工作真的是一眼望到头吗？

这些问题，说实话，就算我有三头六臂也回复不过来，因为我不可能了解"三百六十行"。那么，年轻人该如何解决"不懂职场"这个难题呢？

"7531" 计策

"没吃过猪肉还没见过猪跑？"这句略带戏谑的话，其实凝聚了人们上千年来总结出来的智慧——观察别人，思考自己。

对于"对职场两眼一抹黑"的正牌职场小白，我给大家提炼的进阶计策就是"7531"。它就像一个物理学中的参考系一般，把周围的人当成你做决定的参考标准，通过比较你会直观地得到答案。

"7531"计策，可以让你应对职场中遇到的两类困难。

第一类困难，是未曾踏入职场就开始找工作的人不知道如何有效筛选适合自己的岗位。实操起来，分为三步：

1）了解7个自己感兴趣的岗位，比如一个学财务的女生，爱沟通，爱美妆，她可以去了解7个相关岗位：会计、审计、销售、美容培训、服装督导等；如果连这些岗位的名称都不知道，就去搜索自己感兴趣的公司，再到官网上去找岗位。只要耐心研究招聘启事，跟自己的"红点黑点"对比，很快就可以刷掉不适合自己的岗位。比如，当你发现服装零售督导明确要求踏实肯干，而你的"黑点"恰恰是追求新鲜没常性，那么，你就要果断放弃这个岗位。

2）第二步，筛出5个或最少3个匹配你的"红点黑点"的岗位，深入了解。你可以通过"脉脉"（一款职场社交软件）找到不同岗位的人去深入了解。假如你不擅长与陌生人交往，退而求其次，你可以用"海面"的方法了解岗位。"海面"就是海量面试。你要拿出两个月的时间，沉住气，专心面试，哪怕有不错的工作邀请也不要急着签约，宁可错失一次机会，宁可浪费两个月的时间，也要完成充分对比，避免两年后总想着去干"没干过的事"。

3）最后，选出最符合"红点黑点"的岗位，喜欢就一直干下去，不喜欢就果断跳槽。不过，我建议事不过三，即不超过三年，不超过三次；也就是说，在毕业的前三年之内可以不断试错，可以尝试三类不同的岗位，此后就应该踏实下来。

"7531"计策的第二个用途，是解决一些小白的"已入职却依然不知该岗位是否适合自己"的问题。具体操作起来，有四个步骤：

1）了解你们公司的至少7位员工，他们级别比你高，挣钱比你多，你希望将来可以晋升到他们的级别；

2）深入了解其中至少5个人，判断自己的"红点黑点"是否和他们类似；

3）筛选出3个跟自己"红点黑点"相似度较高的人，真诚地请他们给自己提一些职业规划的建议；

4）这些人中，你认为至少有1个人，给了你真诚的、绝不掺假的建议。

通过"7531"流程式的了解和沟通，你可以看到未来三年的道路。如果你找到了标杆，就会安心地干下去；如果你根本不想在三年之后成为那些"高级员工"，那么，你当然就要离职了。

有人可能会质疑"7531"太费劲、太浪费时间，我来给大家三个理由，希望能让你们理解"7531"的重要意义：

1）98%的普通人，不可能像巴菲特那样在8岁时就知道自己热爱金融，像比尔·盖茨那样在12岁就显露编程天赋。他们这些奇才可以一步到位，而我们普通人要"7531"，浪费一些时间试错，找到自己的位置，这是合情合理的做法。

2）找工作如同找对象，恋爱三五次再结婚，可以降低离婚率；工作试错三五次再定位，可以降低离职率。

3）在人类的天性中，"贪婪""好奇""不知足"大过"踏实""专注"，这山望着那山高，到了那山把脚跷。"7531"可以帮我们克服天性中的弱点。

"7531"是通用性很强的方法，如果你在自己的周围找不到榜样，完全可以在网上找到标杆；在"十点课堂"和我前面搭建的"途正职场"中你可以认识各行各业的大咖小咖。

▽

"7531"计策案例分析

案例一：小翠的"7531"历程

我28岁时成为新东方老师，两年稀里糊涂地过去，30岁的时候才蓦然一惊：自己已经两年没有加薪了；而且因为体力下降，收入比年轻老师还低。现实逼迫我思考自己的职业规划，我也纠结是否应该坚持下去。

于是，我开始观察资格更老的老师，我发现有70%的老师在抱怨体力下降。有一个比我大10岁的老师说的一句话至今铭刻在我心里，他说："把钱摆在那儿，老子也拿不动了。"我意识到了培训行业的老师的确有"吃青春饭"的嫌疑。但是，我也发现了一些高收入老师，他们要么在做教学管理，要么写书拿稿酬。

除了观察，我也在校长访谈的时候坦诚地说出了我的焦虑：我最害怕被学生们称呼为"骨灰级"老师。"骨灰级"就是说资格老，在当年的新东方，28岁就已经被称为"骨灰级"老师了。听到那个称呼，我脸上在笑，心里真的在流血。我把我的这个焦虑，如实地跟校长做了沟通，我至今仍非常感激这位姓杜的校长，他说："新东方永远喜欢年轻的老师。要么，你考虑做管理；要么，你要想好退路。"

这样我在不知不觉中完成了"7531"，也做出了重大的改变——我申请做部门主管，同时开始写书。三年后，其中一个改变开花结果了，我写的书《这些道理没有人告诉过你》成了畅销书，改变了我的职业生涯，帮助我从月薪两万变成了日薪两万元。

Jane本硕七年学法律，毕业后回二线城市，在律师事务所干了六年，没有保底收入，自己找案子拿提成；找不到案子就没收入，连五险也要自己支付。Jane频繁跳槽，每换一次都得从复印资料开始，所以六年来真正有价值的法律业务经验很少。她的"红点"是文笔还行，做过兼职教师，热心环保；"黑点"是没耐心没毅力，讨厌酒桌文化。那么，问题来了，Jane做了多年法律工作没起色，应该转行吗？

1）Jane不适合律师行业，因为律师需要的"红点"是心智成熟、擅长与形形色色的人打交道、擅长文字与口头表达，而Jane与之相匹配的"红点"只有"文笔还行"。

2）那么Jane为什么会进入"黑点"行业呢？我认为是高中时没时间分析自己的能力和兴趣，于是，稀里糊涂报志愿，毕业选工作时开始迷茫。Jane选法律专业、考研、进律师事务所，都是沿着预设的轨道按部就班，根本没有自己做选择。

3）建议Jane立刻离开法律这个预设轨道，按照"7531"的方法任性地跟三五个岗位谈谈"恋爱"，找找感觉。找到了皆大欢喜；就算一两年找不到合适的，也还可以回到原来的法律轨道，踏踏实实地从头再来。

"7531"计策练习题

1. 哈迪：

我是一名新媒体编辑，运营和文案都是我一个人完成，我大学专业和这个工作一点关系都没有，所以做久了会觉得很吃力，而公司也不提供职业培训。做这份工作最初只是因为喜欢写作，现在遇到种瓶颈，而且工资也一般。请问我应该换个公司还是自己提升工作技能呢？

2. Jingling：

我现在正在一家化工外企做管理培训生，可是发现自己并不喜欢现在的行业和公司环境；想要转行业，也不知道转什么行业。自己对互联网和咨询行业感兴趣，但不能确定自己能干什么岗位。

"红点"：生物工程背景，分析能力强，对数字敏感，学习能力强，做事结果导向，观察能力强，理性，执行力强，责任心强，做事有计划有条理，有点追求完美。在互联网、快消和生物医疗行业实习过。"黑点"：做事有点缺乏耐心，表达能力不是特别强，不是能说会道的那种，对自己定位不准，有点敏感内向。

3. LXM：

我今年23岁，从实习开始到现在已经做少儿英语快两年了，喜欢做这个行业，也享受教育的过程。可是目前公司在应试教育这一块体系还不完备，自己想多学点应试技巧。由于公司方面的原因，值得我学习的两位主管走了，老板接下来会选择我们这批人当主管，但我觉得自己还不具备管理能力，想先多学习教学技巧，我该辞职吗？

4. Ting-宋：

我是房地产管理公司的一名销售售后工作人员，在这个公司干了三年。去年因为工作业绩突出，被评为优秀员工，领导找我谈话想给我升职，指出了我能力方面的不足，也提出了让我转变的方法和途径。但是目前营销部门人员编制较混乱，而我也一直想跳槽去大公司积累项目经验和工作实力，却一直没有碰到合适的机会。我应该怎么办呢？

5. 芬妮：

我从毕业就一直在现在的公司工作，七年都没有什么提升，也没什么可学习的，工资不高，一直想换工作。快30岁了很不甘心，现在孩子两岁多，我发现自己对儿童早教很感兴趣，想找个早教方向的工作，先做销售，慢慢可以教一些课程。请问我这个方向对吗？

"7531"练习题解答

1. 哈迪——得不到培训的新媒体编辑：

a）公司不提供职业培训有两个原因：一是公司并没有义务提供培训；二是老板也摸不到头脑，没办法给你提供培训。

b）在这个信息开放的时代，你的眼光当然要跳出公司去寻找值得你学习的标杆。举个例子，我在刚开始做古方红糖时就是负责淘宝和微博的文案，当时还没有微信公众号。我想让公司给我提供培训是不可行的，因为其他人更不懂。我只能向其他快消品牌学习，比如海飞丝、杜蕾斯、雀巢、桃花姬，它们就是我的"7531"。所以，你也可以跳出公司的小圈子，进入新媒体这个大世界，找到"7531"。

2. Jingling——不爱化工爱上了互联网和咨询的管培生：

a）你认识几个在互联网和咨询行业的标杆过来人呢？不要以大神为标杆，必须以你能看得见、说得上话的人为标杆。

b）你目前在化工行业的山脚下，看到的肯定是低端风景；反之，你遥望互联网和咨询行业，看到的一定是成功人士在山顶的无限风光。如果真想转行，你需要去研究在互联网和咨询行业山脚下匍匐前行的职场小白们。

c）"黑点"是不能说会道，那怎么考虑进咨询行业？做个总结，希望你好好爬化工这座山。

3. LXM——怕当主管想辞职的少儿英语老师：

a）想学习英语教学技巧还用得着辞职吗？在互联网上，在各种微信付费课程里，有无数"7531"的标杆等着你去观摩！"途正英语"公众号提供免费并且优质的资源，助你快速成长为英语达人。

b）害怕当主管，竟然想离职？这种想法让我怀疑你这个少儿英语老师的职业心态非常"少儿"，你只需要跟老板说："我不想搞管理，我要当金牌老师。"一句话的事！

4. Ting-宋——想跳槽去大公司的中小公司员工：

a）现在，你是鸡头，或者说"准鸡头"。如果你继续留在这里，你的目标是尽快变成"鸡头"，升职；如果你跳槽去大公司，就是去做"凤尾"。我认为，先把"鸡头"的位置拿到，比还没做成"鸡头"就去当"凤尾"更加现实，对你更有利。

b）你有多个已经当了"鸡头"的管理者可以效仿，向标杆靠近，早日荣升"鸡头"吧；等你当了"鸡头"之后，再决定是留在这里，还是去找"凤尾"岗位。

5. 芬妮——七年没提升想干早教的宝妈：

a）公司那么大都没有你能效仿的"7531"？显然，你缺少了一双"发现美的眼睛"。我想，你们公司也一定有值得赞美的"月亮"，可是你看不到人家值得你学习的地方。

b）七年中没提升也不离职？显然，你的上进心也出了问题。

c）你否定了过去，想要到未来寻找希望，很遗憾，这行不通。如果你在过去的七年连续失败，在未来新的领域中也几乎注定失败。

d）我不反对你去尝试早教工作，但是你需要从今天开始以"7531"计策找到值得学习的人和事，治疗改善自己的心态，永远不要不满意还继续混日子了！

五、你的优势在哪个行业更有前途？
——"不可替代"

我帮助年轻人做职业辅导有十几年了，如果累计回答了一万个问题的话，那么其中五千个问题都是与挑选工作有关的，比如：

1）八姐老师啊，将来哪一个行业最有发展前途？进一个行业不是要向前看十年吗？

2）Tracy！到底进大公司好还是小公司好，哪个更有前途呢？

3）我是英语专业的，可是好多人说搞翻译没前途，那我选择哪些有前途的岗位呢？是去跑销售还是做市场呢？

每次遇到这样的问题，我的脑海中总是浮现这样的画面：

一个年轻人小丁在过去寒窗苦读十几载，练就了一身本事，他现在特别想挣钱。因为他想在同学朋友面前可以抬得起头，也需要照顾自己的家庭。于是他带着迫切的心情来到充满商机的大街上，在南来北往的人流中呼喊："钱呢？哪里有钱？哪份工作可以赚到钱？"

有一些路人无视他走过去了，还有其他路人停下来好奇地问他："嘿，你是在卖什么啊？"

小丁急匆匆地回答说："卖什么都行，卖什么赚钱多我就去卖什么！"

有些路人翻了个白眼，没搭理他走了。个别好心的路人提醒小丁："你到底会做什么呀，你是会烙饼，还是会蒸包子啊？"

小丁热切地问："烙饼挣钱还是蒸包子挣钱啊？快告诉我！"

好心路人忍不住教训小丁："你这个傻瓜，当然要看你的手艺了。你烙饼烙得好，当然能挣到钱；蒸包子蒸得好，一样能挣钱！"

小丁想了想，决定开始烙饼。他热火朝天地烙了一个月的发面大饼，一个月挣了三千块钱。可是，小丁想挣一万，他觉得烙饼不挣钱，太没有上升空间了。于是，小丁一边烙饼，一边上"21天速成王牌蒸包子培训班"，因为他觉得蒸包子有前途。

几个月后，小丁开了个包子铺，坚持干了半年，还是没挣到钱。于是，小丁非常沮丧，他觉得，也许是自己的学历太低了，如果去考个研究生，拿到高文凭，回到市场上肯定有"钱途"。

······

我编的这个听起来有些无厘头的故事里的这个嚷嚷着"哪里有钱"的小丁，他的做法与心态。小白们询问"大公司好还是小公司好""什么行业更有前途"是一模一样的。

如果你觉得这个小丁很可笑，我很遗憾地说，现在职场90%的人都有和小丁一样的可笑的心态。他们来到了职场，极目四望，觉得肯定有那么一个行业、一个公司、一个岗位可以让他们赚到很多钱，他们的人生目标就是找到这个行业、这个单位、这个岗位。可事实上，就在这来回张望中，小丁失去了钻研一行、做成"状元"的挣钱机会！

"不可替代"计策

其实，你在人力资源市场上的价值，无外乎就是四个字——不可替代。大家应该这样选工作：

1）天天思考一个问题：我在哪个行业，干哪个岗位，能让我在35岁、40岁的时候不会被年轻人一脚踢开？

2）如果你想挣钱，只能提高自己的不可替代性，而不是来回换老板。

3）当你打造出自己的不可替代性之后，老板会用各种各样的方式来挖你，根本轮不到你自己找工作。《王者荣耀》的开发负责人姚晓光，曾经被腾讯的HR骚扰了一年，最终"气愤地"加盟了腾讯。

"不可替代"的职场策略，其实跟"自讨苦吃"是同宗同族的，只有自讨苦吃，咬牙干自己最难干成的事，才能打造出不可替代性。不让竞争者轻易替代你，才能获得职场议价权，获得丰厚的收入。

"不可替代"计策案例分析

小彦加了途正职场的训练营，在群里提问说："有没有小仙女或者小帅哥是从事护肤或者医疗美容行业的呢？做这个行业怎么样啊，前途好吗……"噼里啪啦说了一通。

1）你看，这就是刚才提到的典型的"喂喂喂，钱在哪里呀"的思维，也许是自己搜集了资料觉得这个行业现在势头正盛，可以大赚一笔，直接奔着来了。可是，如果她自己压根儿没有"爱美加很美"的"红点"，这个行业即使再红火，她也没法分到一杯羹。（八姐备注：绝望地想起了我老人家开的给人家美白的美容院四个月倒闭的事……）

2）小彦这样的做法，会浪费大量时间。如果自己长得美，喜欢美，喜欢人造美，就去干。即使不是给人家动刀子的医生，也可以先把自己动了刀子，然后去做销售，做推广。

小新是一名医学类专科在校大学生，所学专业为药物制剂技术，即将毕业面临实习问题。他不知道是去外企实习好，还是去国企实习好。

外企能挣到钱吗？

能。

国企能挣到钱吗？

能。

小新到外企能挣到钱吗？

也许。

小新到国企能挣到钱吗？

也许。

1）如果小新把关注点放在"我自己"上，而不是关注"哪儿有钱"，他会发现一个严重的问题：他似乎既进不了外企实习，也进不了国企实习。因为这两种企业要的实习生，似乎都相当高大上……

2）作为一个没有经验的专科生，本来学历方面的竞争力就不足；从提问角度上看他的判断力还很弱。这种情况下，还要浪费时间去看钱在哪里，就会更耽误他打造自己手里的"金刚钻"。这就是很多职场小白长期赚不到钱的原因。

案例三：八年工作经验的小白

杨老师，我工作了八年，现在想离开本单位本行业。但不知道离开后能做什么，怎么促进自己以后的发展。

1）我看到这个读者提问后，简直不敢相信自己的眼睛：工作了八年，还能问出这么天真的问题。这说明，他过去的八年，出大事了。

2）这个问题的类比问题是：八姐我结婚八年了，想离婚，但不知道离婚后能找个什么样的男人，也不知道什么样的男人能让八姐以后的生活更加幸福。

你们看，我这个刻薄的类比，是不是看上去极度可笑？可是这两个提问，从逻辑上是完全一样的。我希望这个类比可以让你明白：你过去八年没有着重打造自己的"不可替代性"，现在就成了不受待见的职场回炉新小白。如果你依然天天琢磨"干什么对自己更有利"，再过八年，你依然"会分分钟被替代"。不要总琢磨哪个行业有前途，把时间都用在打磨自己身上，把自己打磨得人见人爱，"三百六十行"任你自由行。

"不可替代"计策练习题

1. Velly：

我是个农村女孩，2013年毕业出来一直做行政工作。现在厌烦了行政工作，想找别的工作。我做职业测试的时候说UI设计或者程序员比较适合我，我该往这个方向发展吗？

2. Yan☆cy：

我三本毕业去马来西亚读的科技管理硕士，回国后在北京做外汇交易。后来得知公司做电子盘离职，找工作无果。现在觉得去培训机构做英语老师还不错，想要重新把英语捡起来，您觉得有希望吗？

3. Ying：

我有接近五年的工作经历，做过客服，做过市场助理，做过媒介专员，做过新媒体运营。现在正在找新工作，做过的事情很多但是都不精，没有优势。再找工作我应该找什么样的？

4. Zxq：

我已经大专毕业六年了，目前在小型批发工作室做服装设计工作，但是工作老是不稳定，一直存不下钱，所以一直在纠结是否改行。目前只想到销售，可行吗？

5. 阿弥陀佛：

我去年花了四个月在培训机构学了web前端开发，今年2月份来深圳这边开始找工作。第三个月了都还没找到，我开始怀疑自己是不是不适合这个行业。可是换行业的话，我又不知道自己适合做什么，我现在又崩溃又迷茫。

"不可替代"练习题解答

1. Velly——职业测试说她适合干程序员的女行政：

a）职业测试可信度高吗？我还没见过比"红点黑点"可信度更高的职业定位方法。

b）按照"7531"的计策，去找7个做UI设计或者是做程序的人聊聊。

c）根据"红点黑点"的计策，如果你得过数学比赛的奖项且擅长策划创意设计，你可以去花钱学UI设计，或者学编程。

2. Yan☆cy——三本海归硕士想当英语老师：

a）原则上，三本的人不适合读硕士，你本身就不善于搞学术，还跑去读研，觉得"读研了会更有钱"。貌似提升了学历，实际上浪费了打造自己的"金刚钻"和不可替代性的宝贵时间。

b）三本去马来西亚读硕士，说明当时有些好高骛远、不脚踏实地。那么，现在改了吗？貌似没有，因为你依然还在问："喂喂喂，当老师有钱吗？"而不是反思为什么没把科技管理干好，为什么没把电子盘弄好。

c）如果"抬头问钱在哪儿"的毛病没有改，那么，就不是做外汇交易或做英语老师的问题了，因为哪个都做不好。如果已经改了，那么无论做啥岗位，都会做得相当不错。

3. Ying——干了很多事啥也没干"精"的女生：

a）人们往往存在一个误区，认为好工作是找出来的。错！错！错！好工作，是干出来的！你做过的所有工作——客服、市场助理、媒介专员、新媒体运营——都可以做到"很有钱"，但是，你挖了三五下，觉得没水，就换了地方去打井。

b）如果一个人选错了工作，他兢兢业业地去做，老板很快就会发现他更适合哪个岗位，指导他换到那个岗位去打井。

4. Zxq——收入不稳定的服装设计师：

a）服装设计是精英岗位，就像摄影师、导演一样，普通人的确挣不到钱。

b）参考"立定跳远"的计策（此计见本书PART 5，第三十四节），我认为你当然可以试一下服装销售这个岗位。

5. 阿弥陀佛——学了四个月web开发却找不到工作的待业者：

a）你用亲身经历，书写了一个"不可替代"的反例。四个月之前，你满大街喊"哪儿有钱？"然后，一个卖广告的公司说："来吧小伙子，web开发这里有钱！"于是，你掏了钱、花了时间，去学了这个东西，以为出来就能进入这个"有钱"的行当。

b）回顾往昔，你到底有什么"红点黑点"？如果你数学不好、逻辑不强，本身就不应该学什么web开发，也自然找不到相应的工作。现在，别再找钱了，踏踏实实回家，照照镜子，问自己：回顾往昔，我有什么"红点"？

c）如果你绝望地发现没有"红点"，那么，你就找一个"黄点"，按照"煤油炉子"的计策（此计见本书PART 2，第九节），用踏实打造事业发展道路。比如说，你会一些web技能，也许可以试试找找"软件测试"的工作。

六、女人如何平衡事业和家庭？
——"身份认定"

生儿育女，会对女性的职业选择造成影响吗？

你的答案很可能是"当然会"。中国女人和其他国家的女人相比，简直就是女汉子。澳大利亚、新西兰的女性劳动参与率才60%，法国女人的劳动参与率才50%，美国女人的劳动参与率才58%。而且，中国女性对独立有非常强的渴望。她们明白经济独立是一切独立的基础。

长期以来，不断有女性职场小白问我类似的问题：

1）八姐八姐，我想要孩子了，是不是该换个清闲的工作？

2）我想自己带两年孩子，可是又担心影响职业发展，怎么办？

3）我想辞职，可是还想要二胎，到底应该在这个单位凑合干，生完二胎再走，还是应该先辞职找工作呢？

那么，女性是否真的是特殊群体？生孩子一定会对职场造成影响吗？

▲ "身份认定"计策

我在长江商学院当英语老师的时候，认识了几百位事业有成的职场精英女性；同时，我在写书、讲职场课的过程中，也接触了上千个认为事业与生娃难以兼顾的职场小白女性。我把这两类女性进行了对比，发现了一条与生娃其实毫无关系的职场规律，那就是：生娃对于女性职业发展的影响，与生娃本身几乎无关，而是取决于这个女性对自己身份的认定。

女性的身份关系包括：

1）你的子女；

2）你自己；

3）你的配偶；

4）你的父母。

很多职场小白在选工作、干工作中遇到阻碍，是由于没有清晰地认定自己的身份，没有进行身份排序。比如说，你认为自己到底是做好别人的妈妈更重要，还是做好自己更重要？

因此，我提炼了一个名为"身份认定"的计策，指导女性选择工作。女性必须把自己的不同身份进行优先级认定，才能理清自己的职业发展路径。以我自己为例，我把自己的身份认定为：自己>配偶>子女>父母，所以，我把大部分的时间花在了自己健身、创业上，而把陪伴丈夫、教育子女、陪伴父母分别排序在后面；显然，我陪伴家庭的时间不够多。

反之，很多女性并不认同我的排序，她们对自己身份的认定可能是：子女>配偶>自己>父母。即使有些人说："不不不，我是自己>子女。"可是，在执行过程中，这些女性会因为生孩子、带孩子而辞职，她们用事实书写了自己的公式：子女>自己。

这个"子女>自己"的认定，看起来是一个伟大的母亲为了孩子做出了自我牺牲，但实际上，它并没有想象中那样美好。"生娃带娃"被很多女性用成了借口、挡箭牌，为自己"事业无成"找到了理由。

有很多人会反对我的观点，说："当妈是这个世界上最难的工作！"那么，我们现在就来继续剖析一下"妈妈"这个身份。其实，这个身份可以继续裂变成几个

"分身"：

1）我是生育者；

2）我是养育者；

3）我是教育者；

4）我是行为典范。

在这几个身份中，显然，按照难度来核定，排序应该是：生育者<养育者<教育者<行为典范。如果一个女性生孩子就辞职，一直陪伴孩子到上小学的阶段，显然，她把排序定义成了：生育者>养育者>教育者>行为典范。（备注：我们只讨论普通工薪阶层妈妈，超级富豪家庭的全职妈妈不在讨论范围之内。）

但是，也有很多事业心强的职业女性，这样对自己进行身份认定：行为典范>教育者>养育者>生育者。这些女性不会因为备孕而考虑换一份清闲的工作，也不会因生孩子而辞职，也不会借机在家里休养一年甚至两年。

如果一个女生身体健康，却因为要生娃就决定在家休养，其实不是因为生娃这件事有多么可怕，而是因为这个女生在个性当中本来就有畏惧困难、时间管理混乱的缺陷。当生娃和工作并列出现在她生活中的时候，她就搞不定了，或者压根儿不想搞定了。

综上所述，每个职场女性都要先为自己做一个"身份认定"。只有排列好了不同"分身"的优先级，你才能干脆利落地决定：要不要因为生娃辞职，该不该为了带娃换工作……

54

"身份认定"计策案例分析

案例：因为生孩子而找不到职业方向的小妍

我是小妍，在一个小县城打工。我之前在一个教育机构做少儿英语老师，最后没有坚持下来。后来在一家教育机构做教育咨询师，得到很多家长的信任和认可，个人觉得自己比较擅长和家长探讨孩子的教育学习，所以也比较喜欢这份工作。但这个行业有淡旺季，所以在淡季就容易坚持不下来。辞职后，觉得自己很迷茫，不知道到底去继续干教育咨询还是当少儿老师。最近有家机构让我去做招生主管，我还在考虑。自己突然迷茫了，不知道怎么定位自己，我已经30岁了，成家了，没有孩子。我可能考虑得比较多，我在考虑我怀孕生孩子后，哪份工作更适合我。请老师给我一个建议，我感激不尽。

首先不要杞人忧天，生娃不会导致一个教育从业者无法工作，所以暂时它不应该出现在小妍的择业考虑因素表里。

显然，小妍怀孕生孩子后依然要工作，所以她的身份必然是一个职场女性。她只需要在养育者、教育者、行为典范这三个身份中进行优先级排序，就可以解决迷茫。我们可以模拟一下小妍的排序：

1）如果排序是"行为典范>教育者>养育者"：小妍应该去做招生主管，兢兢业业，获得好成绩，就像她期望自己未来的孩子当个三好学生一样。

2）如果排序是"养育者>教育者>行为典范"：小妍适合做熟悉的老本行，没必要换工作。怀孕后就进入轻松的工作状态，以孩子为中心，工作第二；如果工作占用了太多晚上和周末的时间，小妍应该辞职，换一个朝九晚五的工作，这样才能养好孩子，花费更多的时间教导孩子。

"身份认定"计策练习题

1. Haru：

我是一名英语专业毕业生，英语八级。2012年初进入国企，但不是正式编制。一直做商务专员到现在。英语基本废弃。由于性格内向，不善于与领导打交道，一直没有升职。每天上下班需要花四个多小时，家里有两岁半宝宝。我本身一向求稳定，更多的精力放在家庭而非工作上。所以之前完全没考虑过职业规划。现在面临重新找工作的情况，但是33岁的年龄已完全没有优势，而且最近在考虑生二胎。请问老师，我该何去何从？是干脆辞职在家生二胎还是先找新工作呢？

2. 夏天的风筝：

我英语专业硕士毕业三年。毕业后，在一家在线教育软件公司从事英语相关的编辑工作。最近一段时间思考了下自己的未来职业发展方向。我觉得自己的管理、组织能力比较强，也比较擅长与人打交道。在现在的公司担任文科主管，平时也接触了一点人事相关的面试招聘和培训工作，所以觉得自己比较适合从事人力资源这方面的工作。在现在的公司感觉学不到什么东西，没有什么发展和晋升的空间；今年7月份合同也即将到期。所以我自己现在很苦恼，我今年想要宝宝，又想要换工作，但是目前换工作又没有什么进展，感觉很焦虑。该怎么办呢？

3. Timmo：

我今年28岁，是护理专业毕业的，在民营医院待过两年，干得还可以。不过我考了三年才考到护士证，之前因为没证所以不能在医院上班，而且从考证到拿到证需要至少一年半的时间，可是各大医院都需要有证才能进去。现在我年龄大了，大医院也进不去了，小医院我也不想去。现在已婚在家，家里人还催我年底要孩子，可是我却觉得自己更加迷茫了，自己的前途和工作不知道该怎么办。

4. 常小盼：

我今年30岁，是一个2岁孩子的妈妈，孩子在老家。现在在一家企业做仓库管理。爱人在外地创业，还在起步阶段，年前我辞了职，要跟老公团聚，把孩子接过来。但是，公司老总一直留我，现在公司财务方面缺懂仓库管理的人，希望我做成本会计。我以后的确想从事这个方向，但又想跟家人一起团聚，我该怎么办？

5. 江雨：

我已经做了四年的全职妈妈，现在孩子已经长大上学。我想出来上班，但是四年的时间让我感觉自己已经和社会脱轨了很长时间，不知道接下来该怎么办。

"身份认定"练习题解答

1. Haru——正式上班却没正式编制的国企人：

a）从你的描述中我感觉你的排序是：宝宝>家庭>自己，如果是这样的话辞职在家生二胎是符合这个顺序的。

b）如果选择辞职在家生二胎，那么你对自己的身份界定就是：生育者>养育者>行为典范。

c）如果你认为教育者和行为典范对于子女是至关重要的，你应该去找一份新工作，当个先进工作者，给孩子当榜样。

2. 夏天的风筝——想要宝宝还想换工作的英语专业硕士：

a）几乎没有人不喜欢做面试招聘和培训。因为作为面试官是具有优势地位的，你操控着别人的命运。所以判断自己是否要做人力资源岗位，还是要看过去的"红点"。

b）去智联招聘上找人力资源岗位的需求，如果你认为自己可以匹配这些需求，可以考虑转行。至于生娃和你现在换工作完全没有关系，除非你把自己定义成"生育者>养育者>行为典范"。我想暂时不需要考虑工作与宝宝的平衡，还是要专注找工作。

3. Timmo——被催生还想换工作的护士：

a）你的提问不像是提问，更像是吐槽。对你来说答案是明摆着的，既然进不去大医院，就只能进小医院，甚至民营医院。

b）你明显歧视民营医院，这简直让八姐我开始怀疑人生了，我老人家这么多年来一直在民营单位干活儿啊。

c）你的问题，不是应该如何做选择，而是应该提升"自知之明"：首先，知道自己的学习能力，考了三年才拿到护士证，说明你学习能力一般；到28岁拿下护士证时已经进不了大医院，还不甘心，说明你判断能力也不强。也就是说，你是个"煤油炉子"（见本书PART 2，第九节）。

d）"煤油炉子"的职业发展，就是一根筋地干好一件事，踏踏实实在你能进去的医院里当一名比其他护士更好一些的白衣天使；同时，备孕。所以，目标定成：稳定的工作和做一名不焦虑的妈妈。祝你好"孕"。

4. 常小盼——在老板和老公间徘徊的财务管理人员：

a）对你来说，只需要"身份认定"就能解决问题。你到底更希望做一个独立的女强人，还是认为自己老婆、妈妈的身份更重要？

b）如果你对"自己"的身份更为看重，哪份工作最能施展你的才华、最能挣钱，你就应该去选择哪份工作。

c）如果你非常看重老婆、妈妈的身份，就去找老公，跟他一起创业。

5. 江雨——觉得自己与社会脱节的全职妈妈：

a）当招聘单位看到你过去长达四年的全职妈妈身份，他们会认为你是家庭>事业的女性，可以考虑雇用，但是很难成为主力干将。当一年甚至两年全职妈妈是可以理解的，但是做了四年，就足以说明你十分在意自己"妈妈"的这个身份，其次才是"职场女性"。

b）既然身份已经确定，你就不用恐慌了，因为用人单位的招聘经理和老板对你的期望值不会太高，你只要正常完成本职工作就达标了。

c）面试的时候，你要把自己的身份再次定义一下："我就是个年龄偏大的小白，你们把我当年轻小白用，该训就训，我从零做起！"当你进行了身份认定后，很多老板会更愿意聘用你。

七、选工作该不该听取别人的意见？
——"吃饭长个儿"

"不听老人言，吃亏在眼前。"

"我吃过的盐，比你吃的米还多。"

中国文化一直这样"恐吓"年轻人，强势说服年轻人接受长者意见。

跟其他国家相比，中国的孩子们，不管你乐不乐意，得到的"意见"是最多的。因为中国文化尊重长者，认为年龄和智慧是画等号的（至少是约等号），所以你整个家族的长者、你身边的师者，甚至同辈过来人的师兄师姐，都有资格"为你好""给你指条明路"。

除了听长者的意见，中国还有一种文化更"可怕"，就是集体主义。人们从小就被训练"不要跟别人不一样"：如果你穿得很奇特，就说你"奇装异服"；如果你的想法跟别人不一样，就说你"标新立异"（显然是带有反义色彩的词）。就连老年人锻炼，都喜欢跳广场舞，甚至齐刷刷地穿统一服装。

那么，这种长者为智者、集体意见至上的文化，对年轻人的求学和就业造成了哪些影响呢？

八姐难过地总结了这几条：

1）分文理科的时候，很多家长强势诱导孩子学理科，因为中国文化是重理轻文的。

2）填报高考志愿的时候，家长说"我们尊重孩子自己的意见"，可是，他们家孩子已经被培养成了一个没主意的人，那还尊重个"Q"啊（我这个受过教育的人不能说"P"这个字，所以我就说"Q"吧）。更可气的是，这些家长自己其实也没个主意，于是，就受了羊群效应的影响（哪儿热闹往哪儿扎堆），大量的学生报考了经济、金融、物流、生物、IT等热门专业，而历史、地理、哲学、社会学这些冷门专业几乎无人问津。

3）本科毕业之后，只要家里有条件的，多数家长都会诱导孩子出国深造、考研，而年轻人怎么可能经得住这些诱惑，于是欣欣然地上路，都以为自己是"研究生"的材料。其实，考研只是读博的前一步而已，有几个人适合读博呢？

4）终于毕业了，很多家长指导孩子考公务员、进国企，帮助子女就业。

在这种剥夺年轻人意志的文化里，年轻人逐渐得了"软骨症"，耳根子软，即使有自己的想法，也很容易顺从其他长者的意见。比如这个小柳：

即将毕业的大四学生小柳，站在人生的岔路口上，蒙了。爸妈说："女孩子家就回老家当个老师、考个公务员什么的，安安稳稳的多好。"小柳自己有插画师的梦想，大城市的霓虹灯对她充满了吸引力，可是大学专业经济学完全不沾边，自己绘画的技术还不够优秀，她也害怕自己出去闯会碰壁。学生会的师姐想拉她一起创业，听起来也让人热血沸腾。

出去闯？不安心。回老家？不甘心。小柳的选择恐惧症发作了。

小柳所听到的每一个意见，似乎都观点明确、论据充分、逻辑合理，让她不得不信服；有些意见还非常吸引人，简直在闪着七彩的光芒。但是可怕的是，这些意见往往截然相反：家长推荐她去考公务员进体制内，而职场专家在分析她的"红点黑点"后则推荐她进私企。

那么，在选择工作的时候，要不要听别人的意见呢？

▲ "吃饭长个儿" 计策

　　我给大家提炼的计策，是一句大白话："吃饭长个儿。"计如其名，社会的意见、爸妈的意见、专家的意见，说到底，就是你吃进去的"饭菜"，你需要消化它们，然后帮助你长个儿。

　　如果你听了一个意见，就照搬一个意见，那岂不类似于你吃进去一块猪肉，脸上就要长出一块猪肉？

　　照搬别人的意见，你不就成了别人意见的收纳箱、垃圾桶？照搬别人的意见，对年轻人的伤害巨大。理由如下：

　　1）听别人的意见，哪怕他们的意见是对的，也会对你造成巨大的伤害。因为这些正确的意见剥夺了你分析决策的能力，而这种决策能力才是影响你职业发展的最大因素。反之，如果你自己做决策，即便决策是错误的，它也提升了你自己的分析决策能力，这样你才具备了在职场上成功的潜力。

　　2）你的父母、老师、亲友、专家貌似了解你，但是请记住，他们只是了解表面的你、现在的你，他们未必会了解内心的你以及随着时间会成长变化的你。当你成为有分析能力和决策能力的人之后，即使你发现自己走错了路，你依然可以毅然决然地掉头去寻找正确的路。

年轻人要像对待食物一样去对待其他人的意见。每一种意见都有适合你的营养，也有你不能吸收的糟粕，你需要消化掉营养，排出糟粕，这样才能长个儿。

"吃饭长个儿"计策案例分析

新奥是我的一名学员，他的案例如此典型，以至于我认为只要分析他一个人的案例，就足以说清楚"吃饭长个儿"这个计策了。

新奥是一名应届大专毕业生，新闻专业。大学期间喜欢上了摄影，短短的几年里获得了许多国家级和省级的奖项，但拍的是风景，并不是商业照，所以也没敢转型做摄影师。

新奥尝试过自己找工作，去过一家摄影新媒体面试，当考官问到他，你的人生规划是什么时，新奥竟哑口无言，当然面试也没成功。从小到大，他一直在父母的选择下生活，导致他很不独立并且胆小，没有年轻人的激情，什么都不敢去尝试，只想安稳。

父母托关系让新奥进了报社当记者，当初选专业是父母帮忙选的。其实，新奥是一个比较安静、沉稳的男生，当记者跑新闻与他的天性根本不符。最近他一直心神不宁：采访工作因为自身的学历问题，导致稿件的质量不是很高，经常出错，现在开始有抵触心理。

新奥很焦虑，经常想：记者真的是我喜欢的吗？我要转型做一名摄影师吗？可是新奥认为这只是一时热血，因为人们都说当爱好变成工作，你就不会再像当初一样喜欢它了，初心也可能变了。他朋友说，当你不知道干什么时，就先把手头上的事情干好再说。

新奥一直听取爸妈的意见，又听取朋友的意见，现在又来听我的意见。我看到他的经历，觉得又气又急，所以我给他写了一封信。现在我把这封信原封不动地跟各位分享。

亲爱的新奥：

以下是我想跟你说的话：

1. 听自己的才能锻炼出决策能力

决策能力，是一个人事业成功、家庭幸福的根基。而决策能力，三分靠天赋，七分靠训练。你只有不断决策—执行—反思，才能逐渐学会决策。如果你听父母、朋友、杨萃先的，请问，你什么时候能锻炼出决策能力？

2. 是男人，就不能接受精神阉割

女人最爱男人什么？

肯定不是帅。

肯定不是有钱。

而是，这个男人是自己的主心骨！

现在的你，23岁了，是个成熟的男人，该有女朋友了，那么，你会成为这个女人的主心骨吗？你连成为自己的主心骨都没做到，怎么可能成为她的主心骨？

如果你听父母、朋友、杨萃先的，你的精神就被阉割了，这是不能接受的！

3. 一直听别人的是"思想侏儒症"

你去新媒体摄影公司面试失败了，于是你亲爱的爸妈害怕你再失败，就给你安排了一个报社。

这让我看到一幅场景：你自己走路，摔倒了，然后你妈说："你看，你就是不会走，还是我搀扶着你吧。"于是，你一直被搀扶。那你当然浑身无力。

没机会拿主意、没机会犯错、没机会反思，你的思想压根儿没有经过锻炼，还停留在童年，什么都害怕，只想躲在父母怀里。这就是我常说的"思想侏儒症"——身体一米八，思想却停在五岁。

4. 那些自己干不成事的，总是说"你也不行"

在《当幸福来敲门》这部电影中，主人公说："那些自己干不成事的，总是说你也不能。"

别人说，大城市太累，还是回家乡发展吧。

别人说，在企业奋斗太难了，还是考公务员吧。

这些人自己没有勇气去闯，没有本事去经历风雨，为了安慰自己，当然要说"我所得到的就是最好的""我没得到的就是我主动放弃的，是不好的"。你必须知道这是他们的自我安慰。

你出去闯荡，按照自己的意愿求职就业，当然也未必就能功成名就，可是，你至少应该活得像个年轻人吧，总要做点尝试吧？

5. 老人和亲朋，其实经常犯傻

你的父母生长在纸媒为王的年代。可是，从2010年起，纸媒已经进入了休刊期：

2014年1月1日，《新闻晚报》正式休刊，创刊15年；

2015年10月1日，《上海商报》正式休刊，创刊30年；

2017年1月1日，《京华时报》正式休刊，创刊15年。

你的父母真的清楚纸媒的未来吗？真的知道新媒体发生了哪些惊天动地的变化吗？知道一张好照片能卖几万块钱吗？时代在发展，以滞后的眼光看待未来不过是沉溺过去罢了，人还是要向前看的。

6. 听别人的，可是别人总是在变

听别人意见的最大的问题在于：别人总是在变化。今天爸妈说点意见，明天杨萃先说点意见，听着都有道理，这会害死职场小白的。因为他无法专注在一个领域里。要知道，只有确定了方向和目标才可能谈到有深度的工作，而只有深度挖掘，才有超额的价值。

我给你的信写完了，在这个瞬间我冲动地想与你的父母联系，让他们知道什么才是对子女真正的爱。不过，非常遗憾的是大多数家长难以接受我的观点。我想你可以把这封信拿给他们看一下，我想至少可以引发他们的一点点感想。

总是给别人提建议但是最怕别人照搬建议的杨萃先

2017.5.27

"吃饭长个儿"计策练习题

1. Estelle：

大学里爸妈给我选了会计专业，其实我当时非常想学动漫设计专业，我很喜欢看动漫，也喜欢画漫画人物。但是大学的时候我几乎放弃了自己从小就热爱的绘画。大学毕业后，实习选的是财务；正式工作时，我又听朋友说采购这个工作很赚钱，能学到很

多知识，于是就找了一家公司做采购助理。现在已经在公司工作快一年了，特别想换工作。我现在报了一个周末绘画班，打算把绘画捡起来。我这样好吗？

2. 爱宝hyy：

我是1980年出生的，以前一直是自己做点小生意，也没赚到什么钱。老公想托他的朋友帮我在一家上市公司找个行政工作，让我下个月去上班。可我总觉得，我38岁的年纪再入职场应该是太晚了，不会有发展的可能，内心很迷茫无助。我是继续做小生意呢，还是听家人建议去上班呢？

3. 梦：

我是29岁的女生。之前的工作是钢琴老师，现在想要放弃工作学习做甜品，可没人支持。我也不能保证以后做甜品收入会比较好，这个行业对我而言也是未知数，只是想先学了再做打算。先生创业初期刚上轨道，也想让我过去帮忙，但五金行业我完全不懂，也没兴趣。我该怎么选择？

4. 杨飞燕：

我是学医学的，在三年前进入整形医院手术室工作，更喜欢在医美行业发展。现在我进入一家文绣企业做文绣助理，老板是一名技艺非常好的手艺人，因为我工作突出想让我往管理层发展。我觉得自己的手艺不行，想要在这条路上努力学习，但是管理的薪水要比文绣助理高。我做文绣会更有幸福感，做管理压力会非常大；当然我不惧怕压力，只是担心会离梦想越来越远。我想知道我现在该怎么办。

5. 滚烫的心：

我今年刚大学毕业，法学科班出身。目前在一家民营的大地产公司跑按揭手续，月薪6000元以上。我一直有一个律师梦，现在打算辞职，找一个相对空闲、时间多的工作再复习一年参加司法考试。但是此想法遭到了家人的反对，朋友也不理解，向领导旁敲侧击的时候也被人家挽留了。现在感觉很糟，上班干好自己的工作后，一直纠结怎么选择。

"吃饭长个儿"练习题解答

1. Estelle——想重新学习绘画换工作的采购经理：

a）你简直用你的案例刻画了一个反面典型——你在过去完全把自己变成了别人意见的垃圾桶。

b）如果我现在告诉你到月球上挖矿可以赚到一千万，你会去吗？你应该用自己的头脑思考一下吧！父母让你去学会计，因为资深的会计或者财务当然很厉害；朋友跟你说采购赚钱，因为资深的大宗货物采购人员的确年薪百万。除了这些，还有无数行业收入都很高，难道你都想尝试一下吗？

c）既然你喜欢画画，那就应该找一个和绘画相关的公司，找一个相关的岗位，直接在工作中检测自己是否有绘画的能力，这个兴趣是不是你真实的内心想法。

2. 爱宝hyy——初入职场很迷茫的38岁小生意人：

a）我猜你老公的想法是：其实你不具备生意的才能，即使继续做小生意，也赚不到什么钱，所以不如做行政岗位，毕竟还有稳定的几千块收入。我估计，在你老公心目中，他从来没有期望过你可以从月薪三千的行政专员变成月薪一万的行政经理。

b）现在，你老公已经明确了他的想法，轮到你了。你必须明确自己的想法。你的昵称是"爱宝"，我猜测你在过去的这些年应该投入了很多精力在孩子与家庭上，所谓的做生意，应该是副业，不是全力以赴的主业，所以自然不可能赚到什么大钱。

c）所以，我认为你不是面临选择的问题，而是面临"全力以赴"的问题。如果做小生意，全力以赴，能挣到钱；如果做行政，全力以赴，也会发展不错。如果都是半吊子，那么，收入自然也是半吊子。

3. 梦——老公让她去五金行业帮忙、自己想学甜品的钢琴老师：

a）你先生的意见：全家一起做生意，赚钱才是真兴趣。这个说法有道理吗？有！

b）你自己的意见：做有兴趣的事并能做好，钱自然会来。这个说法有营养吗？有！

c）曾经，你爸爸妈妈的意见：女孩子家弹弹钢琴多优雅，还能赚钱。这个说法有营养吗？有！

d）桌子上摆着两盘菜：跟老公一起挣钱，辞职去学甜品。你是想吃一盘，还是都想尝尝呢？如果是我，当然是都吃吃看。跟着老公创业，闲暇时学甜品，不可能抽不出时间来吧？

4. 杨飞燕——老板意见与自己想法相悖的医美管理者：

a）你老板的意见：五年后，你是文绣企业的中高层管理干部。

b）你的意见：五年后，你是飞燕文眉大师，每天文绣十双眉毛，收费比别人高五倍但是门庭若市。

c）显然，每一种意见都有道理。我个人觉得，做文绣和做管理，这两者并不冲突，就像吃肉和吃菜一样，完全可以一起吃。

5. 滚烫的心——想辞职参加司考当律师的月薪6000元的按揭专员：

a）你家人的意见：这么高的工资，竟然想放弃？

b）你的意见：万一当上了律师，赚钱如流水，何止6000元！

c）难就难在：这两个意见，都有道理！可是，八姐尖刻地想到了一个不该问的问题：这份月薪6000元的工作，是你自己找的，还是你爸妈帮忙找的？

d）如果是你自己凭本事找的，那就说明你的市场价值就是6000，你辞职司考一年，万一没考上，重出江湖，照样能拿到6000元；但是，如果是爸妈帮忙找的，万一司考失败，你的收入可能是3000元，你能接受吗？

e）八姐的意见：如果你连找工作都是父母代劳的，那么，还是沿着父母指的路跑吧，万一将来失败了，你有足够的理由把责任推卸到父母身上，让他们养活你就行。（备注：也许我想多了，我非常希望这个男孩子是凭自己本事找的工作，这样他可以肆无忌惮地辞掉这个工作，追求梦想；哪怕没追到，大不了从头再来……）

八、如何准备简历和面试?

——"对号入座"

在求职高峰期,很多人都会问我关于简历和面试的问题,比如说:

1)老师,简历一定要智联招聘那种格式吗?

2)Tracy,我想知道:面试的时候回答问题一定要完全真实吗?能不能夸大一些过去的经历?

3)八姐老师,我看到一个工作岗位需要两年的工作经验,可我现在只工作了一年半,可以去碰碰运气吗?

其实,我在上一本书《这些道理没有人告诉过你》中,详细解答了这些问题。如果你是应届生,我建议你购买那本书仔细研究一下求职技巧;如果你已经毕业了一两年,那么,你参考本计内容准备简历和面试就够了。

"对号入座"计策

想通过简历审核、面试筛选，你只需要应用一个简单的计策——"对号入座"：

1）对应招聘启事的每一条要求，各准备1~3个事实。比如说，岗位要求踏实肯干，你可以准备的事实就可以包括：拿奖学金、担任生活委员、在上个工作单位连续干了三年、坚持长跑一年——这些都可以匹配"踏实肯干"。如果你发现自己匹配一份招聘启事很费劲，那么一定要放弃这个岗位的申请，这说明它完全不适合你；就算是勉强入职成功，干起来也会费力不讨好。

2）通过多方了解、自我分析，发掘出招聘启事上没有明确指出的潜在需求，对应每个需求准备1~3个事实。这些潜在需求，有些是用人单位不好意思提的，比如：外企的总经理秘书岗位其实需要端庄大方；很多私企的总经理秘书岗位则默认要求已婚已育，否则老板娘不答应。还有些潜在需求是一些锦上添花的特点，比如说，一个行政主管的招聘启事，不会要求摄影、能喝酒、开车、羽毛球等技能，但是如果你在简历和面试的时候提到了这些技能，显然会有助于你应聘这个岗位。比如，单位经常组织羽毛球比赛，可是多数员工都很懒，压根儿不想去，所以，行政主管得自己撺掇着，以身作则，只有你自己会打、打得好，会教别人打，这些懒家伙才会被带动起来。

"对号入座"计策案例分析

案例一：不明需求、急于表现的小菲

一家山东潍坊的工厂招聘一名驻柬埔寨的生产管理人员，招聘启事的要求如下：

1）有过服装厂管理经验

2）可以使用英语沟通

3）踏实肯干，吃苦耐劳

这个岗位是我朋友李总委托我在读者群里发布的广告，同时他也在58同城等渠道发布了招聘启事。

我的学员小菲在昆山的一个辅料厂工作，由于制造业大面积亏损，她的工资已经两年没涨了，她很看好这个年薪10万的工作，于是加入了我们的前期工作微信群，希望以直接面对老板的方式拿下这个工作，以下是她的一些微信留言：

1）柬埔寨的工会很厉害，得找个特别能干的人，把工会搞定，否则工会总是煽动罢工；

2）当地政府不作为，水啊、电啊、路啊，都要自己搞；

3）越南的工厂更密集，人工成本更低；

4）……

我能感觉到小菲很努力地在表现自己，希望引起李总的注意。可惜，她的每一次发言，都把自己和职位推得越来越远。因为她完全没有做到"对号入座"，她所提供的信息，都不是李总在招聘启事中明确要求的；而是她把自己脑海中认为重要的信息，不断发给李总。可是，你作为一个从未创业过的职场小白，怎么可能知道哪些信息是重要的呢？

其实，她只需要"对号入座"，李总问什么，她就答什么，要努力答透彻；回答不上来的，要回去做功课，然后马上来回答。比如说：

1）有过服装厂管理经验：

我在昆山干辅料是从工人做起的，因为比较积极就做了组长，管30个人。每天开早会，我的工人特别稳定，因为我很关心大家。去年工厂搬到县城，我挨个做思想工作，还联合10个女工一起合租了一个两居室，这样大家加班后就不用回昆山市区。现在招工难，我觉得能把大家维护住，就是最大的贡献……

2）英语沟通：

a）我英语一般，不过有百度翻译，不会耽误工作。

b）我还查了一下柬埔寨语，百度翻译没有，不过谷歌翻译有高棉语，实在搞不懂的可以谷歌翻译。

c）我如果能过去，肯定每天学几句当地语言，不就是一百来个单词嘛，我觉得一个月就能记住。

3）吃苦耐劳：

a）我是女的，老板一般不愿意外派女员工出国，因为还得多操心。

b）说多了也没用，不过我在现在这个厂干了五年，如果不能吃苦，不可能跟着这个老板从昆山搬到县城。如果老板生意好，我是不可能离职的……

除了这些明确的需求，小菲还得考虑潜在需求，比如说：

1）"一个萝卜十个坑"，但没有加班费。

2）女生安全问题。

如果小菲想得到这个岗位，不解决这些潜在需求，还是无法搞定。小菲可以强调以下这些内容：

1）自己曾经填过多少个坑，比如：ERP简单维护、打印机坏了凑合能修理、跟政府打交道、跟胡搅蛮缠的工人死磕……

2）自己如何管理好安全问题，比如：我长得实在其貌不扬，所以不会引起啥麻烦……（一点都不开玩笑）

小菲的这个案例，总结起来就是八个字：废话少说，对号入座。

案例二：小芳的兴趣爱好

渣打银行招聘信用卡客服，我的学员小芳把简历拿给我看，我发现她的兴趣爱好写的是：读书、打高尔夫。我问小芳："你写这两个需求，是想给HR留下什么印象？"小芳说："我觉得这两个爱好挺上进、挺高雅的。"我又问她："'客服代表'这个岗位，跟'上进、高雅'，距离很近，还是距离较远？"

爱读书的人喜静，而客服代表是个吵吵闹闹婆婆妈妈的工作；以高尔夫为兴趣的人必须收入比较高，而客服代表是公司里工资最低的岗位之一。如果小芳把兴趣改成烹饪，也许她的入职会顺利一些。

案例三：没有对号入座的小新

小新是应届毕业生，他准备了厚厚的一摞简历，让我给他把把关。我问他："你要投哪个岗位，招聘启事给我看看。"他说："还没决定呢，先准备好简历嘛。"我只能把简历还给他，还差点把那厚厚一摞简历撕掉！

求职就是个对号入座的过程，你连座位在哪儿都没搞清楚，何谈对号？纯属耽误工夫。有些从来没工作过的"职全白"可能会质疑："招聘会上百个岗位，难道我要准备上百份简历吗？"亲爱的"职全白"，你说对了，如果能准备上百份，那是最佳选择；如果做不到，就准备几大类，比如说，技术类、技术支持类、技术销售类，根据岗位分别投放简历。

案例四：随波逐流的小东

小东是个"职全白"，准备了厚厚一摞简历，说要在校招的时候，投给顺丰快递的物流管理岗。他的简历装在一个透明夹子里，封面第一页是彩色的竹子图案，上面有自己学校的名字和校训，主体部分是自己的名字。我问他："为什么要夹在透明夹子里？为什么要做一张只有你个人名字和学校名字的封皮？为什么选竹子做图案？"小东说："大家都这样啊，显得很庄重吧。"

简历的天职是"对号入座"，HR需要什么，你就提供什么，而不是"我老人家有这些信息，HR你看着选吧"。这个简单的细节暴露出"职全白"的两个大问题：第一个，不动脑子，人家怎么干，自己也怎么干；第二个，完全以自我为中心，突出自己的学校、自己的名字、自己的全部能力，而以对方为中心的换位思考能力太差。其实，只要稍微模拟一下HR筛选简历的场景，你就不会用透明夹子简历，而且还不订起来。把简历控制在一页纸内；除非你发表了大量的作品、做了大量的科研项目，才有资格写上两三页。

案例五：小郎的简历照片

我的图书策划编辑小郎，现在变成老郎了。他当时在新东方出版公司工作，想跳槽去中国最牛的创意文化公司。我看了他的简历，只提出了一个意见，让他把原来规规矩矩的一英寸平头黑白照片换成戴墨镜的帅哥风情照。

你可能会说："啊？戴墨镜？"对啊，一英寸平头黑白照片适合技术员、工程师岗位的求职简历，怎能匹配中国最牛的创意文化公司呢？小郎换了照片，去面试的时候，谈话就是从这张照片谈起的。面试他的大咖说，没有这个阳光帅气劲儿，怎么能去跟于丹、白岩松谈合作？

案例六：小菲与小孟的想法碰撞

小菲和小孟去一个烟草国企求职，对方问："你是环境的适应者还是环境的改变者？"小菲说："嗯，首先要适应环境；在适应环境的前提下，争取做环境的改变者。"小孟说："我首先是环境的适应者，我刚进广外的时候，觉得学校有很多管理制度不合理，觉得不可思议。后来大三的时候我进了学生会，经常跟校领导接触，才明白了很多制度设置的根本原因，我就理解了。如果一个环境长期存在，必然是有它的合理性，如果我们想要改变它，必须首先充分地了解和适应它，不能想当然地觉得哪儿不合理就改变它。"

听完小菲和小孟的回答，你们应该知道谁能入选了吧？肯定是小孟。别说是大型国企，就算是外企，也很讨厌还没适应环境就嚷嚷着要改变环境的人。

"对号入座"计策练习题

1. Vinvi：

我是一名即将毕业的风景园林专业的本科学生。现在有一家小城市的龙头公司和一家创业公司进入我的备选名单，我该准备什么样的简历来获得进入这两家公司的机会呢？

2. 平平淡淡：

我是刚毕业不到一年的职场小白，22岁女生，大学学的专业是空中乘务。可能自身条件有所欠缺，毕业那段时间面试了几个航空公司都没面试上，目前是华为的外包公司员工。每天固定上班12个小时，没有什么发展前途。我想去做与播音相关的工作，我该怎么样寻找这样的工作并且准备简历和面试呢？

3. many曼曼：

我今年29岁，会计专业大专毕业。毕业七年，从刚毕业开始就一直从事会计工作。

我的第一份工作：在一家私企物业管理公司做财务文员。工作半年后，发觉那里无论是发展平台还是职场环境都很局限，所以就离职了。

第二份工作：我幸运地进入了一家国企，工作得到我女上司的认可，与其他部门同事也能有效沟通协作。后来是因为公司搬迁而辞职。

第三份工作：在屈臣氏中国总部工作，职位是税务助理。在那里工作可以接触很多与税务有关的工作，但工作性质非常单调，而且接触面狭窄，对全面能力的提升不利。

我现在在投简历，但回音却很少。哪个方向的工作适合我呢？

4. 一只：

您好，我之前从事过房地产、旅游、餐饮业的工作，甚至自己创业过，但这些都跟销售有关系；现在不想再乱折腾，就想好好找个销售的工作来体现自己的价值。可能找的销售方向跟自己之前接触的不一样，那我在面试时该怎么回答面试官的提问呢？谢谢。

5. Ruby：

我最近想换工作。现在做测试组长，毕业后一直在这家公司，快四年了，工作负责任。很久没有去面试了，连简历都不知道要写什么，想投对号入座一些的，可是有一个技能我不会，要学一个月吧，那我是先学了再投简历呢，还是现在先投简历试试？如果上班的话我就没有时间在一个月内学会它，我现在应该怎么办？

1. Vinvi——对龙头公司和创业企业都有兴趣的园林毕业生：

a）只要按照"对号入座"的原则，找到这两家公司的招聘启事，按照他们招聘启事的要求，一条一条地对应你的背景中符合要求的部分就足够了。

b）龙头企业的潜在需求是：听话，少废话，别越部门别越级，让你干啥就干啥。

c）创业企业的潜在需求是："一个萝卜十个坑"，让你干啥就干啥。

2. 平平淡淡——想干播音的华为外包员工：

a）你去智联招聘上查找"播音员"招聘启事了吗？我随便查了一下，似乎对学历、专业、经验都没什么要求，只要求看你的作品。那么请问：你的录音作品在哪里呢？

b）如果没有录音作品，自己做个公众号，开始录音吧。

3. many曼曼——换了三次工作，搞不清楚下一步方向的会计：

a）简历成功的前提是对号入座：锁定你要什么样的工作—找到它的岗位需求—有针对性地制作简历。现在的你直接把事情弄反了：投了大量的简历，但压根儿没有想好自己想做什么样的工作。所以，请你停下来，给自己定位，暂时不要投简历。

b）如果你投递相关的岗位，"对号入座"，肯定有很多单位请你面试；但是，投递无关岗位是没法"对号入座"的。

c）哪个方向的工作适合自己？哪个座位坐起来舒服？请你参考"7531"计策吧。

4. 一只——想跨行找销售工作但不知如何应对面试官：

a）你是否到智联招聘上研究过大量销售岗位的招聘启事？如果你认真了解过，你会发现，大部分销售工作并不看重你以前的经验，他只希望你做过销售，而且干得很漂亮！

b）你会发现销售岗位基本上都要求踏实、肯干、忠诚这几项。你有过创业经历，所以你的忠诚度是有待考验的，用人单位会很担心你在工作一段时间后仍然想去创业。所以这个问题比起没有销售经验更加重要，你需要"对号入座"找到事实证明：俺已经踏实了！忠诚了！这样就能搞定销售岗位的面试。

5. Ruby——先学技术再投简历？或先投简历再学技术？

a）当我们看中一张沙发的时候，我们一定会坐进去试一下，然后根据自己对软硬程度、扶手高低的需求来选择哪一款沙发或者定制什么样的沙发。

b）你现在看好一个岗位，你认为自己只差一个技能，但这未必是全部情况。我认为你应该试试，坐一下这个"沙发"，想办法拿到面试通知，在面试时，跟对方好好聊聊，看看是否真的需要这个技能；如果确定，就辞职学好这个技能再去面试。

PART 2

定心，热爱当下的工作

职场有没有捷径？

有！

这个捷径就是专注。如果你从18岁就知道自己要什么，你做的事、你交往的人都围绕着这个专注点。请问，你在28岁的时候，难道会一事无成吗？大把大把28岁的人还在迷茫，兜兜转转地想"我到底想干点啥"；而你已经狂奔了十年，难道，你还不会狠狠地把他们甩得连你的脚后跟都看不见？

智商280的人（爱因斯坦智商278）如果不定心，今天干这个，明天干那个，也不可能有大成就。智商110的普通人，如果专注地奋斗，即便你成不了爱因斯坦，你也能变成"最好的自己"。

所以，你的进阶第二步，无他，唯定心而已。

九、觉得单位没前途怎么办？
——"煤油炉子"

职场上，太多人不定心，左顾右盼、朝三暮四。比如以下这些人：

1）八姐老师，我现在有一份全职工作，可是没啥前途。每天看到朋友圈做微商的感觉挺赚钱，想做两个产品试试，您觉得靠谱吗？

2）我十年换了七份工作，工厂流水线、超市导购、财务统计员、房产销售等等，都觉得发展一般。我现在对养生很感兴趣，想做营养师，可以转行吗？

3）我在外企干技术，不善于沟通，最大的困扰是做技术还是转管理，做技术上升空间不大，做管理觉得能力不强，怎么办呢？

4）我在大同做行政工作，觉得小地方实在没前途，想去大城市又害怕压力太大，行政工作替代性又强，我还想转行，真是纠结。

这些人觉得自己事业无成没出息。我研究了上百个反馈自己"事业无成"的职场小白，发现他们在学历、背景、所在城市、个人能力方面并没有共性，并不是学历低、城市小就会造成普遍性的"事业无成"，但是这些人在某一个方面却惊人地一致——不专注。他们一律干着A工作却厌烦着A工作，想要跳到B工作。

然后，我研究了自己在商学院、在《非你莫属》节目中接触的上百位老板，同样发现他们在学历、背景等方面没有多少共同点，而在专注性上却高度一致。这些"事业有成"的人，无论机缘巧合做了什么行业和岗位，都专心致志，一头扎进去，干得有声有色。即便后来这些人离开了原来的行业，他们从来都不认为自己选错了行业。

越是大神级的人物反而一辈子只干一两件事。我们拿人人知晓的大神级人物来分析一下：巴菲特、马云、马化腾、张朝阳、柳传志、俞敏洪，都做到了十年如一日，只干一件事。

一对比，答案就出来了，大神之所以成为大神，因为大神可能先天比小白聪明，后天还比小白专注。

他们没有在左摇右摆中浪费自己的时间和精力，而是专注地一条道跑到黑。他们种了一棵苹果树，就好好把它养大，养得枝繁叶茂；而大量的小白却在一年后，拔掉苹果树，再种一棵梨树，过两年再拔掉梨树。

人最珍贵的资产是时间，时间消耗在选择上，当然等不到果子成熟。

"煤油炉子" 计策

先天的聪明智慧，是无法攀比、无法改变的，但是，后天的专注，职场小白没有理由做不到。所以，我帮大家提炼了一个直观的计策——"煤油炉子"。你需要这样来理解它：

1）你必须认清自己的功率到底是锅炉、电饭锅，还是煤油炉

每个人天赋不同，有些人生来高智商高情商，就是一台大功率锅炉，比如说李彦宏、张朝阳，人家就是北大清华高才生，有智慧，有勇气；杨萃先呢，可能是一个电饭锅；而很多职场小白呢，可能天生就是一个煤油炉，智商和情商都处在中等水平。

2）很猛很持久，才能烧开水

大锅炉烧水很快就能烧开，"呼呼呼"地冒热气；反之，小白牌煤油炉功率低，如果想要烧开一壶水，必须很猛很持久，持久到你觉得自己要爆炸了，才有可能把水烧开。

当小白持续无法烧开一壶水的时候，首先不要怀疑自己的工作选错了，而是先问问自己：我很猛很持久吗？

梅梅专科毕业，学的是外贸英语，毕业后没找到外贸工作，就做了一个公司的行政。她干了一年多，觉得自己不受重视，认为行政是边缘岗位，于是悄悄准备换岗，偷偷学习会计，考初级会计证。然后，过了两年，梅梅如愿换了一壶水，跳槽去别的公司干了出纳，可是，她辛辛苦苦干了两年后，发现出纳也只能挣3000元。于是，她很困惑，她想知道：是不是要去考CPA，才能挣到大钱呢？

梅梅的这个案例，是典型的煤油炉案例，如果她很猛烈地烧行政这壶水，很快就可以把行政管理得井井有条，这个时候，老板自然会给她一壶更多的水，比如物流管理，她只要继续很猛很持久地去烧水，就行了。

3）来回换水壶，永远温吞水

越是煤油炉，越容易怀疑自己选错了岗位，总觉得：是不是考个研、留个学、换个岗位，就能把水烧开？殊不知，如果你来回换水壶，每次都要从凉水烧起，想把水烧开，当然要花费更多的时间了。

4）煤油炉的功率，是可变功率

即便你所选择的岗位不是最适合自己的，哪怕是刚好撞上了自己的"黑点"，你也要用百分之百的大火去烧，因为，你越猛烈地去烧火，你的功率就越随之提高，超过了一定的节点之后，你会自动通关升级，从煤油炉升级为电磁炉。

"煤油炉子"计策案例分析

我们现在快速地进行几个案例分析：

案例一：想做微商的阿亮

我目前有一份全职工作，可是每天看到朋友圈做微商的比较多，也开始动心了，我想做两个产品试试。

1）全职工作是一壶满满的冷水，微商是另一壶满满的冷水，阿亮显然是一个煤油

82

炉，所以，肯定无法把两壶水烧开。

2）如果阿亮以"体验一下"的状态做微商，本来就不是为了要烧开那壶水，那么，我建议他在不影响自己烧全职这壶水的前提下去做，坚决不要让老板和同事知道自己做微商，否则，全职工作就断送了升职的可能性。根据我的经验，任何老板看到下属做微商，几乎立刻就会动开除他的念头。

我十年换了七份工作：工厂流水线、超市导购、财务统计员、房产销售等等。现在对营养养生很感兴趣，可是我很担心自己又干不长，所以特别纠结，不知道是否应该去学营养，以后做养生方向的工作。

1）十年烧了七壶水！现在，想去烧第八壶了？

2）小岚应该跟当初一起在工厂流水线工作的小伙伴联系一下，看看有没有人依然在流水线上工作，如果有，了解一下他在做什么具体工作。

由于古方红糖有几家工厂，所以我对工厂比较熟悉。当我们看到一个工人稍微机灵一点，稍微比别的工人敬业一点，我们都很想拥抱他，急切地想给他安排生产管理的工作，因为工厂太缺少优秀的管理人员了！然而，多数工人都和小岚一样，在工厂做流水线，心里认定这种岗位没出息，所以，坚决不肯比别的工人更敬业、更多地学习，所以，就只能一直原地踏步。

3）同理，小岚所做的任何一个岗位，只要很猛很持久地烧水，都能烧开，可惜，她每壶水烧一年，当然都是冷的。

4）我并不相信小岚此生最爱的就是养生，所以，我也不建议小岚花钱去学习养生。从过去干过的所有事中，找一个"红点"，一辈子坚持烧那壶水吧。

我在外企工作，做技术工作，不善于沟通，最大的困扰是不知该继续做技术还是转管理，做技术上升空间不大，做管理又觉得自己能力不强。所以，目前的状态不好，找不到发力的方向，希望您能给一些意见。

1）有一壶水，就叫作技术管理，显然，他很适合干这个。

2）我所见过的做技术管理的人，并不像我这么能说会道、巧舌如簧（你看，为了鼓励他我都把自己黑化成这样了），但是，他们本身懂技术，能够带领手下不断钻研，自然能够获得下属的拥戴。我自己公司里的设计总监、运营经理，都是这类人，其中一个运营经理，讲话还是大舌头，开会的时候，下属经常说："脑板（老板），请你再嗦（说）一遍……"

案例四：迷茫的蕾蕾

我在大同做行政，觉得地方小没前途，想去大城市又担心压力大；而且，行政工作可替代性强，我想跨行，就更纠结啦。

1）谁说行政这壶水烧不开？行政做好了就是综合管理，照样能冒大蒸汽。自己不使劲烧水，整天打杂，有意见也不敢提，不发力烧水，当然烧不开水，看不到前途。

2）记住，没有烧不开的水，只有不给力总是灭火的炉子。

3）此外，职业发展跟城市一点关系都没有，在小城市能把水烧开，就能在大城市烧开。所以，别想明天，就考虑今天我要把水温烧高再烧高直至烧开吧。

案例五：想做律师的生产主管老李

我是生产主管，干了十年，有管理150个一线员工的经验。因为生产管理很累，年龄大了体力更不行了，业余考了司法证，想改行做律师。

1）生产和律师，这八竿子打不着的两壶冷水，烧开一壶都得拼上老命，何况要烧两壶水呢？

2）老李担心生产管理到老了就不能干，我还担心我写作到老了得颈椎病不能干了呢！哪一个职业都有职业病，必须预防。为了怕年龄大了体力无法应付高强度写作，日本作家村上春树练习跑步，天天跑，还每年至少跑一次全程马拉松。

3）但是，如果他的理想就是做大律师，我不反对任何人为了理想而努力。

案例六：想转做会计的室内设计小艾

我做了五年室内设计，客户挺认可我的，不过，现在我想考会计证，这样能在家里工作，方便照顾孩子。我有个朋友就是这样做的，我觉得那种生活我很喜欢，我应该辞职考会计证吗？

1）如果小艾认为自己最需要烧开的那壶水是家庭、孩子，那么，小艾成为自由职业者，在家工作，的确是个不错的选择。

2）但是，设计这壶水，小艾已经烧到50℃了，暖和了，放弃了十分可惜。我个人觉得，在家里接一些设计的稿件，比转行从头烧水更加现实。

"煤油炉子"计策练习题

1. 星子：

我初中毕业，一直对文字很感兴趣。先在制衣厂工作了一年，后来喜欢形象设计，并想以此谋生。接着，我又去电子厂工作了半年存了学化妆的学费，去年上半年顺利学完了化妆。只是，从我下半年去影楼工作到现在，一直不能上手，无法成为化妆师。我是该继续坚持下去，还是该重新找一个工作呢？

2. WY：

我现在做的是库管工作，因为平时工作量不大，所以也被安排做后勤工作，而现在的工作让我感觉没有发展空间，也不能提升自己。我考虑换工作已经有一段时间了，一直拿不定主意，恰巧孩子也马上要上幼儿园了，想找个离家近点的工作。空闲时间我自学考取了会计从业资格证，想如果换工作可以多一个选择，我是继续留下还是换一份工作？我该怎么办呢？

3. 考不过N2不改名~：

我高中毕业，三年前正式穿酒店工装开始我的第一份工作，至今从未换过行业，但中间跳槽到另一家酒店，因为当时的想法是趁年轻多去尝试其他酒店的管理模式，然后在这种想法的推动下我立即辞职。

目前在第二家酒店担任前厅主管一职。很想实现基本的财富自由并且拥有自己的企业。不愿意过到点上下班的生活，想拥有自己的企业让更多人有好的发展。我比较热爱酒店行业，只是觉得上升空间好小，不知如何才能做到企业总经理这个职位。不知道是继续做下去还是趁年轻多多尝试新行业。

4. 婧静：

我的第一份工作是做销售助理，负责采购、收银、做账等，离职是因为想求发展；第二份工作做了理财顾问，因为想赚钱，但没赚到；第三份工作是行政，因为老板拿我当炮灰，加上公司口碑越来越差，半年就离职了；第四份工作是行政人事，虽然我有招人的业绩指标，但领导工作很忙，我们这些下属感觉好闲，现在快一年了。我想好好赚钱，想让自己更有前途，更有竞争力。

5. 窗下的夜灯：

我毕业后进了国企，干了一年觉得没有发展并且性格不合适所以选择离职。后来做了两年保险客服，最终放弃。第三份工作是做采购助理，因为觉得公司没有发展前途所以离职。现在接触了保险销售的岗位，不过没有金融方面的经验，我干这个行业合适吗？

"煤油炉子"练习题解答

1. 星子——学了化妆却干不了化妆的准化妆师：

a）认清功率：你认为自己可以做文字工作，我打个问号，如果你文字功底强，原则上不可能辍学；你学了化妆竟然上不了手，说明你审美和动手能力也比较弱。

b）持续烧水：如果你在电子厂好好干，比别人更敬业，你现在肯定是组长了；如果你当组长还是优秀，你可以进修个管理的专科，就能升职做车间管理。

c）既然已经学了化妆，就不要再换水了，猛烈练习，做不了化妆师先做助理，或者做销售。

2. WY——觉得没有发展空间想转行做会计的后勤库管：

a）库管员没有发展前途？这壶水谁都烧不开？这显然是错误的认知！顺丰速运都上市了，他们招聘大批的物流库管员。

b）库管、后勤是一类辅助性的支持工作，如果持续烧这壶水，会成为公司的管家，像行政经理、物流经理；会计这壶水持续烧，你会成为财务专家。你只需要考虑你能把哪壶水烧开就可以了。

3. 考不过N2不改名～——想当总经理但是觉得酒店行业空间太小的男生：

a）酒店行业上升空间好小？——我在《非你莫属》招聘的时候，看到一个泰安尚客优品的小伙子，在当地年薪12万，到了《非你莫属》招聘，年薪30万被盈科旅游招聘去了。

b）如果你还想去其他行业转转看，你要先看清自己的功率：你能烧开几壶水？

4. 婧静——被老板当炮灰的行政人事：

a）你烧销售助理这壶水，从10℃烧到15℃，觉得它不开就离开了；烧理财顾问这壶水，两年烧到30℃，你又走了；行政和人事这两壶水你分别烧到了几十摄氏度，依然觉得没有开，又想换下一壶水。

b）你想要沸腾的结果，却不想要坚持烧开的那个过程，哪壶水都不会烧开。正确的职业发展，就以销售助理为例，应该是首先把销售助理烧到沸腾，老板会让你做助理销售，等再烧开了，老板会让你做销售代表。你需要做的就是持续工作，把每一壶水烧开。现在，你做招聘很闲，那你要冲上去帮着领导烧水啊，如果领导一脚把你踢开了，说"一边待着去"，那么，你就头也不回地离开这里，因为这里不让你烧水。

5. 窗下的夜灯——不知道自己能否干保险的保险业务员：

a）行业没发展！公司没发展！——这是你的思维惯性。当你这个煤油炉烧不开水的时候，你告诉自己：这壶水就是烧不开的，我应该换一壶其他的水……

b）自己在一个岗位上不成功，如果把责任归咎到自己身上，认为自己在态度和能力上还有待提高，这样还是有希望能够事业有成。但是如果每次都把失败的责任归咎到水壶身上，认为是公司、行业没有发展前途，那么你将在不断地选水壶的过程中耗费自己的功率，最终真的可能会一事无成。

c）没有金融经验做保险可以自学，微信课堂上有很多课程都是讲保险理财金融的。

十、"迷茫纠结"，怎么办呢？
——"勇气智慧"

最近这十年，"迷茫"简直成了职场热词，而且，不分学历高低、年龄大小，一律宣称自己"迷茫"，比如我收到的这些留言：

1）玲玲：您好，老师，我没怎么读书，很早就走向社会了。之前干了一年摄影销售，又干了一年多美容，现在很盲目，过完年就25岁了，我都不知道年后应该怎么办了，是换个工作还是去做我一直想干的婚庆？

2）未央：杨老师好，我研究生毕业，学的是画画，毕业后为了解决户口问题，进了国企银行做设计，工作清闲，可是没创意。我想跳槽，可是总犹豫，还想生个娃，所以不知道在哪个节点跳槽合适，很迷茫……

那么，对于这个流行病，该咋整？

▲ "勇气智慧"计策

咪蒙曾经写过一篇文章，痛骂"迷茫"的人其实是浮躁，不努力、不上进、不坚定，这篇文章值得我们进行辩证式阅读。对咪蒙的总结，我认为迷茫的人更缺少勇气，他们天性胆小，总是对自己的决定患得患失，不敢全力投入到一件事情中。

在职场中，"智慧"和"勇气"是两个法宝。不过，中国家长更多强调智慧，从小到大，带着孩子上各种辅导班，买各种课外书，都是为了让孩子更聪明；反之，中国家长不愿意孩子太勇敢，甚至连孩子自己做主的很多决策机会，都由家长充满关爱地诱导着包办了。（当然都是美其名曰："我是尊重孩子的意见的。"）

但是，真正进入职场之后，你会发现：勇气是1，智慧是0，没有了勇气的智慧无法实现应有的价值。所以，我们在本计当中，只探讨"勇气"的问题。

生活和职场上的勇气，不外乎表现在以下三个方面：

1）有勇气做出自己的选择；

2）有勇气承担自己的选择所带来的结果；

3）有勇气纠正自己犯过的错误。

我来举个生活中的例子：

妞妞三岁了，有一天，她想要自己端一杯热水送给姥姥喝，这个时候，做妈妈的应该怎么做？总共有三个选择：

1）妞妞快放下！小心烫到手，起大疱，可疼了！妈妈来端，等你长大了再端吧。妞妞真乖。

2）妞妞想端热水啊，试试看吧！

3）妞妞想端热水啊，真棒，不过，杯子烫手，如果不小心洒了可能还会烫到脚，妞妞要不要先倒半杯热水试试看？

中国的大部分妈妈爸爸、爷爷奶奶、姥姥姥爷，会选择第几种处理方法？

根据我的观察，第一种选择居多，第二种很少，少部分父母会选择第三种。故事中的妞妞，长期生活在第一种选择所代表的成长和教育环境中，她最终会成长为一个这样的成年人：

1）害怕自己的选择会造成严重的后果。

2）逐渐变得不敢做出选择。

这个妞妞，未来就有可能走上这样的人生道路：

1）18岁高考填报志愿，喜欢跳舞，想报考和艺术有关的专业，但是，害怕这个选择会带来找不到工作的后果。

2）并不太喜欢会计，但是，家长说会计很稳定，就报了会计专业，大学中规中矩及格毕业。

3）毕业后做了出纳，但是每天做重复性的工作，心里很烦。她想跳槽去做个销售，可是，她很害怕被这个选择烫到手：销售压力大，万一不开单怎么办呢？

长期生活在第二种选择所代表的教育环境中的孩子，会长成一个什么样的人呢？我想，她有可能会具备这样两个特征：

1）知道自己"必须承担自己的选择所付出的结果"。

2）认为"听别人的没用"，什么事必须亲自尝试才能知道结果，因此，比较固执己见。

那么，生活在第三种选择所代表的教育环境下的孩子，会变成什么样的人？我能想到的是这样的特征：

1）她知道别人重视她自己的选择，所以她会敢于做出选择。

2）她知道自己必须为自己的选择承担结果，所以她准备好了要承担结果。

3）她会做一定的预防手段，避免出现不好的结果。

4）她知道别人的意见有合理的成分，所以会参考别人的意见。

你看，每个父母都希望自己的孩子具备这样的特征，对不对？具备了这样的特征的年轻人，在职场上的表现会是这样的：

1）敢于选择自己想要的工作，但是也会倾听别人的意见，预料"这个选择"所带来的后果。

2）如果觉得自己的选择出了错误，会果断地纠正自己的错误。

① 做决定花了1分钟

听说难搞的A客户也喜欢打球，我打电话给他

② 哈哈，我喜欢的是羽毛球

③ 做决定花了一整天

套餐A　套餐B

选哪个好呢？我要做个SWOT分析！

④ 唉，他的勇气＋她的智慧＝完美啊！

"勇气智慧"计策案例分析

案例一：摄影销售加美容加似乎想干婚庆的25岁盲目女孩玲玲

我高中毕业出来工作，刚开始学了摄影，但是觉得太难了，也扛不动机器，就做了摄影销售，推销婚纱拍摄服务。

后来，我想学门手艺，就去学了美容美发，想改做摄影化妆师，不过我学了半年后，一直也上不了手，化妆水平不行。我现在特别想去做婚庆主持，我看到别人那么热热闹闹地结婚，觉得就算不是我自己结婚，都特别特别幸福，符合我喜欢凑热闹的天性。

我应该去做婚庆吗？

1）最初，玲玲不缺乏"做出选择"的勇气，她喜欢摄影，就果断地去学了摄影。

2）但是，她没有"预料这个选择所带来的后果"，她应该听听别人的建议：这杯水，烫不烫？

如果她了解了摄影器材很重、拍摄时间长、肩膀扛着机器非常辛苦，还要学习打光、编辑等后期制作的技巧这些"烫手"的方面依然决定要做摄影，那么她后期就不会轻易地放弃这个选择，因为她已经有了承担后果的勇气。

3）后来，玲玲选择了做摄影销售，她依然只是"勇敢选择"，而"不计后果"。在选择之前，她必须去了解摄影销售员每一天的工作内容，每个月承担多少销售任务，这些"后果"是不是她能承担的……于是，草率的"勇气"带来的就是她没有勇气承担这个选择带来的后果，决定去学手艺了。

4）几次折腾过后，玲玲终于怕了，因为她发现：自己的勇敢选择，一直没有带来好的结果。现在，她开始害怕做出选择了。

那么，玲玲应该怎么办呢？

她必须仔细调研，找出这个选择可能要面临的"结果"：

a）不稳定，能接着活儿就有钱，没活儿零收入；

b）婚庆主持是天赋依赖型的岗位，必须幽默、机智、能歌善舞，而且，长相不错才能做婚庆主持；

c）职业寿命也许到45岁就会终结，因为我们很少见到年老的女性婚庆司仪。

如果调研了这些"烫手"的结果，玲玲坚定地说，我要去做，等我45岁接不到活儿了，我愿意去打瘦脸针，去韩国塑形。她确信自己有勇气承受所有的"后果"，依然要做这个选择，我几乎可以毫不怀疑地说：她一定能成为一个好的婚庆司仪。

> **案例二：美术研究生毕业进入体制而迷茫的未央**

杨老师好，我研究生毕业，学的是画画，毕业后为了解决户口问题，进了国企银行做设计，工作清闲，可是不需要创意。我想跳槽，可是总犹豫，还想生个娃，所以不知道在哪个节点跳槽合适，很迷茫……

1）走得舒服轻松的路，都是下坡路。一个美术专业的研究生，到国企银行干了一个普通本科生就能干的网站美工，未央没有爬山，而是走了下坡路。

2）一个学画画的研究生，有勇气选择进入几乎不需要画画人才的国企银行，就必须承担"没什么职业发展"的后果。所以，未央没什么可迷茫的，因为这是她当初的选择带来的必然结果。

3）现在，未央想生娃，这个选择有什么后果？我所能想到的是：

a）怀孕一年加哺乳一年，等她的娃一岁的时候，自己大约30岁；

b）30岁，未央找了个保姆带孩子（或者父母），自己出去求职，找一份美工、插画的岗位，HR问她："请把你过去五年的作品集展示一下。如果没有，可否接受小白的起薪？"

分析完这些"结果"，我认为，她不会有勇气去承担的。

4）想离开，要趁早。现在的未央缺少勇气，再过几年，在不需要画画的地方混几年，恐怕就连智慧也缺少了。

案例三：智慧与勇气

有一个男生是山东人，从小很会写文章，历史地理极好。但他的父亲受到山东整体文化的影响，认为没出息的人才去学文科，坚决要求自己的孩子去学理科。他没有拒绝，痛苦地学了三年理科，上了一所理工院校，每个学期都补考，最终熬到毕业，被分配到一个国有工厂。

偶然接触到计算机之后，他被彻底迷住，自学了C语言，学了编程。然后，没告诉家里，也没要档案，裸辞，到北京应聘成了一名程序员。直到现在，他都不知道自己的档案在哪儿。

在北京工作了十年之后，他没告诉家人，前往贵州创业，创立了"古方红糖"这个品牌。

1）"智慧与勇气"是古方红糖的创始人的笔名。15岁的他，稀里糊涂接受了学理科，承受了这种"被动选择"带来的巨大代价。从此之后，他告诉自己：以后的任何一个选择，必须自己做。于是，无论是裸辞去北京，还是离开北京去创业，他都不再征求家里的意见。

2）跟"智慧与勇气"相比，很多职场小白曾经接受了很多"被动选择"，事业发展并不顺利，但是，他们却没有向家人说"不"的勇气，依然在说"我不喜欢现在的工作，可是我家里人希望我……"

我们做出的选择，无论是主动的还是被动的，都经常会出错。而最大的勇气，就是修正自己的错误。

······· **"勇气智慧"计策练习题** ·······

1. 雪漫：

最近和老板提了辞职但被老板挽留。2010年高中毕业就到了现在这家公司，从实习生做到销售客服再到售后客服，现在做的是淘宝客服主管，但有瓶颈以致工资也上不去了。想辞职去学习平面设计、花艺布置和气球布置，提升能力并追求一下自己的兴趣，以后还可以发展一份喜欢的事业。我要辞职吗？

2. 华凯悦：

我是一个24岁的女孩，工作三年了，从最开始月薪4000元到现在基本1万元左右，做的一直都是教育行业的咨询师，就是课程顾问。大学学的是学前教育专业，感兴趣的事情太多，有点懒、有点三分钟热度、有点邋遢，我不是很确定我最后要做什么工作。

3. 品蓝：

我大专毕业，在保定干过半年保健品销售，觉得没前途，不干了。然后在药店上班当收银，也没意思。现在的问题是我又想能挣到钱，又想工作不要太累，想找一个能固定休息的工作，不想像现在这样周六周日总得上班。

4. 张某某@4：

我31岁离异，在三线城市从事财务工作九年，去年来北京工作，一家小公司，人少，财务和行政的工作都要做。会计职称考了很多次都没有通过，明年想换工作，今年想再考一下。我不知道自己的目标在哪里，想要再婚也想做个好的事业女性，好难兼得。

5. 小凡：

本科美院毕业，做过四年平面设计，但做得不精。后来喜欢电影，去电影公司做了四年美术和影视项目统筹工作。现在创业，开过快餐店但以失败告终。我自认为自己工作细致认真，接下来不知道从事什么样的工作。

·········· "勇气智慧"练习题解答 ··········

1. 雪漫——想把兴趣变工作的客服主管：

a）首先要为你点赞，你从销售客服到售后客服，再做淘宝客服主管，显然，你已经展现了足够的智慧。

b）如果你选择离职，会有哪些后果？我所能想到的是这些：失去每月3500元收入，失去主管岗位，几个月后发现自己并不适合做设计，几个月后重新应聘一个公司去做客服主管，也许收入是3000元。这些后果你能接受吗？如果能，你就应该拿出勇气离职。

2. 华凯悦——不知道以后想做什么的精英课程顾问：

a）你从最初的月薪4000元做到了现在的1万元，而且只用了两年多的时间，显然很有智慧。

b）不知道自己的长远计划是什么？你只需要拿出勇气就行了，拿出勇气去跟领导讨论你的三年发展计划是什么。拿出勇气去接近你的标杆，让他们帮助你出谋划策。

c）坚定地爱我所做，也需要勇气。一个最好的课程顾问，下一步当然要做部门经理，再下一步当然要做校长。

3. 品蓝——完全没有干劲的前药店收银员：

a）在中国乃至整个宇宙似乎没有这样的岗位：既能挣到钱又不要太累。所以，你要拿出勇气，向这个梦想说再见！

b）至于周六周日不上班的工作，只要你拿出十足的勇气去找，一定能找到。

4. 张某某@4——工作看不到前景、渴望幸福婚姻的会计：

a）你现在想要做的事情很多：干好工作、职称考试、再婚，在所有的事情中，拿出勇气来，做排序，做取舍。

b）如果我帮你排序，应该是"再婚>干好工作>职称考试"，比如说，为了相亲，要拿出勇气接受"没职称"的后果。

5. 小凡——不知前路在何方、创业失败的美术设计：

a）显然，你很有勇气：你喜欢电影就果断地去了电影公司，做影视统筹；想干快餐，就去开了快餐店。

b）我有点担心的是你创业、择业、就业的智慧。你做过设计工作，但是做得不精。设计行业里，60分几乎等于0分，而100分可能等于10000分，精品的溢价空间极大（一张齐白石的画能买一栋大楼）。所以，如果想做设计，你要有勇气死磕设计，全然忘我。

　　c）你的创业智慧也是有问题的，做了合计八年美术摄影相关的工作，却突然决定做快餐店。这是违反创业的基本常识的。

　　d）择业的智慧是：拿出你最大的"红点"，就干那个事。

十一、为啥上班全情投入的人连1%都不到？
——"100分80分"

"你是否在工作中全情投入？"

这个问题，是我在读者群里做过的一次调研。我提了这个问题之后，令我惊讶的数据出现了：超过70%的人说自己全情投入了。

于是，我继续追问："什么叫作全情投入？"

大家的回答出现了明显的差异：有些人认为，全情投入，就是能够完成领导交办的任务，保质保量；而其他人则认为，全情投入代表毫无保留，把公司当成自己的公司，全身心投入。

为了统一标准，我对全情投入做了明确的界定：

1）把公司当成了自己的公司；

2）不做任何兼职；

3）从不觉得加班是吃亏；

4）从不担心干多了会吃亏。

按照这个标准，我重新发起了一次调研，而这一次，只有4个读者，依然坚定地说，是的，我全情投入了。

（40-4）÷40=90%

也就是说，高达90%的人没有全情投入。那么，到底是什么原因导致大家不能全情投入呢？我列举一些当时小伙伴们提出最多的两个阻碍因素：

1）我觉得这个工作/公司/行业没前途，没有上升空间，想换一个；

2）自己必须照顾家庭和孩子，所以只要正常完成工作就行了。

这两个因素中，第二个"家庭原因"是无法改变的客观事实，所以我们不再讨论。而第一点——"选错了工作/单位/行业，想跳槽"——是导致大家不能全情投入的主要原因。大家的想法是：反正是要跳槽的，我为什么要全情投入呢？

这个调研让我十分忧虑，逼着我反思。我想：是不是我写的书误导了年轻人，让你们认为，如果选错了工作就"倒大霉糟大糕"了？就像俗话说的那样，女怕嫁错郎，男怕入错行？

那么，我们现在就来认真推算一下，入错行到底对成功的损害有多大？咱们用百分比来衡量，从0%到100%，你们认为是百分之多少呢？

每个人心中都会有一个估算的百分比，在我的思维逻辑中，这个百分比是10%。我来给大家讲解一下我的推理过程：

如果入错行，回到起跑线从头再来，大概需要1年半的时间。如果连着入错行，合计会浪费3年的时间。而一个人至少要工作30年，如果入错行从头来过的那3年全部归零，任何经验都作废，满打满算，也就是损失了10%的时间。

刚才我的这个推算，在理论上肯定是成立的，但是，读者和学员给我的留言却压根儿不符合这个理论——很多人工作了五六年，甚至十几年，依然觉得没找对工作。那么，这到底是为啥呢？我以几个留言为例：

1）因为生孩子，我换了个清闲的岗位。

2）我喜欢历史，可是听说学历史找不着好工作，挣不到钱。

3）我不喜欢这个岗位，可是要还房贷啊，不能裸辞。

通过这几个例子，我们发现了问题的根：**很多人并没有专注地探索自己到底喜欢什么工作，而是被很多客观因素裹住了脚步，比如说，孩子、票子、房子、面子。所以，自然不可能在短短两三年之内就找到最适合自己的道路。**

▲ "100分80分"计策

我的一个读者，一个跑去迪拜工作的男生，曾给我摘录过一段话："**年轻人的勇气，并不体现在如何选择。真正的勇气是直面内心，不断探索内心深处真正想要的生活。我总听到有人说后悔，后悔选了这个老公，后悔选了这份职业，你信不信，这种人重新再活一次，一样会后悔，因为他们从来不敢直面自己的人生，承担自己选择的后果。**"

这句话是不是有些振聋发聩呢？它告诉我们，想要事业有成，**完美的道路只有一条，就是剪掉刚才我说的那些裹脚布，不能为了孩子做明显没出息的工作，不能为了房子不敢离开没前途的单位，而是要不断探索，找到自己最喜欢最擅长的工作，做我所爱，这就是100分的顶级职业发展道路。**年轻人所崇拜的大神，基本都是100分选手：巴菲特、乔布斯、比尔·盖茨、马云、史玉柱、董明珠、王石等。

你可能会说，咱们不是大神，做不到100分啊！诚然，咱们不像巴菲特那样，8岁就开始买卖股票；像史玉柱那样，喜欢打游戏就敢卖掉脑白金开游戏公司。我们是普通人，很可能是稀里糊涂选个专业，机缘巧合找个工作。那么，既然承认自己是普通人，那就要直面现实，承认自己拿不到100分。那怎么办？

答案就是：飞不到太阳上，我至少要落到月亮上；得不到100分，我至少得80分。这80分的职业道路，就不是"做我所爱"了，而是"爱我所做"——无论命运把我们带到了一个什么样的岗位上，我们一定要敬业爱岗，踏踏实实做好本职工作。

总结来说，"100分80分"的择业心态是：

1）如果你像大神那样明确知道自己要什么，那就不要犹豫害怕，全情投入，追逐100分。

2）如果你并不知道自己真正要什么，那就默认眼下的工作就是最好的选择，全情投入，拿到80分。如果你不敢追逐全身心热爱的工作，又不爱自己眼下的工作，那么，你连80分都拿不到，只能得70分、60分，甚至低于60分被解雇。

"100分80分"计策案例分析

案例一：想换单位但不敢裸辞的阿娇

阿娇从小到大参加各种演讲比赛，大学是班长，大专学了三年会计，毕业后回三线城市，在某建筑公司做财务，兼管办公室后勤，表现不错，月薪3800元。不过，她不满意公司里多数人是领导的亲戚，管理混乱。她想换单位，可自己家里还房贷，没收入了家里就麻烦了；而且爸妈说，一旦她离开了，连对象都不好找了。现在阿娇想听听你的意见：辞职，还是不辞职？

1）阿娇选择的财务专业、财务工作，并不是最匹配她的"红点"的，她口才好，爱出风头，意味着她适合当老师、干销售、当主角；可是她学了需要稳重、谨慎、低调的会计专业。我估计是家里人帮她选的，因为财务工作稳定体面。所以，阿娇的第一选择就是剪开裹脚布，告诉家人自己没义务背着全家的房贷，要去探索自己喜欢的事。

2）如果阿娇犹豫一个礼拜还不敢辞职、不敢追求100分职业道路，那她就要接受现实。自己不是勇者，不是大神，所以，必须走80分的道路——爱我所做。从今天开始，爱工作就像爱孩子一样，孩子有毛病，你是不会把孩子扔了的，你会训斥他，修理他。单位管理混乱，你就提出改进意见，一次不行，提三次，提十次！

3）阿娇走第一条路也好，第二条路也好，就是别走第三条路——一边抱怨，一边工作。

这个例子适用于所有人。有位31岁的女士说自己焦虑万分，有个暗恋对象却不敢主动表白，这就是典型的第三条路。爱情跟工作没什么区别，她也只有两条路：要么写信去追，追我所爱，走第一条路；要么热爱单身生活，走第二条路。

"100分80分"计策练习题

1. 赵雪：

我现在的工作不忙，但行政岗位很烦琐，工作都是经理汇报，老板觉得我也没做出什么业绩。我趁空闲时间学习会计，觉得会计稳定，工资高，又觉得自己的性格不适合做会计，也很难走上管理岗位，但又不知道自己能做好什么工作。我觉得可能工作都一样，好好学习一门会计算了，毕竟已经开始了。这样对吗？

2. WYMC：

我毕业工作两年了，换了三个行业，毕业刚出来第一年是到深圳做行政，工资很低，升职前景不好，所以辞职回家乡了。回来在朋友的推荐下在快消品销售待了三个月的时间后发现自己不喜欢就放弃了。再后来在家人的介绍下去了小额贷款公司跑业务，最后还是离开了。不知道自己到底适合做什么，不想轻易换工作，但每次辞职都有很多理由：不甘于拿低工资，不喜欢坐办公室……

3. 家跃：

我"211大学"本科毕业。现在的工作带我做这一块的总负责人调岗了，这一块业务非常强调技术，我技术经验不足，很多事情无法做好，带我的领导不熟悉我做的这一块，给我乱定方向；向公司提招聘一个人来带我们学，一直没动静；想换岗也不让换。离职又感觉这三年好像技术真的没什么积累，而且外面也没有比现在更好的工作及薪资水平，其实我是想留下来多学点东西，学好了技术再跳槽。那么我到底是该选择留下还是离职？

4. June：

我2011年在深圳专科毕业，毕业后在一家外企做前台。后来结婚生子，孩子七个月后，因为周围家政业务供不应求，我和先生就开了一家家政公司，后来不干了。进了两家公司都是做行政，积累了一些行政经验。现在在一家创业型公司做行政专员，原本计划走人资路线，但是最近被调去新设的一个商务部，目前部门就我一个人，主要职责是协调订单和防止跑单。我现在很迷茫，不知道怎么办。

5. FlyingDance：

之前的工作是在航空公司做机票客服，受不了公司苛刻的考核制度辞职。现在这份是在一家地接社做销售助理，看不到太大发展前景，想辞。听内行人讲传统旅行社销售不好做；电商旅游经常加班，无双休。想陪小孩，家又远，请问该往哪个方向发展？还是转行外贸？家附近外贸企业多，但对这行不了解。

·············· "100分80分" 练习题解答 ··············

1. 赵雪——厌倦烦琐的行政事务想做会计的文员：

a）显然，你没有全情热爱的岗位，那么，不是大神，别奢望100分。

b）80分，就是爱自己眼下的工作，行政！不要再说它琐碎无聊，不要再提什么会计，请你全情投入去干！否则，你连80分都拿不到。

2. WYNC——换了三份工作依然不知道做什么的小白：

a）干一行，恨一行，你用实际行动诠释了"100分80分"计策的反面。

b）赶紧找一份工作，最好是行政或者小额贷款公司，然后告诉自己：这辈子不换工作了，把公司当成自己的；如果还干不出成绩，那就说明自己能力有限，也心甘情愿，无怨无悔。

3. 家跃——因负责人调岗自己不能扛大梁、想离职的技术员：

a）说实话，我第一次看到职场小白这么理直气壮地跟公司拍板说："给我招聘个老师，否则哥们儿我怎么干啊。"可是，你跟着原来的总负责人学了三年，却觉得技术没有什么积累，我不由得质疑：就算再给你招来新的总负责人，是不是未来的三年后你依然会说我没什么积累呢？

b）如果任何业务都需要总负责人带着做的话，请问是谁带的袁隆平，又是谁带的比尔·盖茨和乔布斯呢？这些大神，"100分"去热爱去研究，自然能克服困难；而你想的是学好技术抓紧赚钱，连"80分爱我所做"的境界都没达到，所以遇到困难就无法克服。不热爱自己所研究的技术的人，是永远不会取得真正的成就的。

4. June——突然被调岗到商务部而迷茫的行政文员：

a）根据"黑点"，我认为你不适合走HR路线，你可能觉得我有点武断，但从你的留言中我感觉到你对文字的组织欠缺严谨和缜密的逻辑。HR上升到主管以上的职位是要求极强的逻辑和文字表达能力的。即使你可以继续做HR，上升也是无望的。

b）当初你做家政公司，并非你热爱家政行业，只是认为里面有商机，不深爱，易放弃。

c）既然没有"100分所爱"，那就"80分爱我所做"。你别无选择，也无须选择。

5. FlyingDance——想要兼顾家庭和工作但不知做什么的女士：

a）你做过机票客服、销售助理、电商旅游这三个工作，并且已经明确地告诉自己：这些都不是我的"100分"，我不爱它们。于是，你发出了下一个呼喊："我要爱什么？值得我爱的岗位在哪儿？"这个时候，你已经不需要问了，因为你就只剩下一条路了："80分"的路，就是爱上销售助理岗位，跟它结婚。

b）说某个行业某个单位没前途的，都是在给自己找借口，其实就是自己没前途。把一个畏难者放在一个火箭上升的企业里，依然是畏难者。

十二、成功者和平庸者的最大差别在哪儿？
——"回报后置"

成功者与不成功者有哪些差异？我们来盘点一下：

1）大环境，如：家庭、社会背景、成长环境、父母教育方式；

2）个人先天特征：智商、体力；

3）个人后天特征：思维、行为方式。

显然，前两条都是"先天"条件，无可改变，我们唯一能在后天进行调整的只有第三条。

那么，成功者与不成功者在思维、行为方式上有什么区别？

◤▲ "回报后置"计策

这一节，我们聊一些不那么"俗"的东西，讲大一点，就是成功者有什么信仰，成功者有什么核心竞争力。

我工作了二十多年，从经验和教训中总结出来的是：职场人之间的差距，其实主要体现在"意识形态"上，也就是"你到底是怎么想的"。90%的人不具备"成功者的思维方式"。

这个成功者思维方式就是"回报后置养儿子"。它包含的意思如下：

1) **回报，一定是某一个特定群体对你进行回报，那么，你首先要考虑：**这个用户群体是谁，你为谁服务？如果不确定这个目标，你服务于ABCDEFG……那么，任何一个群体都得不到你深入细致的服务，自然不会给你高回报。

2) **确定了"用户"是谁，你就不计代价、不计回报地去服务这个群体，**你要把用户当成自己的"儿子女儿"，那么，你所付出和积攒下来的用户认可就会在某个时刻迎来爆发，反哺到你身上，为你带来出乎意料的巨大价值。也就是说，让我先努力到"无能为力"，尽到全力，基于我的理解把事情做到极致，而不管我可能会得到什么回报。

3) **人类有"追求公平"的天性，这个特征是写在我们的DNA里的，**如果你为用户持续创造了价值，用户会"内心不安"，一定要等价交换给你一些东西，才会心理平衡。当你创造的价值足够多的时候，用户一定愿意认可你，回报你，甚至给你超出预期的回报。

4) **如果你的用户没有回报你，请不要怀疑是用户的问题，一定是你还没有提供足够好的价值给用户。**

5) 忘记你们的KPI（即Key Performance Index，核心表现指数），忘记销售目标，如果你只是为了冲业绩而工作，也许你能经常性完成任务，成为一个优秀人才，但是，不会成为卓越人才。**优秀人才为业绩而工作，卓越人才为爱而工作。**（八姐备注：你可能会觉得我这种说法扯淡，不过，我就是一直这么扯淡地写着我的书，讲着我的课。说句实话，我已经不需要这本书能带给我的稿酬收入了，但是，我之所以花费这么多时间来写，真的是因为你们会需要它。）

"回报后置"计策案例分析

那么，现实生活中，职场小白们的思维方式，到底是什么样子的呢？我们来看几个案例。

案例一：妈妈和儿子

妈妈生了一个儿子，有个算命先生告诉她："这个儿子长大后会对你不孝顺，这个儿子没前途，你把他扔了吧，再生一个有前途的。"这个妈妈"嗷"的一声冲上去，要挠那个算命先生的脸，要撕了他的嘴，她斯文扫地地骂他："你个浑蛋……"把算命先生打跑以后，这个妈妈还会心疼地抱紧儿子，说："对不起，宝贝儿，别听混账东西乱说！你怎么会没前途呢……"

回家以后，儿子睡在小床上，妈妈摸着他的小脸说："宝贝儿，就算你没前途，一辈子是个普通人，妈妈一样爱你。哪怕你不孝顺，只要你自己过得好就行，妈和你爸自己过，我们能养活自个儿……"

这个妈妈像每个妈妈一样，呕心沥血带孩子长大……二十二年过去了。

这个小男孩，考了个专科，在一个物流公司跑杂务，挣的钱凑合够自己用，因为嫌老妈唠叨，每天磨蹭到八九点钟才回家，也不帮老妈干活。

有个周末，男孩正在上班，接到了一个电话，说她妈妈突然晕倒了。到了医院，医生说是肾坏死，需要换肾，男孩说："赶紧看看，我能配型吗？"

这个故事是我编的，虽然纯属虚构，但是合情合理合逻辑，也符合我们今天所讲的这个思维方式"回报后置养儿子"：

1）儿子是妈妈一辈子的"用户"，他无论贫穷富贵、脾气优劣，妈妈都为他提供她所能提供的最大价值。

2）妈妈不期待回报，能接受"无回报"的后果，她只考虑一点：我的用户，过得好吗？

3）儿子这个用户，99.99%会反哺自己的妈妈。

其实，生活中的这种关系，跟职场上我们跟用户的关系是一模一样的，如果你像爱儿子那样爱用户，用户也会像爱妈妈一样回报你。

> **案例二："罗辑思维"与"得到"app**

"罗辑思维"的免费音频持续了一年多，无数人天天听"罗辑思维"的免费音频，心里觉得：我是不是欠了这个罗胖点啥。

后来，等到app面世了，注册人数井喷。随便采访了周围的一些朋友，大家都说："免费听了人家那么久的音频，必须支持一下。"

互联网行业最大的关键词就是"免费加优质"，各个平台，比如"十点读书""连岳"，包括我刚刚开始做的"途正职场"微信号和"途正英语"微信号，都希望通过"免费加优质"的内容吸引用户，为用户提供价值，并最终得到用户的反哺。

"回报后置"计策练习题

1. 林：

我前年计算机科学与技术专业毕业，做软件测试到现在，没有学到什么东西，而且公司效益也越来越不好。我想辞职，然后准备考事业单位。但是我又害怕一大段时间没有工作，考不上的话不知道自己再去做什么，好纠结。

2. 米虫：

我专科毕业后做过药店营业员，现在是食品检验员，在这个公司待了六年了，其间考了会计从业资格证和执业药师证。工作内容一成不变，学识不够不敢去竞争管理层，这两年一直想换工作。现在下定决心离职，然后再去考虑自己要做什么。这样对吗？

3. 喵小咪：

我21岁，现在在服装店做店长，本来不喜欢做销售，不过因为工作勤奋被提拔上来。现在每天面对销售指标感到压力很大，还要带新人。我想把自己现在的工作做好，但是找不到方向，请问老师我该怎么做呢？

4. 木木：

大学毕业一年，动漫设计专业毕业，因为很喜欢策划工作，所以放弃了大学专业。目前在户外运动旅游开发公司工作，协助做景区户外产品的设计。可是心中有些迷茫，因为策划其实是个很广泛的词语，活动策划、产品策划、项目策划都是策划，我也不是很清楚自身目标是什么；再加上公司属于国企改制，效率比较低，我开始怀疑自己了。

5. 兰灯：

我在一家生物科技公司做实验员，但是公司发展太慢，自己的能力发挥不出来。出于家庭的原因我想找一份稳定的工作，正在准备公务员考试，正在全力备考。可是有时又怕那种一眼望到头的生活，我有些纠结。

"回报后置"练习题解答

1. 林——感觉在公司学不到东西，加上公司效益不好，想考事业单位的测试工程师：

a）你的用户是谁？

b）你要为这些用户兢兢业业地、一辈子如一日地提供什么价值？

2. 米虫——考过很多证书但没有用上，因为感觉学识不够不敢竞聘管理层：

a）你的用户是谁？是病人？是吃你们食品的消费者？

b）如果是病人，你为这些病人做了哪些有价值的事？你把病人当成自己的"儿子"了吗？

c）如果从未爱过"儿子女儿"，就不会获得子女的反哺。

3. 喵小咪——要冲销售指标还要带新人压力山大的服装店长：

a）首先为你点赞，从大量的留言中我们看出，大量的职场小白根本不想把手头的工作干好了，而你不仅把手头的工作干好了，而且获得了提拔。

b）思考这个问题：你的用户是谁？是老板？是新人？都不是！是消费者！把你的爱给消费者，你就既能够完成业绩，还能带好新人。

4. 木木——喜欢策划但是不太知道具体该策划啥的策划人员：

a）你在户外运动旅游公司工作，那么，你是否自己就是个驴友？超级热爱背包旅行和运动？

b）当你确定了自己的"用户"是谁之后，无论你是做景观策划还是路线策划，殊途同归。

5. 兰灯——想的事情太多，对未来没有太明确的目标：

a）似乎，你谁也不爱，只爱自己。你想在一个这样的地方工作：发展特别快、特别稳定、总有很多新鲜挑战。这样的工作，我貌似没见过。

b）只爱自己等于无人回报。

PART 3

提升工作效率，多劳多得

《时间都去哪儿了》这首歌的旋律总是在我们脑海中响起，伴随着一些忧伤，还有一些焦虑。

时间太少，要做的工作太多，想干完工作后追的剧、玩的游戏也太多，所以，我们一定要提升效率！

本部分的计策，有不少都是八姐老师的压箱底本领，很多同学学了这些本领之后，都把自己变得跟八姐一样了，成了"有逻辑的急性子"，办起事来又快又好！

自吹自擂到此结束，同学们开始学习吧！

十三、怎样配合领导工作？
——"手脚耳目"

该怎样配合领导工作呢？

到底该如何跟领导打交道？

以上这两个问题，是大部分的职场小白，甚至包括已经工作了几年当了中层干部的人，都常常面临的困惑。

首先，我们来看一个发生在我公司里的真实案例：

总监问小白："小白，现在哪个律所帮咱们发律师函？"

小白回答总监："总监，上周公司开会说了，咱们现在不发律师函了，改发法务函了。"

总监再问小白："告诉我，哪个律所帮咱们发律师函？"

听到总监恶语相向，小白很窝火：这不是好心当成驴肝肺吗？

总监心里更生气：我让你干啥就干啥，哪儿这么多废话！

这种话不投机的情形是不是也经常发生在你周围？

总监的指令很清晰：告诉我，哪个公司能发律师函？职场小白呢，没有直接执行指令，而是利用自己的知识判断，总监给的指令，是错的。

那么，总监所给出的指令，到底会不会出错呢？

当然有可能！可是，我们需要分析总监出错的概率。以我工作二十多年的经验来看

（八姐题外话：为了劝你们听我的建议，我每次总要拿自己有多"老"来说事，你们真的对我造成了一万点伤害），总监出错，绝对是小概率事件。在刚才的案例中，总监不知道公司开会内容的概率最多为10%，而在90%的概率下，如果他要一封律师函，那就必须是正式的律师函，而不是普通的法务函。

"手脚耳目" 计策

针对上面的情况，我提炼的计策是"手脚耳目"。实操起来分为三步：

1）做领导的手脚，以领导为大脑，他让你干什么，你就干什么。能做手脚，职场小白就拿到60分，表现合格了。

2）在做手脚的前提下，你还可以做耳目。提醒领导"你可能错了"时，一定要加上"可能""大概""似乎"这样的字眼，因为领导出错是小概率事件。能做耳目，职场小白又拿到20分，80分表现良好。

3）在提醒领导他可能出错了之后，你要再补充一句"我是手脚，我服从大脑"，以免领导担心你不执行指令。能让领导很放心，职场小白再拿20分，100分，达到满分了。

"手脚耳目" 计策案例分析

案例一：小白一号的标准做法

总监问："小白，现在哪个律所帮咱们发律师函？"

小白说："济南盈科可以发（做手脚直接给答案），不过上周开会好像说要改成法务函（做耳目提醒）。可您要这个只能是发律师函对吧？我马上给您联系盈科（做手脚开始干活）。"

你们看，如果你是总监，应该喜欢这个小白一号吧？

案例二：小白二号的自以为是

总监："维自食品，良正食品，这两个商标哪个更好听？"

小白："太正经了，都不好听。我建议叫××堂、××居吧，像'六必居'这个名字，多有历史感，能让人产生信任。"

总监："你不太清楚，这是董事会刚讨论的一个试点，想号召1000个女性众筹一款零添加食品，注册'维自'商标，意思是消费者来维护自己的食品安全。"

小白："哦，是这样啊，那'维自'就挺好。"

问题来了：如果你是总监，你喜欢这个小白二号吗？

其实，故事里的总监就是我自己，我到现在都还记得我被小白二号气得无可奈何的心情。这个二号犯了两个忌讳：

1）完全没当手脚，压根儿不回答老板的提问；

2）不仅不当手脚，还想直接给老板当大脑。

我们这里说"忌讳"，并非领导屁股摸不得，而是职场小白的这些行为会在两个方面拖慢工作效率：

1）领导需要的信息，没有第一时间拿到，拖慢了工作效率；

2）小白积极提建议，哪怕是错的，领导也要照顾他的自尊心——有些还是玻璃心。所以得耐着性子解释：小白宝贝啊，你为啥错了，你为啥要按我的思路来。这样就再次拖慢了工作效率。

谈到工作效率，我们必须要说说华为著名的"任正非三砍"。任正非的管理哲学包括这样一条：砍掉高层的手脚、中层的屁股、基层的脑袋。高层被砍掉"手脚"之后，就会专注地思考战略，不会扎到事务性工作中；中层被砍掉了"屁股"，就不会整天坐在办公室里发号施令，而是会走到一线去看"手脚"的执行情况；而最重要的基层，一定要被砍掉"脑袋"，只做"手脚"，把中层交代下来的任务，也就是"脑袋"给出的想法，准确完成，绝不自作主张，随性发挥。

你可能会说："啊？这也太侮辱人了吧？难道小白的想法不重要吗？"

亲爱的，小白的想法当然重要，可是，这些想法，只能是执行"大脑"想法的时候想出来的"下一级想法"，不能直接代替大脑给想法。

比如说：

1）维自食品、良正食品……老板，你需要我做一个100人调研吗？大概两天就能完成！——执行"大脑"的想法的时候，产生出来的好想法；

2）维自食品、良正食品都不好，应该叫"某某居！"——干掉了老板这个"大脑"，自己直接当"大脑"。

如果刚才案例中的小白二号能理解手脚耳目的方法，他会这样回答我的问题：

我认为维自好一些；不过两个名字都比较硬，有点像数码产品，是不是公司有特殊考虑？您需要我做个百人调研吗？

小魏在一家民企做人事工作，她的销售总监要把销售代表张申外派到新疆，而小魏做员工访谈的时候了解过，张申想生二胎，不想外派。

小魏跟总监反馈了这一点，可他完全不听小魏的意见，坚持让小魏给张申发调岗通知，结果张申很生气，就辞职了，公司损失了一名老员工。

小魏的问题是：再遇到这样的情况，自己该怎么说服销售总监呢？

我看到小魏的提问，心说："好险！"幸亏小魏没有贸然去说服总监，因为正确的答案当然不是去说服总监，而是这样回复他："好，我准备调岗通知，可是，张申似乎想要二胎，不想外派。不过，您既然确定要他调岗，我下午就给您准备文件。"

看到这个回复，你可能会质疑：难道下级就没资格反对上级吗？难道上级的意见永远是对的吗？

下级当然可以反对上级，不过有个前提，你得搞清楚上级的意图再反对。比如，在这个案例中，总监到底是什么想法呢？如果你不擅长揣测，你要使劲打开脑洞，充分想象，把所有的可能性列出来。外派的理由，无外乎是这样几个：

1）新疆地区，唯有张申能做好，其他人不行；

2）总监就是不想让张申生二胎；

3）张申拒绝去新疆，无奈之下，自动离职。

列出了所有选项之后，你能猜出总监的意图了吗？显然，前两条是根本没可能的，只有第三个理由是符合逻辑的，总监就是要逼张申离职啊！

挖坑让不出业绩的老员工自动辞职，这是很多公司的常见做法。如果老员工持续表现一般，公司会设法逼他自动辞职，这样可以节省了一笔开除员工要支付的赔偿金。在新员工容易招聘、容易培训的行业，比如快餐连锁、服装销售、化妆品销售、手机销售、食品饮料等行业，这种做法是常态。这种手段听起来是不是让你愤怒？觉得当老板的都是黑心的，不是什么好东西？

我也觉得这个总监不那么高尚，不过，吐槽无用，老员工必须自己奋发图强，不能沦落到因长期不出业绩被迫离职的境地。

最后，我要给你讲一个有意思的故事：

小白在一楼坐着办公，总监在四楼。有一天，总监看到天上来了一架飞机要撞大楼，他马上往楼下跑，边跑边给小白打电话，吼叫："马上离开大楼！"职场小白在一楼没看见危险，觉得老板很奇怪，干吗让我离开大楼呢？是不是要借机黑我啊，说我擅离职守？于是，小白问总监："为什么呢？"总监飞奔下楼，同时打电话通知其他人，压根儿没时间搭理小白。于是，小白觉得很不爽，交代任务也不说清楚，于是，带着情绪，慢条斯理地开始收拾东西。可是他离不开了，飞机已经把他的楼层彻底撞毁了。

这个故事看起来很夸张很无厘头吗？不过，如果你真的理解了背后的道理，你会陷入沉思，对"手脚耳目"的计策有更深刻的认识。我希望通过这个故事，让你更深刻了解的道理是：

1）如果你不理解领导的指令，可能真的不是领导的原因，而是你的视野太小；

2）不要指望领导把每个指令都解释得特别清楚，他经常处于繁忙或紧急状态；

3）即使不理解指令，也要快速响应，不要带着情绪消极怠工，否则，可能害了自己。

故事讲完了，我再给大家一些强势的意见。如果你不认可我的说法，我希望你至少拿出三个月时间做一下尝试，看看按照"手脚耳目"的方式工作，是否跟领导关系更加融洽，更得领导的赏识。请你这样做：

1）盲从领导的指令，默认领导指令全部是正确的，高效执行，绝不怀疑领导指令是错的；

2）哪怕领导指令错了，你也绝不能因此对领导产生怀疑，因为试错本身就有极大的战略意义；

3）不要给领导提建议，除非是领导要求你提；

4）绝不提"自己都没实操过的想法"。

写到这里的时候，我叹了一口气，因为多数职场小白最喜欢干的事就是当大脑，压根儿不是当手脚。大家总是认为自己好聪明，好有想法。比如说，过去这些年来，有很多到古方红糖公司来应聘的小白，都特别喜欢对产品的包装、形状、广告提出自己的看法，甚至在面试后洋洋洒洒写上千字的建议书，却没有一个小白说："我自己没创业过，也没策划过品牌，所以，老板有啥想法，我先去落实！等我熟悉了，也许能提出好想法……"

这样的"手脚"小白，你在哪儿呢？

·················· "手脚耳目"计策练习题 ··················

1. 八幡：

我的"红点"，上学期间一直都是老师眼中的好学生，被各科老师信赖、担任各种学生职务，善于挑战没做过的事情，但是性格内向，不善交流。大学期间因为几年的努力拿过国家奖学金，很执着，但是不善于交朋友。毕业工作五年，做工程造价全过程管理，业务能力还可以，但是不善于与领导交流、与客户沟通，我的这个情况是不是只能做技术岗位？这样以后就业会很局限，我该怎么办？

2. Sunshine：

我是一名房地产开发公司的职员，我的工作需要配合好公司所属的集团的工作；配合好自己公司各个部门的工作；和各种做我们公司业务的公司老板、经理打交道，有的需要我配合提供资料，有的需要我沟通协调；更要配合好直属领导的工作。总之就是每天都和很多人打交道。之前听老师的课，我知道如何和直属领导相处，但是现在这样不够用了，我需要做好所有协调配合的工作，才能更好地为直属领导服务。我怎样才能在工作中和这些人打好交道，使工作更顺畅，又结交到贵人呢？

3. 渡航：

杨老师，我找到了新工作，然后那边的领导定好了上班时间，就跟现在的领导辞职了。领导安排了离职时间，但是我想提早几天离职，不知道怎么和领导沟通。

4. Silvia：

在单位做错事，搞得一团糟。后续我尽力去挽回，事情也解决了。但是心里特别愧疚，觉得自己太糟糕了，沉浸在坏情绪中不能自拔。我应该怎么办？怎么面对领导和同事？职场小白一枚，怎么把大领导的意见传达给自己的领导呢？

5. 淡蓝的海：

现在的单位原来的老领导升迁，新来了一个经理。但是新领导与老领导的办事思路差别很大，导致我们办事效率降低，需要重新适应。关键是新领导很严厉，做不好事情经常发火，感觉压力好大，我要离职吗？

"手脚耳目"练习题解答

1. 八幡——性格内向"好学生"的造价管理者：

a）首先要考虑的是你领导这个"大脑"对你的期望值。如果他认为你的业务能力精进是更重要的，那么即使你不善言谈应该也不会影响你加薪升职。反之，如果大脑认为你这个手脚必须与其他的手脚四肢进行充分的配合，那么你不擅长沟通就成了一个极大的障碍。

b）天性难改，我建议让自己的长板越来越长。如果目前的领导认为你必须与客户沟通，那么你应该换个不善沟通不会影响你工作的新岗位，做到一百分。我举个例子，大部分的科学家都是不与客户沟通也不与领导交流的，但是他们依然是科学家。他们的就业向来是海阔天空，从来没有受到过局限，那就是因为他们的技术长板远远超越了其他的人。

2. Sunshine——想结交贵人的地产职员：

a）存心结交贵人的人最终都失败了；认真服务所有人的人，都会在不经意中受到贵人的垂青。因为你心目中的贵人，最需要"手脚耳目"，最需要别人的帮助。

b）现在你有一个"第一大脑"，就是你的直属领导，还有"第二、第三、第四大脑"，就是其他你需要服务的老板和经理。我想，优先级肯定是自己的直属领导，把他"伺候"好。

c）当你心目中所谓的"贵人"看到：哇，这个"手脚"能把自己的直属领导服务到一百分！他会非常愿意请你当他的"手脚"。

3. 渡航——想早走几天却不知道咋说出口：

a）你曾经是老领导的"手脚耳目"，这个"大脑"给你布置了很多任务。当你这副"手脚"离职后，老领导这个"大脑"需要把已经发布给你的指令转移到其他"手脚"上，所以他需要时间，他希望你能多留几天，这是非常合情合理的。

b）你的新东家、新领导、新"大脑"其实还没有对你这副"手脚"发布指令，如果你晚入职一个星期，甚至两个星期，原则上对他的工作不会产生影响。所以我个人认为最好的做法不是找老领导请求早离职，而是去找你的新"大脑"询问他是否可以允许你晚几天入职。

c）大家都喜欢有责任心、对原来的老板很忠诚的人。如果你的新领导能理解这一点，你在没入职的时候就可以给他留下好的印象，这对你来说是有利的。

d）不过，你已经违反了职业操守：在没有和上一个公司确定好离职时间的时候，是不能答应新东家什么时候入职的。

4. Silvia——自己做了错事，虽然弥补了过失，但还是沉浸在愧疚中的公司职员：

a）将功补过不是认错补过或者解决补过，意思就是要有大的功劳才能弥补过失。

你只是把问题解决了，这还没有真正地补过，所以你觉得内疚。你要做的事情就是创造一个比原来错误大一倍的功劳，这样才能平衡。

b）为什么你单位大领导的意见要你传递给自己的领导呢？我不太理解你们的内部框架，因为这种越级听建议的组织框架确实挺罕见的。如果的确是这样奇特的组织架构，我想你只能原原本本地传达了吧。（我依然百思不得其解）

c）如果不是大领导需要你直接把意见传递给你的直接领导，请你闭嘴。因为我思来想去，这都是违反职场的根本逻辑的。越级传达、越级汇报是混乱之根。

5. 淡蓝的海——不适应新大脑：

a）如果你压力一大就想离职，请问：如果下一份工作、下下份工作压力都很大，你要不断离职吗？

b）记住，"手脚"是盲从的，他们压根儿不会区分新"大脑"与旧"大脑"。当新的"大脑"发出了严厉的指令的时候，你可能手忙脚乱，你可以摔倒在地，可是，你会顽强地爬起来继续走，而不会选择罢工。

十四、怎样解决问题？
——"斩草除根"

我来给大家讲一个我公司的真实故事：

高总发现办公室卫生比较差，就告诉了行政经理小陈，三天后开例会，高总问怎么处理的，行政经理小陈回复说："我处罚了具体负责人小赵，罚了100块钱。"高总说："然后呢？"行政经理小陈说："小赵每天都在检查，最近卫生很好。"

月底考评的时候，高总给行政经理小陈的评分很低，只是"中"，代表我很不满意。那么，为什么高总不满意行政经理小陈的做法呢？

我们先看看行政经理小陈是如何解决问题的：

1）包干到户，落实责任人。

2）责任人以每天巡视、监督的方式解决问题。

那么，这种解决问题的方法存在什么问题呢？

1）万一这个负责人离职了，下一个负责人没被处罚过，依然可能会懈怠。

2）如果责任人发现卫生不好，谁负责清理？是员工自己吗？如果月薪2万的总监花费10分钟清理，他一个人可就浪费了20块钱；如果每个员工都花费10分钟清理，那公司得浪费多少钱？

分析完之后，大家应该明白了，小陈本质上犯了两个错误：

1）割了草，没除根。只解决了一天或者一周的问题，没有解决一年和未来永久的问题。

2）没有成本意识。在公司做任何事，都必须一手抓效果，一手抓成本，这就是"费效比"这个词的来历，费用与效果之比才是员工的业绩、老板的经营目标。

那么，如何解决问题才能实现最佳费效比？

"斩草除根"计策

我给大家提炼的计策是"斩草除根",解决问题要从根本上解决,因为问题只是表面上的杂草,不除根,草很快就会继续疯长。只有从表面的问题追根溯源,挖了"根",才能绝了"草"。

这个计策听起来很容易,不过做起来还是有些难度,我们直接用案例分析的方式,告诉大家如何"斩草除根"。

"斩草除根"计策案例分析

在小陈的案例中,我们可以这样"斩草除根":

1)老板发现脏乱(草)——脏乱(根);

2)为什么脏乱(草)——保洁阿姨工作不力(根);

3)为什么保洁阿姨工作不力(草)——没有把干净程度跟奖金挂钩(根);

4)为什么没有把干净程度跟奖金挂钩(草)——HR部门做KPI的时候,没有把保洁阿姨列进去(根);

5）为什么没有把保洁阿姨列进去（草）——HR部门忽视了非核心岗位的绩效考评（根）；

6）为什么HR部门忽视了非核心岗位的绩效考评（草）—— HR绩效考评专员自己的KPI没有包括全员进入KPI这一条（根）；

7）为什么HR漏掉了全员进入KPI（草）——HR部门经理未能把关（根）。

所以，问题的"根"，不在行政部，而是在HR部门。找到"根"才能解决问题：

1）处罚HR部门相关人员，或者给予批评培训；

2）必须将全体员工纳入KPI体系。

"斩草除根"不仅在刚才示范的工作场景中非常实用，我发现多数女性在生活中把这个计策也运用得很好。我给大家举一个朋友的例子：

Eling是一个管理咨询顾问，她不仅在工作中对所有问题"斩草除根"，在生活中也一样。她刚结婚没多久，就发现她老公总是问她"Eling，我的皮带呢？""Eling，给我找双袜子！"Eling为了解决问题，就写了个分析文档，大致内容如下：

1）为什么老公找不到皮带？皮带就在衣柜里，可是老公乱翻，结果反而找不到；他自己脱裤子后，皮带乱放，自己都不记得，有一回竟然把皮带放到厨房了；小时工洗裤子，把皮带拿下来，没有放回老公的衣柜。

2）为什么老公会乱翻衣柜找皮带？大衣柜没有固定放皮带的地方，所以每次都把皮带跟内衣放一起，确实容易乱。

3）为什么老公随处乱放皮带？因为他天生就乱七八糟。

4）为什么小时工洗裤子没有把皮带放回衣柜？因为没有做KPI，没有工作规范。

写完这个文档，Eling就知道如何"斩草除根"了：

1）给小时工写了一个明确的工作规范，比如：看见老公的任何衣服物品，都放在指定位置。

2）把老公的大衣柜取消，换成六斗橱。每一层抽屉上，她都贴上标签：第一层，内裤袜子皮带；第二层，短袖衬衫；第三层，长袖衬衫；第四层……

亲爱的女性读者们，你是不是也这样处理家庭事务的呢？如果是的话，就把你的家务智慧带到职场，做什么事都"斩草除根"，就会很快升职加薪。

1. 春雪：

我是专业技术人员，领导是公务员。虽然这么多年一直分管这个领域，但大面的原则懂，专业技术问题不懂。公司里我的岗位很忙，所以具体工作由公司聘请的第三方顾问做，我的工作多为协调和决策方面的事情；但第三方在我和领导之间作梗，让我受排挤。很纠结是换工作，还是换心态忍受。收入不高，因为是政府直属企业，工资跟刚毕业大学生水平差不多。本来认为你做的工作领导都是看在眼里的，收入至少会随着市场正常水平走，结果完全不是；且各方争权，工作激情越来越小。我现在是不是该走呢？

2. 肖/xiao：

您好，我是学会计专业的，大专毕业后就到物业公司上班，六年了，从收银到出纳再到会计。今年是做会计的第二年，由于经验较少，又遇上营改增，账务处理经常出错，领导不满意。而且原来有两个人，现在变成我一个人做会计，我感觉每天好忙，工资不涨，没有多余的时间去专注自己的会计工作；领导认为我效率低，时间没有安排好。我很沮丧，不知道怎么打破这种瓶颈。

3. BF：

我是做采购工作的，但从小受家庭影响喜欢画画，所以感觉很无奈，非常想去新媒体或者影视制作公司做插画师类的工作。我已经结婚了，还没有小孩，父母和老公都反对我放弃安稳的工作去追求自己的梦想。您觉得我可以去追求自己的梦想吗？

4. 锥形木：

我在公司里做行政工作，喜欢单位的一个女生，但是出于各种原因不敢表白，每天关注着她觉得工作都没激情了。本来对自己的工作就不喜欢，只是因为比较轻松才没有辞职，可是考虑到以后的发展觉得这样下去不是办法，我该怎么办呢？

5. 栗子：

我工作快四年了，还是没有找到自己喜欢的工作。目前在一家小公司做调单文员，这个岗位老板不是很重视，所以工资不高。没什么压力，这点很符合我的要求。但是我不喜欢我们的部门经理和一些同事，办公室里时常充满负能量。很想辞职，可是又不知道辞职去做什么，我该怎么解决这种窘境？

"斩草除根"练习题解答

1. 春雪——被"第三方"作梗的国企人：

a）工资低（草）——第三方作梗（根）；

b）第三方作梗（草）——你的领导不懂业务（根）；

c）你的领导不懂业务（草）——政府直属企业的特殊现象（根）；

d）政府直属企业的特殊现象（草）——本身就不是"市场经济"产物（根）；

e）你进入了本身就不是"市场经济"产物的企业（草）——你的初心应该是想进入"安全、稳定的国有企事业单位"，而不是为了这个单位所做的行业、产品而来的；（八姐备注：这是我的揣测。）

f）总结：如果我刚才的揣测是对的，你要重新思考一下，自己到底是为什么来这个企业的。如果当初是为了追求稳定来的，你现在就得到了你想要的，工资低但是稳定；如果你是追求"领导看你多干活了就应该多给钱"，你进错单位了，你应该跳槽到私企。

2. 肖/xiao——自己忙死却被领导指责"效率低"的会计：

a）出错（草）——没经验、营改增、两人变一人（这是你自己认为的"根"）；

b）出错（草）——你效率低，不会安排时间（你领导认为的"根"）；

c）出错（草）——你的工作方式出了问题（八姐老师认为的"根"）；

d）正确工作方式：宁可做不完，绝不做错；尽力了还做不完，如果公司不加人，你要走人；职场上不允许提"没经验""有变化"等借口，只能说"我马上学会"。快速学习和适应变化，是职场小白的本分。

3. BF——喜欢画画但是受到家里人的反对：

a）你不喜欢现在的采购工作，这是"草"，你认为"根"是没有做自己感兴趣的画画工作；

b）但是，你一定要继续"挖根"：你为什么没做自己感兴趣的工作？因为你听了爸妈的意见；

c）继续"挖根"：你为什么听了爸妈的意见？因为你自己不是"主意正"（有想法、有决策力）的人；

d）所以，思考这个问题：从现在开始，我能学会自己决策吗？挖掉这个"根"，所有的"草"才会消失。

4. 锥形木——因为暗恋而无心工作的男生：

a）男生做行政工作，我基本持反对态度，除非你们单位的行政工作非常复杂；

b）不辞职（草）——暗恋女生不敢表白（根）；

c）不敢表白（草）——没有自信（根）；

d）没有自信（草）——自己工作差、挣钱少（根）；

e）自己工作差、挣钱少（草）——干的是简单重复的行政工作（根）；

f）综上所述，只能换工作，挖掉"根"，才能跟自己暗恋的姑娘表白。

5. 栗子——四年都没找到自己喜欢的工作：

a）你所看到的"草"是：不喜欢自己的工作、不喜欢同事、老板不重视、工资不高、不喜欢负能量强的办公室；

b）很遗憾，我认为"根"是你自己，你压根儿就是一个负能量爆棚的人；

c）如果不砍掉负能量爆棚的"根"，就是让你去做腾讯的董事长秘书，你也会身临"窘境"。

十五、怎样治疗丢三落四手忙脚乱症？
——"明日计划"

写下这个计策时我非常感慨，我觉得就是在为年轻的自己写职场计策。我是个极其马虎的人，而且，有多个因素使得我出现了"综合性马虎症"：

1）天性马虎；

2）看书和写文章的时候非常容易进入忘我的境界，一旦干了A，就把BCD都给忘了；

3）工作狂，总给自己布置很多任务。

这三个貌似是自我表扬的特质混在一起，会让我经常处在混乱中。比如说，我有两次竟然忘了去上课，还有一次把我六个月的女儿锁在车里就离开了，至于忘了同事和家人交代的事简直是家常便饭。

我说的这些混乱，听起来有搞笑的意思，可是，当我身临其境的时候，一点都不搞笑，而是极度沮丧狂躁。回顾往昔，我跟同事的争吵、跟老公的"世界大战"，大部分都是因为我的马虎。

不用问，你也很有可能一直遭遇或者偶尔遭遇我所描述的这些混乱，就像这些读者一样：

1）我特别不擅长交流，一跟领导说话就脸红，稍微忙一点，领导再让我介绍项目，我就讲得乱七八糟，怎么办？

130

2）我现在是"表姐"，就是总是做表格的姐姐，可我总出错，我觉得我本质上就粗心大意，我是不是不可救药了？我是不是不适合干这个，应该换个工作？

3）整天手忙脚乱的，可是月底老板让我写报告，我写不出啥功劳，这可怎么办？

这几个问题，如果到了职场诊所，上纲上线地说，分别对应了这些职场疾病：恐惧症；马虎症、发育不良；效率低下症。一旦得了"病"，很多小白会把问题想得太严重，要么觉得自己天生糊涂，要么觉得自己入错了行。

其实呢，正如我们在生活中生了病一样，有时候一剂"小药"就能让你神清气爽。那么该用什么"药"解决这些病症呢？

"明日计划"计策

针对"手忙脚乱"这个疑难杂症，我提炼的计策是"明日计划"。计如其名，就是要提前把次日的事全部安排好，第二天按部就班地去做。

所有人都知道做计划的重要性。凡事预则立，不预则废，你所熟知的大公司、大人物，每个都有清晰的下个月计划、下周计划、明日计划。

那么，咱们自己呢？你做计划了吗？

我曾经做过一个极小范围的调研，随机抽取了28个读者学员参与调研，让每个人做一道单项选择题，现在我也让大家做一下选择，总共有4项：

1）我有书面的清晰的明日计划

2）我有书面的清晰的今日计划

3）脑子里有计划，但是不会写下来

4）没啥计划，该做什么做什么

调研结果比预期的还要低一些，28人中，1型和2型分别有4人，各自占比14.3%；3型12人，占比57.1%；4型1人，占比3.5%。不过，有趣的是，多了个混合型，也就是时而有计划，时而没计划的，占比10.7%。

这个小调研的重点数据是，30%的人能做到书面计划，其中大约15%的人能做到明日计划，15%的人做了今日计划。人人都说提前做计划重要，但是真正能执行到位，知行合一的人，只有15%。而人群中，出类拔萃的人所占的比例，也差不多就是15%左右。这两个数据，不仅仅是简单的巧合，而是逻辑上的必然联系——有规划的人，成功概率确实高很多。

那么，"明日计划"怎么做才是最合理的呢？我总结出以下四条小技巧：

1）用手机日历做计划，我想每款手机都有日历记事的功能，我用最普通的华为手机，日历记事功能就足够用了。手机日常都会随身携带，所以，计划就做在手机里。

2）固定时间做计划，我有个"168原则"，每月1日，把本月所有的大事都记上，比如每周三下午一定记录"手机充电"，因为晚上要直播；而每周六的时候，我会把本周的重要事件都记录下来；每天晚上8点左右，我会条件反射地看一眼第二天的计划，查漏补缺。这就是"168"，每月1日，每周六，每天8点。

3）想起事情立刻记，无论是老板布置的事，还是自己的事。

4）重要的事情重复记，哪怕它已经成为了习惯。比如说，从周一到周日，每天的3～4点都一定是"跑步"；每天的早上8～9点，除了春节之外的350多天，每天都是"安排工作"。如果我不强制性填写"安排工作"，我这种专注性极强的写作者就可能埋头写稿子，压根儿忘了自己要管理一个团队。

如果坚持做这样的"明日计划"，小白会收获什么好处？你的第一直觉应该是：做计划能提升效率。我的排序却是这样的五大好处：

1）更加勇敢。做计划会迫使你面对困难，把一些难办的事写出来并消灭它。小白要成功，最缺少的往往不是智慧，而是勇气。

2）不会忽略重要的事。锻炼身体就是一个最容易被忽略的重要的事，如果你不记到日历里，就很可能忙碌到很晚，发现又忘了跑步。此外，说自己迷茫的人，往往天天说，天天不行动。如果你强迫自己把"大事"分割成步骤，比如：明天看智联招聘，后天找同学取经，下周四改简历……如此，你的"大事"才能落地。否则，你们会觉得有个奇怪的现象：越是重要的事，越被拖延了。

3）增加成就感。成就感是激励职场小白奋进的有效推动器，钱都没有它管用。

4）减少错误。之前提到的"表姐"如果能有明日计划，对第二天要做的表格心里有数，就不可能总是稀里糊涂地犯错误。

5）提高效率。"表姐"缺少的就是清晰的任务单。

"明日计划"案例分析

我们来看看最开始提出问题的那几个小白应该如何解决自己的问题。

案例一：跟领导说话就脸红的小白

我认为可以这样设定明日计划：

1）1~10日：对着镜子做3分钟演讲，每天主动对一个陌生人讲话。

2）11~20日：主动找领导聊天，看情况是否有改善。

3）20~30日：如果已经改善，则继续训练；如果没有改善，则证明自己有个很大的"黑点"——勇气弱、口才差。

4）下月1~10日：分析自己三年后的升职要求，如果"口才好"是排名靠前的必要条件，那么，现在的岗位不适合自己，需要"立定跳远"（此计见本书PART 5，第三十四节），换到更合适的岗位。

5）未来一两个月：分析合适的岗位，谋求调岗。

案例二：总出错的"表姐"

如果总出错，确实有可能选错了工作，那么，从明天的计划里，必须开始"7531"，谋求换岗，找到更合适的岗位。

在没有换岗之前，必须在每天晚上列出第二天的全部工作，加强规划，减少出错率。

案例三：整天手忙脚乱却没功劳的小白

在每个周日的日程表上，拿出一个小时时间，把下周能让老板满意的功劳列出来，分解到每一天，按照目标导向工作，手忙脚乱的情况就会得到改善。

"明日计划"计策练习题

1. 梦里思思:

我在工作中遇到问题,老是没有马上去解决——有时可能是一时解决不了,反正就是总喜欢拖上一天。还有我发现我工作一点条理性都没有,老是想到某个事情就做一个事情,一天忙下来,感觉什么事情也没有弄好。每次都想改,就是改不了。而且做事好慢,一点效率都没有。针对这种情况,我应该怎么做呢?

2. 庆:

感觉自己是一个不能持之以恒的人,如何来规划自己每天的时间?我现在是在国企医疗单位上班,一个孩子的妈妈,准备生二胎。五月份要职称考试,但没有太多安静的时间看书。最主要的一点就是记忆力很差,看过就忘记了。我该怎么规划自己的时间?

3. 樱花树下:

我是一名高校老师,在学院做管理工作,我现在遇到的难题就是找不到自己的方向。作为高校管理人员管人和评职称是两条升职的道路,但管人我没有良好的表达能力,写文章总觉得不会凝练各家之言成为自己的东西。唯一值得称善的就是勤奋踏实地做好本职工作,为老师学生做好服务。即便如此还总是被同事抢功,自己默默无闻很不甘心。自己努力做口才逻辑的训练、材料的积累与灵活运用,不知道何时才能成功。我想强大自己,不再为些无关紧要的事所累。

4. 等待微风:

我是一名银行从业人员,之前在前台做大堂经理,因为服务态度好,业务能力强,去年下半年被提升到机关工作。但现在这个岗位对我来讲很有压力:我不熟悉信贷业务;领导也正面跟我谈过,说我经常不能领会他的意思,不会从大局考虑问题,只是简单地根据他说什么就做什么。现在这个岗位已经严重影响我的生活,我每天加班才能把事情做完,生活品质大受影响,而且因为工作常被领导批评,自信心饱受打击。我该怎么样才能改变这种状态呢？

5. 梅雪：

我现在是一个产品经理，每天忙碌得没有自己的时间。既要监督项目进度、审查项目内容，还要协调各个部门的关系，有点分身乏术。尝试用时间管理的办法，可是总不见效，我该怎么办呢？

"明日计划"练习题解答

1. 梦里思思——做事好慢好慢没效率：

a）做事慢，没有一天之内解决问题，所以，先学会做"明日计划"，把最重要的两件事放在最前面。这样，哪怕你像蜗牛一样慢，至少能把重要的事先干了。

b）"想到一件事就做一件事"是你的症结所在。做事切忌干扰，你正在做着A，想到了B，要马上把B放入"今日计划"或者"明日计划"，而不是放下A去干B，否则，你就会手忙脚乱。

2. 庆——感觉自己连安静看书时间都没有的医疗工作者：

a）"安静的时间看书"已经不符合当代的学习需求了，过去我们到学校、图书馆上课学习，才需要有大段安静的时间。现在最大的课堂就在你的手机上，你需要利用零散的时间来看书。

b）职称考试显然是你的重中之重，所以每天计划的第一步就是学习职称考试中需要的知识。

c）能持之以恒的人是少数，三分钟热度的人是多数，我们不可能彻底改正自己的缺点，而是要带着缺点活得更好。既然你只有三分钟热度，那你就要不断制订短期计划，我建议你为自己制订周计划，每周给自己设定一个职称考试的目标，完成之后可以休息，直到下一个时间节点的来临。

3.樱花树下——努力工作却总被同事抢功的高校老师：

a）很显然你的职业选择彻底违背了"红点黑点"，你没有口才，也没有写文章的才能，却进入既需要口才又需要文笔的高校，注定是为自己挖了一个坑。那么，问题来了：你有勇气改正自己的这个错误，辞职再就业吗？

b）我想，你应该不会离开高校的。那么，你需要把自己转到对口才和文笔要求最低的部门去，至于是什么部门，只能你自己调研了。

c）一个人的"黑点"即使经过艰苦卓绝的努力也无法变成"红点"。我认为你应该在"明日计划"中取消对口才和逻辑的训练，换上"找到合适的部门"这个新任务。

4.等待微风——升职后业务不熟又无法搞清楚领导意图的前大堂经理：

a）你面临的问题是：不熟悉信贷业务、不领会领导的意思、没有生活品质、没有自信心。在这几件事情中，最容易提升的、最急需提升的，就是不熟悉信贷业务。我建议你在"明日计划"中尽量安排出大段的专门的时间用来学习信贷业务；如果你熟悉了信贷业务，其他问题可能就迎刃而解了。

b）"领会领导意图"，也必须被单独列进你的"明日计划"。你要用文字的形式，把自己对领导的意图的理解写出来，发给领导来进一步求得确认。尽管这是个典型的笨办法，可是，用笨办法做对了，总比办错事好很多，是吧？

5.梅雪——工作太多感觉分身乏术的产品经理：

a）我曾经有过跟你一样的经历，无论如何都觉得时间不够用。你必须认识一点：我们的生活，是用来做重要的事的，而不是用来做事的。你必须做好"明日计划"，然后进行优先级排序，每天下班之前，只把最重要的事情办完。

b）这个"只做重要的事"的策略是我从比尔·盖茨那里学来的。在一次采访中，他说自己每天会列出第二天要做的事情，从中筛选出七件最重要的事，第二天只做这七件事，其他的一律不做。这样，他可以确保自己每天都在做"最重要的事"，而不是主次不分，忙忙碌碌。

十六、怎样管理团队？
——"我是唐僧"

每个人都是团队管理者，哪怕你是刚入职第一天的职场小白，因为你在完成自己岗位职责的时候，必然要调用公司的资源，需要同事的配合。所以，人人都需要学学团队管理的技巧。

我们先来看两个受困于不懂管理的学员的提问：

1）小月：现在是我进入一个新公司的第三天，前任主管走了没交接；总监领进门，没告诉我要做什么。网络医疗客服行业，管理20号人，我现在迷茫怎么培训管理。

2）白杨：我以前是普通职员的时候，和同事之间相处得很好；但我升职后，工作中我和以前一样帮助同事，但不一样的是她们不再和以前一样，工作中也不太配合我。我管理经验太少，我该怎么和她们相处？

其实，小月和白杨可以在百度上搜出一大堆领导技巧，比如说：赏罚分明、分工明确、以身作则、知人善任，诸如此类。不过，对于刚上任的小月和白杨，很可能会觉得理论都很有道理，就是无从下手。那么，新官应该如何管理团队呢？

"我是唐僧"计策

我根据自己的管理经验，给刚上任的新官们推荐一个直观的计策——"我是唐僧"。

唐僧把西天取经团队建立起来，并最终修得正果，从结果上判断，绝对是个出色的领导者。不过，我们往往忽略唐僧的领导技巧，过于强调孙悟空的神通广大。我还记得小时候看《西游记》的时候，每次看到唐僧念"紧箍咒"，就恨不得把他给揪出来暴揍一顿。后来，即便已经工作了十来年，偶尔看到管理学书籍分析唐僧的管理技巧的时候，我还依然有些嗤之以鼻，把唐僧归入"昏聩但走了好运的领导者"的类别。

我真正领悟到唐僧的管理技巧，是自己创业之后。现在，我就跟大家一起回顾一下我们都看过的《西游记》，说说唐僧的六大管理技巧：

1）有人撑腰：唐僧如果没有观世音菩萨的支持，肯定也没法做好领导。同理，任何一个团队的领导者，都必须要揣摩上司的意思，执行上司的想法，才能获得自己上司的强力撑腰。

2）目标坚定：唐僧要前往西天取经，这个目标在管理学上可以用"伟大"来形容，因为它做到了三赢：利他、利己、利团队。利他：普度众生，造福大众；利己：唐僧本人取经成佛成心愿；利团队：取经团的每个员工都有机会将功补过，恢复昔日在仙界的荣耀身份，甚至成为更高阶的佛。更为难得的是，唐僧一旦设定了目标，坚定不移，不管是遇到了痴情的女儿国国王，还是要被做成粉蒸肉，都没有一丝一毫的动摇。

3）人以类聚：悟空、八戒和沙僧，都有个共同点，首先都有本事，其次都犯过错误，受过挫折，都想重新证明自己。找到同类人这一点，是当领导的窍门。有人说，老师，不是要互补吗？大家记住，技能上可以互补，性格上可以互补，但是信念、理想、价值观上，一定得是同类人，比如说，日本公司讲究忠诚度，美国公司讲究个人价值，这就是总体上的同类人。

4）分工明确：悟空降妖除魔，八戒主要负责化缘，沙僧当挑夫，他自己负责念经。

5）定好规矩：取经团队的警戒线是不杀生、不近女色，违反规矩必然受到惩罚。

6）奖罚分明：奖励，就是取经成功就修成正果；惩罚，就是念紧箍咒，或者开除。

分析完这六个技巧，你是不是也觉得，唐僧的确是个不错的领导者？

那么，为什么像小月和白杨这样的新主管往往带不好团队呢？经过分析，我们会发现，新主管经常犯以下三个错误：

1）分工出了问题。主管应该是做"唐僧"的，定目标、选队员，不能总是直接去当"孙悟空"。有一些从业务骨干提拔上来的主管最容易犯这个错误，一来了"妖怪"，他不安排"孙悟空"去打，而是自己第一个冲上去，说，我来！结果他把自己的本职工作，布置任务，检查任务，都给耽误了。

2）过于指手画脚。业务强的主管，看下属"打妖精"怎么看怎么不顺眼，总是说，这样打，那样打！哎呀算了，你下来吧，我去打。领导的确一出手就把"妖精"给干掉了，可是呢，下属觉得灰头土脸，没有施展空间。

3）没有筛选同类人。新主管总想通过培训，把下属变成自己想要的样子，这实际上是不可能的。人才是挑选出来的，而非培训出来的。你进入了一个新团队，不可能重新选人，你至少应该筛选最配合自己的员工，对他们委以重任，同时把用得不合手的人边缘化，找机会清理出局。

"我是唐僧"计策案例分析

案例一：空降领导小月

小月前任没交接，领导没指导，她可以使用"我是唐僧"的计策这样做：

1）有人撑腰：小月在得到上级的信任之前，不应该采取任何大的管理动作，最好沿用原来的制度。

2）定好目标：比方说，设定"100天零投诉"客服挑战赛。

3）建立同类人团队：留意团队中哪些人三观跟自己严重不合，找机会边缘化或者清理出去。电视剧里面总是说"一朝天子一朝臣"，听起来是贬义，实际上，存在合理，只有"一朝天子一朝臣"，才能实现高效管理；在现代化的大公司里，照样有"一朝天子一朝臣"的现象。小月的20多人的团队，肯定有"死猪不怕开水烫"的客服，怎么激励都无效；要想办法清除异己，建立起三观一致的同类人团队。

4）做分工：一般来说，管理学上讲究"1∶8"，也就是一个人最多直接管理8个人。所以，如果是20多人的团队，就要分成三个小组，每组设置3个小组长。

5）定规矩：客服电话响铃几秒钟必须应答。

6）定奖惩：实现了"100天零投诉"大家能拿到什么奖励，做不到有什么处罚。

案例二：升职当官的白杨

1）白杨的情况跟小月完全不同，小月是空降兵，应聘过来就是领导。而白杨则是跟杜拉拉（电影《杜拉拉升职记》的主角）一样，从普通员工晋级成了领导。这一类新官，经常会觉得下属阴阳怪气，嫉妒自己升职，不配合自己。

2）但是，如果真正分析问题的本质，我们就能发现，错误并不在下属，而是在白杨自己，她还没有完成从"小白"到"唐僧"的角色转换。白杨升职后，角色从"孙悟空"变成了"唐僧"，如果她还是"拎着金箍棒"窜来窜去，像以前一样，帮着同事一起"打妖精"，就不可能拿出足够的时间当好"唐僧"。好领导是"唐僧"，会设置一个远大目标，会给出振奋人心的激励措施。只有白杨自己把角色转换成"唐僧"，下属才能找到归属感，成为踏踏实实的下属。

1. 蜜雅：

我是一名化妆师，工作经历只有一年，工资很低，我希望自己可以在美容业行内做得很出色。现在老板让我教学员，可是我没胆量教，因为我感觉比我出色的人太多了，我工作才一年，所以很心虚。我该如何做呢？

2. 汤圆麻：

我本来是一名公办重点高中教师，因为工作枯燥、有太多形式化的东西，去年辞职了。有辅导机构中心希望我过去做教学主管工作，辅导机构校长希望我建立管理和监督机制。但是监督工作很得罪人，其他老师也根本不听。年轻的教师都把辅导机构当成跳板，他们还是更加想进公立或者公务员单位。对这样的年轻人我该怎么办呢？我本人以前没有任何管理工作的经验，不擅长与人打交道，处理人际关系的经验几乎为零。

3. 黛西：

我在美国某名牌高校读了研究生，毕业三年了，一直在美国排名前三的一家IT公司任职软件工程师，很受老板器重。升职加薪后老板提我做了小组长，管理两个人，负责项目。我想往管理层发展。

但是老板升我做组长之后，我遇到了巨大的挫折。我的一个下属比我经验多十多年，一直在管理岗位，现在转来做技术。他技术能力很差，总完不成任务，但很会粉饰太平、让人找不到抨击他的证据，我只能自己填补项目的空缺，很是心累。

现在我想要跳槽去另一家与我现任职公司齐名的IT公司做IC，以此锻炼技术能力，并且了解公司管理文化和内部技术。之后再读一个MBA，然后再竞争管理层岗位。这样做怎么样呢？

4. 李潮：

我刚毕业一年，现在是一家电商公司业务主管之一，能做到这个岗位的原因是恰逢公司重组。现在做了三个月主管了，知道自己的能力还不够，业余时间逼自己多学一点。现在的问题出在我管理的小组是由新人构成的，我的大部分时间都用来教他们，很多简单的事情要做很长时间，还影响了整体业绩，我现在是该教人还是把事情自己做了呢？同时我也不想失去自己的核心竞争力。

5. 阿喜：

我是一名淘宝店主，目前店铺年销售额600万元左右。但是大部分工作都是我和老公处理，我很想组建一个团队，目前有一个客服。库管、五名打包工人我可以管理得很好，但是店铺运营团队不知道如何下手，没有管理经验。我该怎么组建我的团队呢？

"我是唐僧"练习题解答

1. 蜜雅——自信心不够的新化妆培训师：

a）你的领导为你撑腰，让你做唐僧，你应该欣然领命。

b）至于你担心自己化妆技巧不是最优秀的，你想：难道唐僧打妖精的技巧最高吗？观世音菩萨选择了唐僧领队，是因为他一心向佛的决心，而你的领导选了你做培训师，也是因为你有着坚定的在美容业发展的决心和热情；如果你能让每一个学员燃起对美容业的热情，坚定他们想做优秀化妆师的梦想，他们自己就会像海绵一样去学习。在社交网络如此发达的现在，他们不可能只在你身上汲取知识，他们可以在"十点课堂"看李慧伦的美妆教室，也可以在网上看毛戈平的视频，而这些行动背后是你的鼓励。我想这才是一个优秀的化妆培训师应该做的！

2. 汤圆麻——不敢管"元老"又不会管"菜鸟"的菜鸟培训主管：

a）在培训机构，你是一个"菜鸟"主管，所以，要好好学学唐僧的管理技巧。

b）你作为"唐僧"的第一件事，不是去管理他的徒弟，而是要找领导撑腰。你必须手握"紧箍咒",当这些元老和年轻的老师不听你的时候,你得知道念什么样的"紧箍咒"能让这些人听你的。比如说,如果有的老师迟到早退,是不是可以在"学员评分"里加上这一项,让考勤跟奖金挂钩?如果得到了老大的撑腰,你不用直接出面监督,用奖金这个无形的手,就把监督工作完成了。

c)唐僧对三个徒弟的监督多不多?你回顾一下,其实,唐僧除了认为孙悟空故意杀人的时候念紧箍咒,平时从来不会设置各种烦琐的监督机制。

d)你需要设置一个"共同的目标",你的老板要的是学员满意度和重复报班率,而老师们要的是奖金。那么,你把这两个参数跟奖金和课时多少密切挂钩就足够了。

e)新主管总是误认为一个普通人可以通过监督、培训变成人才,不,真正的千里马,不待扬鞭自奋蹄,真正的人才也不需要监督。你只需要像唐僧那样设好目标,愿意跟你走的、有能力跟你走的,自然能跟上;不想跟、跟不上的,淘汰。

3. 黛西——瞧不上下属的名校海归精英:

a)如果你跳槽去了B公司,你是否能确定你的下属能百分之百地满足你的期望值?

b)作为团队领导,你必须学会解决这个困难:下属不得力,你要怎么办?遇到困难要解决,哪怕解决不了,也锻炼了解决问题的能力。现在,你想逃避,这显然是下下策。

c)如果你确认自己并没有戴有色眼镜,那么你现在必须获得领导的撑腰,找到同类人进入团队,把你所说的这个老狐狸踢出团队。如果你的领导不给你撑腰,你的领导就否认你是这个团队的"唐僧",这个时候你再跳槽去其他公司。

d)做到管理层的人十个有九个不是MBA,所以你大可不必现在就考虑MBA是不是一个必要的选择。

4. 李潮——抓业绩还是抓培训:

a)领导让你来做主管,主要职责不是带新人,而是要确保完成业绩。所以不管你是带人做还是自己做,肯定是整体业绩优先。

b)人才从来都不是教出来的,而是选出来的。即使要"教",也一定是在"选"过之后。

5. 阿喜——想组建团队却不懂带兵的淘宝店主：

a）唐僧当年西去的时候身边并没有徒弟，他带着一个坚定的信念出发了；你和你老公出发到现在做到600万，身边也没有徒弟。当唐僧遇到妖怪的时候，他才知道自己需要能降妖伏魔的徒弟，那么你和你老公现在遇到了什么"妖怪"吗？

b）如果你们可以继续按照现在的方式做到700万、800万，那为什么要打造团队呢？你只要一路向着目标前进就可以了。

c）如果你想提高销售额，将目标定为1000万，我想，应该就遇到"妖怪"了吧？拦在前面的"妖怪"也许就是选品吧，以你们目前的选品能力销售额最高就600万了，那么这个时候你就知道需要找什么样的运营团队了——善于选品的人。如果你们的困难是保不住600万的销售额，靠你们的能力又无法引流来600万的流量，那么你们需要一个擅长引流的"大徒弟"。

十七、老板喜欢什么样的想法？
——"标杆改良"

有不少学员和读者问过我这个问题：Tracy老师，你曾经讲过一个计策叫"手脚耳目"，意思是说，小白就应该执行领导的指令，而不应该自己当大脑，指手画脚。你的意思是说：领导不喜欢有想法的下属吗？

对于这个问题，答案既不是"是"，也不是"否"。因为优秀的领导是对事不对人的，他喜欢的是"想法"本身，而不是某一个"下属"。好的想法当然会受到领导的赞赏。

但是，在现实工作中，很多下属都会遭遇"没想法"或者"想法被枪毙"的窘境，比如以下这些小伙伴：

1）领导开会让大家畅所欲言，自己脑子一片空白，或者有想法也不太敢说；

2）自己在工作中提出的建议和想法，经常被领导毙掉，不被采纳；

3）单位领导非常武断，不喜欢听我的意见。

那么，问题来了：到底什么样的想法会受到领导的喜欢，得到支持呢？

▲ "标杆改良"计策

首先，我给你们讲一个真实的案例：

半年以前，我在读者群征集意见，问大家："如果给古方红糖的微信公众号小编起一个拟人化的名字，大家想起什么样的名字？比方说，是小古哥，还是小古、古老师，还是古大姐，等等？"

群里很多人开始热烈讨论。

小A说："古先生，这个很好，古代的时候都是称呼老师为先生，符合'古方'品牌的特点。"

小B说："太老土了，不符合90后的心理，应该叫'古妹'。"

小A反驳："公众号总是发女性健康方面的文章，就应该把自己当作老师。"

小C加入讨论："'先生'太古板，'古妹'太轻佻，应该叫'古姐姐'。"

小D说："我查了一下，海飞丝小编的名字叫'小海'，可口可乐小编叫'小可'，雀巢小编叫'小巢'，这个这个，显然是因为无法自称'小雀'。大公司都这么命名的，我们在没有更好的想法的时候，就应该叫'小古'。"

这个案例中的"小D"，使用的就是我们今天要讲解的计策"标杆改良"。对比之下，你会觉得小D的说法更合理。不过，也有一部分人会质疑：参照标杆一定对吗？那不就失去创新了吗？有这种想法的人，多数都是职场小白阶段的人，等你真正成了"大白"，或者创业当了老板，你会明白：创新其实一定是建立在"抄袭"的基础上的。就算是苹果手机这样被誉为创新符号的产品，在设计的时候也参考了触屏打印机的功能。

不过，这个案例，其实并未到此结束，我们看一下续集：

当市场部员工把"小古"的名字汇报给总监的时候，总监的答复是："去随机调研公司的20个女生，看看她们关注哪些公司的公众号，注意过哪个小编，再来讨论。"

过了一个小时，调查结果出来了：全公司当天坐班员工有60多个，竟然只有一个文案人员定期关注几个消费品牌的公众号，而其他人偶尔翻一下公众号，都是看类似

"连岳""十点读书"这样的媒体公众号。

于是，总监给出了指令：取名"小古"没问题，但是，市场部在微信公众号上的投入控制在投入每天一人即可。

刚才这个案例，是发生在我公司里的真实案例，通过它，我希望大家看到小白、大白、老白三种段位的工作方式：

1）没经验的小白相信自己的直觉，拍脑门提出想法，这种不成熟想法被采纳的概率很低，所以小白经常得0分。

2）有经验的大白，知道自己经验不够，以优秀的人和公司为标杆，能得60分，再根据自己情况微改良，得到80分。

3）资深的老白，看问题更透彻，同时启用了两个标杆：第一个是优秀公司，第二个是最终消费者的行为标杆，这样就得到了100分。

我们要学习的，就是老白提出想法的策略——"标杆改良"，好的想法，是经过找标杆、微改良之后形成的想法，绝不是自己一拍脑门凭空想出来的。"标杆改良"出想法有四个好处：

1）不犯二：由于小白太缺少经验，所以按照自己的想法做事情，经常犯二，让人啼笑皆非；而先找到标杆再干，可以把小白快速武装成"老司机"，不至于干出太出格的事情来。

2）提升执行力：先找到标杆，让老板认同，再对着标杆干活，最终结果让老板满意的概率就大大增加了。

3）提升上进心：标杆都比自己强，找标杆逼着自己往上看，就不会被周围懒散负能量的人影响，小白会更上进。

4）增长知识：标杆就是小白的职场教授，跟标杆学习，比在学校跟教授学习可能更接地气、长见识。

"找标杆"是如此重要，以至于大家崇拜的大神，也都在创业中"找标杆微改良"：

1）俞敏洪创立新东方，大家知道这个名字是怎么来的吗？其实，就是因为俞敏洪老师最初在一所"东方培训学校"工作，俞老师觉得自己完全可以在此基础上做得更好，于是就有了新东方。

2）马化腾创立QQ，很多人都知道，这是一家伟大的"找标杆微改良"的公司，以ICQ为标杆，改良出了QQ。

3）海尔是怎么来的？是最初的时候，向标杆德国公司学习，甚至成立了合资公司琴岛—利勃海尔。后来合资结束，海尔保留下来了，学会标杆所有的一切，还超越了标杆。

大神尚且"找标杆微改良"，况小白乎？

"标杆改良"计策案例分析

案例一：脑子一片空白的小白

领导开会让大家畅所欲言，自己脑子一片空白，或者有想法也不太敢说。

1）好想法从来都不是开会的时候临时想到的，而是在工作中积累出来的。案例积百千，开会如有神。你要做的，就是在平时不断收集、思考你能参考的标杆故事，并且微改良应用到自己的工作中。

2）至于"有想法也不敢说"，这种情形往往意味着你对自己的想法其实并没有自信。当时拍脑门想出来的想法，不说也罢，因为基本上不会是什么精彩的想法。

自己在工作中提出的建议和想法，经常被领导毙掉，不被采纳。

1）枪毙是常态，这就是领导存在的价值，他的天职是把关下属的想法。所以，当你的想法被枪毙的时候，你应该心态平和，而不应该带着"凭什么、我不服"的情绪。

2）优秀的小白，会努力揣摩领导为什么枪毙自己的想法，然后，不断沿着领导的思路改良，直到想法被采纳。

3）如果想提高自己的建议被采纳的概率，请你坚持使用"标杆改良"的计策，如果你的想法已经有了成功的标杆，领导就能直观看到这个想法的成本、风险、成果，自然更容易采纳你的想法。

我有个小领导，似乎是老板亲戚，或者是有什么特殊关系。她工作能力确实很强，不过，为人飞扬跋扈，平时总是爱讨论别人的隐私，对客户也会用一些特殊手段。我非常不喜欢这种人，可是又跟她一个办公室，我该怎么办？

1）在你身边，工作能力很强的人，多吗？

2）正常来说，不会太多。现在，你的身边有了这么一个"能力确实很强的人"，你应该用放大镜看她的优点，以她的工作能力为标杆，拼命学习，早日成为一个像她这样拥有强大工作能力的人。

3）至于她的个性有缺陷这个问题，这是私人生活与性格属性，与工作无关。你不喜欢她的性格，只要下班后不跟她喝酒吃肉聊天，不交这个私人朋友即可。

4）在老板面前有两个人：一个人工作能力强但飞扬跋扈，另一个人工作能力一般但性格温柔，老板更欣赏哪一个？我想，你知道答案，对吧？

我是一个专科学汽车技术服务的男生，毕业后销售工作干了一段时间，没做好，就跟朋友开了奶茶店，可是效益也不太好。我对汽车倒是挺感兴趣，擅长做拆装，现在不知道应该继续撑着开奶茶店，还是应该找个和汽车相关的工作。

1）有很多想开店的人，创业之前会到其他店铺去打工当伙计，就是为了找到标杆。那么，你在开奶茶店之前，为什么不去其他奶茶店打打工？难道你们没有找标杆就拍脑门开了一家奶茶店？

2）现在，你对汽车感兴趣了，那么，你希望自己三年后成为一个什么样的人？如果你现在就能告诉我这个标杆人物是谁，我会鼓励你：去吧，赶紧去找跟这个标杆人物一样的工作吧。反之，如果你心目中连效仿的标杆都没有，我怀疑"汽车拆装"也会成为下一个"奶茶店"。

3）做人"找标杆微改良"，就会有更好的自己；做事"找标杆微改良"，就能在继承中创新。

"标杆改良"计策练习题

1. Izumi:

我只有初中学历，现在做淘宝运营助理的工作，写文案和活动策划方面的能力比较差，想通过学习和努力提升，但是自己找不到方法，我该如何去做呢？

2. Hui:

我今年31岁，未婚，没男朋友，我的"红点"是执行力不错，比较细心，"黑点"是创新能力比较差，不自信。目前在一家工厂的行政部做行政费用结算工作，年初领导找我谈话，希望我能除了做好本职工作外多关注其他模块同事的工作，比如宿舍管理、食堂管理、工厂办公环境优化改善等。我很焦虑，除了做好我的本职工作，其他的不知道从何入手。

3. Chen:

我大学念商科，目前在银行柜台工作，知道这种工作没有太多技术性，优点大概只是工作较稳定；如果要等内部轮调可能需要大概五年的时间，每天的工作大概八成是重复的。想换工作也没有一技之长，可能换到的也只是其他行业的基层工作。该如何在这种工作中培养好的能力甚至帮自己加值的能力呢？

4. 等风来:

由于家庭原因，我高二就辍学了。后来参加成人考试读了大专，可是发现这个好像也没能帮我找到理想的工作；再后来自己开办了一个小型培训班。但是我还是想学到更多的知识，想去学校展示自己的能力，不知道可以通过什么方法实现呢？

5. Julie:

我目前的工作是一名企业商学院的培训讲师。之前的工作经历是：中专毕业，做过近四年的导游；辞职后全心读自考，大专毕业后从事两年汽车销售工作（含半年销售管理）；辞职后读本科同时进修英语，本科毕业后做培训工作一年。目前很热爱培训工作，计划往职业生涯规划师兼自由讲师这条路线发展，想帮助更多的人找到人生方向。

"标杆改良"练习题解答

1. Izumi——找不到提升方法的初中毕业淘宝运营助理:

a）标杆绝不仅仅限于公司内部，你完全可以放眼到公司的外部去找。其他淘宝店的文案和策划，都是你的标杆，你可以模仿他们的运营方法，轻微改良。

b）你的职位是淘宝运营助理，那么我想你的公司一定有淘宝运营，这不是明摆着的标杆吗？如果明明有标杆，你却不知道如何动手学习，那么你就出现了学习障碍综合征。我想它有可能和你只上了初中有一定的关系，你还没有学会自学，就已经退出了教育体系。所以，我建议你把自己的学习能力通过读书、思考、写作提升起来；如果无法坚持自学，可以选择一些网络上的学历教育课程，强迫自己锻炼出"学会学习"的能力。

2. Hui——想拓宽本职工作却不知从何入手的31岁女生:

a）你执行力很强，缺少勇气，所以要请领导直接布置任务，让你接触哪个模块，你就去接触哪个模块。

b）如果想改善自己胆小怕事的性格，最简单的办法就是找到标杆。这个标杆要跟你个性相近，但是整体状态比你好，你只要效仿这个标杆人物的做法，就会逐步得到提升。

3. Chen——想在重复工作中加值的柜员：

a）当年，你可能受到了家庭的影响或者是整个社会的影响而选择了银行柜台的工作，当时和现在，你都未必真正地爱这个柜员工作。你希望能忍住、坚持，熬到不需要再做柜员。以这种心态，无论怎么做，都难以加值。

b）爱才能看到细节。你生了孩子以后，你能看到这个孩子许多个可以加值的地方，可是，你无法看到别人家孩子那么多加值的地方。其中的区别，在于爱的程度不同。你可以在全银行系统寻找标杆，有没有哪个人从柜员工作中找到了乐趣？如果有，就效仿这个标杆吧。

c）多说一句：如果我，杨萃先，换到你的岗位上，你认为我能加值吗？一定能，对不对？因为我每天都会分析、总结、提炼。就像现在我写的书一样，其实都是工作中婆婆妈妈的小事，思考得多了，就优秀了、卓越了。

4. 等风来——想去学校施展才华的培训班小老板：

a）你跟罗永浩一样，高二辍学，你可以看看老罗的经历，也许对你有启发。

b）既然已经开了小培训班，为人师表，请你忘了自己想要什么，而是关心学生想要什么，帮助学生实现梦想。如果你爱学生，你想要的名和利都会来的；如果你开了培训班授课还整天想着去别的舞台展示自己，我担心最终你既失去了现在的学生，也得不到你想要的舞台。

5. Julie——想帮助更多人找到职业方向的培训师：

徐小平、古典、杨萃先，都可以成为你的标杆，你分析一下这些人的共同点，就会发现写书是我们的共同点。所以，你要开始写书。

十八、怎样交代任务能少出岔子？
——"T. E. N. D."

经常有人问我，杨老师，你有俩孩子，要管公司的事，还要上电视做课程，怎么忙得过来？

其实，我现在也经常手忙脚乱，不过比最初做管理者的时候要强许多倍。刚刚开始担任古方红糖副总的时候，我每天工作近16个小时，累胖了十来斤（因为一累就想吃好的犒劳自己，结果成了一个快140斤的胖子）。更糟糕的是，胖子八姐经常出岔子，给下属布置完一个任务后，检查的时候发现结果完全不是我想要的，就经常发脾气训人，但回头复盘的时候才发现，责任在我自己！由于我布置任务不严谨，导致下属做事出了岔子，降低了效率。

吃一堑，长一智，我吃了许多个堑，学会了"T.E.N.D."这个小计策，效率提升了，出错率下降了。如果必须要量化的话，我觉得至少提升了二成效率，降低了二成错误率。（怎么感觉这一段特别像广告：腰也不酸了，背也不疼了。）

▲ "T.E.N.D." 计策

我们每一天的工作，都包含无数次"交代任务"，而且，并非仅仅限于上级对下级交代任务，平级之间、下级对上级也经常要交代任务。所以，交代任务的质量，决定了你的效率、出错率。

交代工作的小技巧，就是"T.E.N.D."。T即Task，任务，就是你让别人干啥；E是Example，能举例子就举例子，让对方清晰地知道具体要什么，最好是把任务要做成什么样说清楚；N是Not，预测对方可能会犯什么错误，提前预警，告诉对方什么不能做；D是Deadline，事情做完的最后期限。

按照这个方式交代工作，可以保证任务的有效传达。有很多同学会觉得这个计策太简单，不过，难在坚持，大家通过下面这些案例就可以看出来。

▼ "T.E.N.D." 计策案例分析

案例一：燕子找八姐要教学图片

有天晚上我看到公众号运营燕子在下午4点给我的QQ留言：

杨老师，请给我几张您在教英语的图片。有吗？

燕子这个留言，实际上是布置了一个任务给我：发照片。但是没有"E"，没有"N"，我不知道像素多少，内容是什么，也无法判断我将发的照片是否合格。此外，没有"D"，如果你们不是极度忙碌，你可能不会很在意"D"，因为你会立刻把这个任务干了；但是，我以及你的很多领导，日程表上同时排着5件事、10件事，如果没有"D"，我们就抓狂了，不知道该把这个任务塞在哪儿（排在日程表上的什么位置）。

所以，燕子的任务应该这样布置：请给我3~5张您教英语的图片（T），至少一张是高清的，可以用来做焦点图（T）；不要您一个人的（N），一定要跟学生在一起的（E）。我发给您两张吴晓波老师的图片参考一下，最好就提供类似照片（E）。明天中午前给我就行（D）。

你们看，用"T.E.N.D."的方式布置任务，老板是不是秒懂？哪个老板会不喜欢这样的员工呢？

案例二：咳咳咳咳QQ留言

我们经常收到这样的QQ或者钉钉、微信留言：

QQ咳咳响起："在吗，亲？"（然后就没音了）

这样留言，连个"T"——要干什么事都没说，它实际上只是在要求对方回复："在的，亲。"也就是说，事情十万火急，必须立刻看到、立刻响应！可是，如果是十万火急的事，为什么不直接打电话？

如果没有急事，还留言给别人"在吗，亲"，都是有着严重的以自我为中心毛病的人，他压根儿想不到自己正在干扰别人工作。也许你会觉得，我这么判断实在有些大惊小怪、上纲上线，不过，我请你换位思考一下：如果把你手头每天的工作量翻上一倍，你每天工作14个小时左右，经常要高度专注地审阅下属的文档，这时候，你听到QQ或钉钉咳咳响起来，于是，你中断手头工作点开一看：

"在吗，亲？……"

……（沉默）

请问，你有没有跳进屏幕把对面的人揪过来暴打一顿的冲动？

还有些QQ留言，不间断地咳咳：

（咳咳）"在吗，亲？"

（咳咳）"你知道增值税发票怎么开吗？"

（咳咳）"有空告诉我哈，谢谢！"

一件事，分成三段说，自然会打扰别人三次，典型的缺乏换位思考能力。记住：越是繁忙的老板，越讨厌咳咳……咳咳……咳咳，有什么事要一口气说完，想好了再留言，比如这样一口气留言完毕：

（咳咳）"在吗，亲？你知道增值税发票怎么开吗？如果方便，今天下班之前啥时候告诉我都行，谢谢！（T.D.）"

案例三：新人小春收月报总结

小春是我的新助理，她第一次在群里要求大家交总结的时候，是这样留言的："请大家尽快把月总结交给我哦。"

你们看，这个留言，只有"T"，其他因素都没有，跟时间最接近的是"尽快"，可是这个"尽快"不符合"D"，因为大家无法判断"尽快"到底是多么快。如果应用"T.E.N.D."的计策，小春的通知会变成这样：

"各位亲，要交月总结啦！（T）老大说200～300字，Word最好，新员工可以找我要模板哦（E）！不要用Excel表格（N），麻烦各位明天下班前交给我哈（D），多谢啦！"

案例四：高效布置任务的张经理

张经理留言说："有空叫我，谈谈工资改革的事，估计得20分钟。今明两天我都方便，你有空就叫我。"

你们看，张经理交代的任务，"T.D."清楚，没有"E.N."，因为这个任务很简单，"T.D."就够了，不需要"T.E.N.D."了。

案例五：精准布置任务的Susan的老板

Susan负责经销商大会的筹备工作，老板给她这样布置任务：

你负责下月15～17号经销商大会筹备（T），会议跟去年经销商大会基本一样，你找一下去年的文档参照着准备（E）。不过今年不要拉微信群把他们放一起了，否则他们会在群里打听彼此的供货价格（N），三天内你把今年的筹备计划发给我看（D）。

如果你是Susan，是不是也觉得这个老板布置任务干净利落，让人佩服又喜欢？

这个"T.E.N.D."的计策，听起来特别简单，不过，如果你仔细观察一下自己和周围的人，其实很多人都做不到。如果你的老板布置任务的时候没有做到"T.E.N.D."，而是只布置了"T"，请记住：你没有资格批评老板的工作方式，但是，你可以自己询问"E.N.D."。你的老板一定会觉得你"很好用！"

"T. E. N. D." 计策练习题

1. Jane田静：

我目前正处在创业公司财务部门的中层管理岗位，活太杂太多，目前我们由于刚起步，招聘的人员水平偏低，稍微复杂的东西领导都一定让我做，也确实是下面的员工无法完成。这种情况我该如何处理？感觉每天忙到没时间思考，做出来的东西因为时间太赶质量不高。

2. 未来已经来临，只是尚未流行：

我在行政单位上班做会计，可是我总觉得不知道自己能做什么，对于自己的工作我也不知道自己喜欢还是不喜欢，反正是不讨厌。跟别人沟通时，我能理解别人的意思，可我跟他们说的时候总要解释两三遍他们才明白，我想换个工作可是总觉得自己能力不够。

3. 晓飞：

我在一家文化公司工作，我的领导特别忙，给我交代工作经常是只言片语的。如果我总是要问领导实现什么样的目标，我怕他会很烦。我应该是自己琢磨呢，还是多问领导呢？

"T. E. N. D." 练习题解答

1. Jane田静——下属不给力只能自己撑的管理人：

a）你目前所面临的困境，我曾经完完整整地经历过。我给你的建议是，哪怕现在自己每天有5个小时睡眠，也要缩减成4个半小时，留出半个小时利用"T.E.N.D."的方法给自己的下属布置任务。

b）仅仅你自己使用"T.E.N.D."是不够的，你必须要求自己的下属一律按照"T.E.N.D."的模式来接受任务，他们必须知道"Task、Example、Not、Deadline"是什么，不了解"T.E.N.D."就接受任务的人，直接重罚。

c）坚持按照"T.E.N.D."约束自己、约束下属，你很快会发现这些下属的水平没有你想象的那么低。

2. 未来已经在来，只是尚未流行——每次说话总要解释两三遍的财务人员：

a）既然无法"100分做我所爱"，那就"80分爱我所做"，不要想其他的了，踏踏实实做会计。

b）当你的口头交流能力有问题时，你要学会把一切变成文字，写下来的过程是梳理思考逻辑最好的锻炼。你可以把信息做成文档拿给同事，看他们是否能够理解你写下来的东西。

c）你要强迫自己使用"T.E.N.D."计策，甚至明确地标记在你的文档里，这样别人更容易理解你的逻辑。

3. 晓飞——想跟领导沟通又怕领导厌烦的小白：

a）磨刀不误砍柴工，你在沟通时要跟领导把"T.E.N.D."的每一点进行明确，这是你砍柴前必要的磨刀（你干活前必要的准备）。即使他日理万机，你也必须要抓住他，搞清楚"T.E.N.D."的每一步。

b）需要注意的技巧就是，不要把领导的时间割裂，收到任务后自己做一个文档，把所有任务用"T.E.N.D."方法分析后，列出缺失项，发给领导让他语音给你解释，这样是减少领导时间耗费的最佳方法，我想这样做的话你一定会获得领导的赏识。

十九、怎样向领导提出请求更容易被批准？

——"W.W.R.O."

如果说，职场中有一件事情是我们每天都在做的，我想它一定是发出请求。比如说，请求领导批准自己的项目，请求同事帮助自己，等等。

然而，请求的失败率往往是非常高的。那么，除了请求本身不合理之外，有没有其他原因导致请求被拒绝呢？

我们来分析一下小张的案例：

技术主管小张，觉得自己团队的工程师王迪出于客观原因导致年终奖受损失了，他想跟老板申请，给王迪增加5000元年终奖。小张在周例会结束的时候，单独约领导留下来，说要谈点事。他说："老板，咱们年初的时候，签了花椒的app优化的订单，当时就派王迪上了这个项目，可是6月的时候突然接了个大单，临时把王迪调到新项目上去了，年底的时候呢，花椒的项目……"

就在这时，领导打断了他的话："你到底想说啥？"

小张赶紧说："我想给王迪申请增加5000元年终奖。"老板从椅子上站起来，一边往外走，一边面无表情地说："写个报告发给我助理。"

小张觉得很尴尬，他回去闷头想了很久，觉得老板这显然是不高兴了，他只能放弃申请给王迪增加年终奖。

可是过了两天，老板就问小张："你不是要给王迪申请奖金吗，我怎么没看到申请

160

报告呢？"

王迪说："啊？我以为您不想给他加钱呢。"

老板皱了皱眉头说："我当时不就让你写报告了吗？"

小张的这次请求，被他自己搞得乱七八糟。

那么，他到底错在哪儿？

1）啰唆半天没重点；

2）追加年终奖是大事，口头提出申请，等于逼着老板当时表态，不给老板充足的时间思考；

3）越过总助找老总，明明可以让总助做一些初步分析和判断，这样逼着老板自己做，明显增加了老板的负担；

4）最后，小张不相信老板直接发出的指令，而是通过看脸色、听口气揣测老板的真实意图，结果弄巧成拙，反而耽误了办正事。

关于老板"口气高不高兴"这件事，杨萃先老师想在此代表广大的中老年老板们向职场小白说一句话："拜托大家，不要察言观色地揣测我们，因为我们人过中年，压力很大，父母身体不好要照顾，孩子数学倒数第一要监督，老公老婆闹中年危机要调节，所以，我们真的没有足够的精力时刻微笑，用鼓励的眼神看着你。"看上去不耐烦、口气很冷淡，只是由于我们累了，绝不是暗示你：你说错话、办错事了。

"W.W.R.O." 计策

我总结了一个请求技巧"W.W.R.O."。具体是指：

1）What——请求什么事；

2）Why——原因是什么；

3）Recede——让步，指出对方可能拒绝你的请求的理由；

4）Options——其他选项，多提供几个选项作为折中请求。

"W.W.R.O."要求我们开门见山，直接说清楚"我要什么"，这听起来太容易做到了。可是由于中国文化"委婉客气"的影响，能真正做到开门见山提出请求的人，其实特别少。根据我的观察，90%的中国人，只要不强迫自己改变表达习惯，就会不由自主地"开门不见山，只是绕弯弯"。比如下面这几个例子，都是最近发生在我身边的事：

1）滴滴司机给我打电话说："大姐，你到家了吗？"我说："啊？"他说："哦，我只是提醒你付一下车费。"

2）员工慧慧写的加薪E-mail：尊敬的领导，我加入公司已经两年多了，见证了公司的快速成长，感到十分欣慰。同时，我个人也有了很大的进步……（此处省略200字）（此处省略两段）我希望公司能考虑我的加薪申请……

3）一个部门主管在钉钉上找我："老板，我听说，Susan离职公司赔了她3000块钱？"我说是的，他继续说："这个风气不好吧，如果其他人都效仿，那岂不是劝退不合格员工也要赔钱？公司损失不是很大吗？"我问他："你到底想跟我说什么？"部门主管说："哦，我部门的小李，能力不行，两个项目都做砸了，我想劝退他，可是赔钱的话，太冤了吧。"

你们看，案例中的滴滴司机、慧慧、部门主管，都没有开门见山说出自己请求的"What"，而是选择用时间顺序来阐述自己的申请。其实，大家的这个阐述习惯，受到了汉语语言顺序的极大影响。

汉语语言的顺序，是以时间为逻辑推进的。比如说："萃先上饭店吃午饭，点了一只鸡，鸡肉里有苍蝇，她跟服务员打了一架。"你看，这个句子，重点是"萃先打架"，可是你听到最后才明白。如果换成职场上的逻辑，就必须改变"时间逻辑线"，变成"重点信息逻辑线"，这句话必须换成："八姐跟服务员打了一架，因为她在饭店吃饭时发现鸡肉里有苍蝇。"

我想，这个例子能够让你直观地感受到汉语语序的确容易让人半天说不出重点。所以，要牢牢记住，发出请求的时候，首先要一句话说清楚"What"，这就是"W.W.R.O."的第一个字母。

在阐述完"What"之后，列举"Why"，阐述所有的理由。

然后，给出"Recede"，后退一步，就是让步转折。这一点，其实是你的请求被批准的关键要素，你要帮别人列出可能拒绝你的全部理由，然后转折，提出解决方案，消除别人的担忧。

最后一个"Options"，给出多个其他选项。如果你只提出一个请求，那还是要逼着对方接受或拒绝，如果多提供几个选项，对方就更容易答应你。

"W.W.R.O."计策案例分析

案例一：小张提出请求的正确方法

对于前面的那个问题，小张可以说：

"老板，我申请给王迪追加5000元年终奖。因为他中途从花椒项目被调到米熊项目，导致他每个项目都没有完整跟下来，年终他只拿了2万元奖金，而其他完整跟项目的工程师至少都拿了2.5万。王迪在每个项目里，表现都是合格的，不能因为配合公司工作，反而少拿了年终奖。我非常理解，年终奖是项目经理自己定的，不过，您可否跟项目经理沟通一下，或者，可否让人事部做一个王迪的薪酬合理性分析？"

你们看，这个申请，几乎没有被拒绝的可能性，老板至少会答应让HR部门给王迪做个薪酬合理性分析。

:::: **案例二：小瑞的请求示范** ::::

小瑞所在的公司实行"996工作制"：9点上班，9点下班，每周6天。他想跟老板申请把早上的9点上班改成9点半上班。

为了提高成功率，小瑞首先考虑"R"，分析老板会拒绝他的理由：第一，造成其他人也要求9点半上班；第二，如果别人9点上班，他9点半上班，他跟团队配合的时间其实少了一个小时。

做了充分思考和准备后，小瑞按照"W.W.R.O."发出了这样一封邮件：

老板，我申请早晨9点半上班，午休减少半个小时或者晚下班半个小时。因为，我家住中关村，如果9点上班，我7点半就要出发来避免遇到早高峰堵车而上班迟到；如果9点半上班，我8点半出发就可以，我可以整整多睡一个小时，工作起来绝对效率更高！

老板，我特别理解，单独允许我晚半个小时上班可能引起其他人攀比，您可以把我的KPI提升两个百分点，免得别人说闲话；此外，您不用担心我因此减少了跟团队协作的时间，很多人出差不在办公室，我们平时也是通过钉钉会议沟通的。

如果推迟半个小时您觉得为难，推迟15分钟也行，这样我也能基本避开早高峰；不过，即使您不同意，我也完全理解，我可以考虑在公司附近租个床位住。

小瑞的这个请求，也几乎会被批准。

"W.W.R.O." 计策练习题

1. 奇异的光：

我是博士在读。男友硕士毕业进入"985高校"当辅导员，工作比较努力上进求突破，但在事业单位晋升发展存在瓶颈，比如他所在的部门晋升职位已被占满，且那些人工作态度懒散、能力比较一般。目前一是干好部门工作，二是希望借调"核心"多锻炼发展，以期未来晋升、调出去。还有个现实是，年度评优只有一个名额，不过领导颁优标准可能也考虑了人情等诸多能力之外的因素。基于环境现状，加上男友目前也算得上是领导的左膀右臂，做事得力。一、他该如何跟领导开口，希望年底颁优多考虑他？二、在这样略微边缘的部门，男友又比较会"来事儿"，怎么才能创造机会为未来发展多发挥主观能动性？

2. 沃珊：

我是一名特殊儿童语言康复师，之前一直是和另外两个老师做小的工作室。上周北京的一家特殊机构准备在我所在的城市开分校，视频连线看过我上课后决定录用，在我们本市也找了一些别的有意向的老师组建了教师团体。目前安排的是用碎片时间视频连线做培训，但是我个人觉得视频可以拓展的内容太局限了，所以我提出想去北京的机构里跟着老师学习半个月，我认为这样会效果更好。对方也回复说给我安排时间，但是过去一周了没有任何回复，现在有些纠结要不要再为自己争取一次，但又担心会不会让对方反感。

3. 517：

二十年了一直喜欢设备维修工作，把别人搞不好的设备问题解决了是我打心里感觉最有成就感的事。现如今被新公司聘用，之前是许诺我设备部长的岗位才考虑加入的。出于替公司考虑的想法，我建议董事长不要把原岗位人员撤职。我自信能把原设备部长用好，毕竟人家十来年都管下来了，肯定有他的长处所在。可能是董事长觉得我说得有理，所以建议被采纳了，因此我入职时被暂时安排在公司推行办工作。半年后的2017年，推行办领导选中我担任安全科科长，旨在改变过去安全事故高发的势态。虽然董事长当面夸我会管安全，但我还是喜欢设备的相关工作。但是今年我44岁了，觉得"钱"途不好，不该接受这个任务。如果现在跟董事长提出来又担心搞不好要重新找工作，熟悉的大一点的企业只有那么几家，小企业不会出太多工资来请修理工。我该如何做呢？

4. 琉璃：

我27岁，有个2岁多的宝宝，现在在制药企业做质检工作。我的工作有白班和夜班，现在孩子到了上学的年龄，我没办法上夜班，该怎样跟领导申请呢？我们公司看重个人的表现，而我不怎么受领导的重视，因为很少跟领导打交道，只有工作上的反馈。不知道该怎么办。

5. 飞翔的鹰：

我2006年就进入现在的公司，一直做销售内勤工作。工作中，领导一直很认同我的工作能力。由于我喜欢销售且觉得内勤工作无挑战性，并且想提高自己的收入，所以在2013年就申请做了销售员。在2014年和2015年两年的努力工作中，领导仍对我赞赏有加，客户对我评价也很高，但公司一直没有给我核算。其实说公司没有核算，还不如说是我们领导没给我结算，因为我们应结的费用都被我们领导提前核算用掉了。而现在公司又被一上市公司收购了，且收购前审计中并没有我未结算的这笔费用。原来公司的另两位股东也认可我未结算的费用，但我的领导总是不提结算的事，我应该怎么办呢？

"W.W.R.O." 练习题解答

1. 奇异的光——望男友成龙的博士：

a）看到你的留言，我心情十分沉重，这实在不是我想看到的一名博士的留言，我希望看到一个热爱研究的博士，而不是一个满心想着男友应该如何搞人际关系的博士。

b）我不是情感专家，只是作为过来人给你一个建议：女人尽量不要去给自己的男朋友、老公支着儿。原因很简单：如果一个男人连事业发展上都没有自己的想法，他是绝对不可能有出息的。

2. 沃珊——想申请去北京进修的语言康复师：

a）对于你的这个申请，"W.W.R.O."的计策完全适用。

b）你的出发点是为了把工作做得更好，所以再努力地为自己争取吧！一次、两次、三次，都不为过。

3. 517——44岁认为"钱"途不好的维修师：

a）你自作聪明，本来只是"手脚耳目"，却越级代替公司领导这个"大脑"，代替董事长这个"大脑"考虑如何进行员工布岗。

b）你本来就是一副适合"维修"的"手脚"，结果你"自废武功"，跑去推行办，当然"钱"途不好。

c）所以，重新写一份申请，就按照"W.W.R.O."的方式，要求公司重新把你聘为设备部长；否则你就离职，去别的工厂搞维修。

4. 琉璃——因为孩子而无法再上夜班的宝妈：

a）让我们模拟一封申请信吧：领导，我请求不上夜班（What），因为我的孩子要上学，我必须接送（Why）。我理解您可能不会批准，因为我表现一般，而且，其他女员工家里也有孩子要上学……你看，这封申请信，写到这里就卡住了，你自己都觉得无法批准。

b）我只能想到两个办法：搞关系；离职换一份上白班的工作。

5. 飞翔的鹰——没拿到应得奖金的优秀销售员：

a）2014年你转为销售岗位，提成应该当年兑现，或者最迟第二年兑现，但是你竟然允许公司一直拖延到2017年。这种违反"等价交换"原则的事情，你为什么一直默认？

b）即使用"W.W.R.O."的计策，你的损失也无法挽回了：言而无信的领导当然不会帮你出这笔钱；如果想从公司拿钱，必须出示合同、遵守契约，然而，你手里显然没有任何证明你拥有这笔奖金的合同或者契约。

c）接受损失，重新找一个把奖金写成白纸黑字的企业上班。快速止损，也是一种成功。

PART 4

拥有良好的人际关系

高智商、高情商，如果你只能拥有其中一个，你会选择哪一个？

我想，你们的答案可能跟我一样：高情商。不过，也许我的理由和你能想到的有一些差异。我认为高情商更重要，是因为有了高情商，就可以雇用、合伙、服务于高智商的人，利用别人的高智商，实现自己事业上的成功。所以高情商就等于拥有了高智商人群的资源。

在本部分，八姐要带你分析人际关系冲突的根源，提高你的情商，拥有更好的职场人缘。

二十、怎样才能发自内心地少生气？
——"看清原罪"

你有没有一周"零烦恼"的经历？即在这一周里，你从来没生过气，没有抱怨过任何人、任何事？

"呃呃，好像没有。"

我估计你一定会这样回答。

不管是在职场中，还是生活里，生气、抱怨简直是家常便饭，比如说这些读者的提问：

1）烦烦烦！我不想做一眼能望到头的工作，但是我家人逼我考公务员，怎么办？

2）八姐老师，我们领导特别好面子，自己不顺的时候特别爱找我们下属麻烦，受够了！

3）求助！我一个同事特别喜欢偷懒，总是找人帮他做工作上的事，不帮忙还落个不是，真是不知道怎么跟这样的人相处！

我想，你可能为提升人际关系学了不少技巧，比如换位思考、加强倾听、保持正能量等等。不过，你一定也会遇到这个破不开的死局：道理你都懂，脾气一上来，什么都忘了！

那么，到底该如何破解这个死局呢？

▲ "看清原罪"计策

想要减少生气和抱怨，我提炼的一个计策就是"看清原罪"。意思是说，在你、我、他任何一个人身上，都背负着从动物进化到人所遗传下来的"原罪"，它们影响了我们的行为，造成了人与人之间的冲突。如果你看清了这些"原罪"，你就会变得更加包容，因为你知道这些让人讨厌的行为是很难控制的，是老祖宗遗传给我们的DNA。

在我看来，有四个"原罪"，对现代人的性格特点影响巨大。

1. 优胜劣汰、弱肉强食

在远古时代，弱小的幼崽、生病的猿人可能被直接抛弃；只要你不能为集体贡献价值，就可能被抛弃。而且，强大的猿猴可以肆意欺凌弱小者，霸占所有雌性，剥夺雌性的择偶权利，也剥夺了弱势雄性的交配权。

不强大就可能活不下去，也就无法繁衍。

这个原罪，导致了现代人的如下行为方式：

1）人人争强好胜。

2）被批评的时候，人人都会跳起来，因为他们感觉到了"被淘汰"的危险。一旦被抛弃，那就意味着等死。

3）老年人特别爱叨叨，那是因为他们内心害怕干不了活了，对族群没有贡献，所以要通过叨叨证明"我还有用啊，别抛弃我"。

4）员工特别爱邀功，哪怕没有奖金也习惯性邀功，因为优胜劣汰，有功劳的在族群中最安全。

看清了人的这个"原罪"，你会变得更包容、更会处理人际关系，比如说：

1）当别人邀功抢功的时候，你能理解他是被"原罪"控制了。

2）在批评下属的时候，你会注意让他觉得有安全感，你可能会说，你是我看重

172

的，我才愿意花时间修理你。

3）批评孩子的时候说，你犯了什么错都是妈妈最爱的宝贝，可是我必须批评你，这样你才能获得更多朋友的喜爱。

4）当你爸妈唠叨的时候，你会理解他们唠叨是害怕自己"没用了"，所以，你不会生硬地说"烦死了，别叨叨了"；反之，你会安排他们帮你做很多事，让老爸老妈觉得自己还有用，他们就不会那么叨叨了。

……

2. 猴王统治

在猿猴时代，族群中最强壮的那只猿猴当猴王，它未必完美，只要是最强的就行，任何猴子都不能威胁到它的统治地位。但是，其他猴子当然都不满自己当不了猴王，所以表面恭顺，实际上都在暗地里练习，想尽快干掉老猴王，自己取而代之。

这个"猴王统治"的原罪，导致了现代人的这些行为现象：

1）总经理、部门经理、小组长都是各自族群中的"猴王"，他必须树立权威，容不得其他"猴子"反对。

2）当组员们在一起的时候，酒过三巡之后，一个最受欢迎的话题就是"咱们领导是傻×"，职场小白总是觉得领导特别傻。其实，并非领导真的傻，而是小白骨子里就有"推翻猴王"的意识，希望看到领导下台。

看清了这个"原罪"，你应该会做到以下几点：

1）不再指望自己的领导是完美的，他只是被公司认定为最强壮的那个而已，有缺陷的"猴王"比比皆是。

2）不会轻易挑战领导。因为你知道，领导代表"猴群"的利益，即便领导对某个下属不公，只要发生争执，公司一定会站在代表"猴群"利益的领导那边。

3）要么夹着尾巴当"猴儿"，要么头破血流干掉"猴王"取而代之，私底下说领导对你没有半点好处。

4）当你觉得"领导是傻×"的时候，你会提醒自己：其实，我就是看不惯他当"猴王"，如果他不当"猴王"了，我可能就不烦他了。

3. 繁衍本能

繁衍本身并不是"原罪"，但是，为了繁衍后代，动物会夸大、美化自己，比如孔雀长出了夸张的尾巴，狮子的鬃毛让它显得比真实的自己大很多。此外，雌性和雄性都会挑选强壮、漂亮、健康的配偶。

这种繁衍的本能，造成了现代人的这些行为特征：

1）美化自己、高估自己的才能。

2）从概率上来说，男生更好色花心；女生更拜金，想嫁给有钱有势的男人。

一旦看清了猴祖宗遗传给人类的"繁衍本能"，你会变成一个更宽容、更低调的人：

1）你会提醒自己，不要高估自己，要适当低估自己一些，才是你真实的价值。比如说，下次当你认为领导给自己穿小鞋的时候，你会告诉自己，这未必是小鞋，可能我的脚丫子就是这个小尺寸。

2）女生呢，对男生的好色花心要有心理准备，检查老公的微信这种事最好别干，也要理解他在异性面前嘚瑟的行为。此外，在工作中看上去再老实巴交的男人也是有"原罪"的，所以，你要避免激起这种"原罪"。比如说，跟男客户单独相处的时候，可以模糊自己的雌性特征，穿点中性的服装，说点爷们儿之间的话题，比如足球、国际形势之类的，而不是家长里短地显露自己的女性特点，这样就基本上能避免不必要的性骚扰。

3）你不会像以前那样嘲笑"拜金女"了。其实她的本能是想繁衍一个更强壮的后代，这在生物进化上反而对整个人类有好处，对吧？

4. 保护地盘

动物视地盘为命，因为地盘意味着食物、配偶、安全，关乎生存。为了保护地盘，动物会成群结伙地抵抗外来族群进入自己的地盘。

这种保护地盘的动物本能，会导致现代人的这些行为：

1）特别爱搞小团伙、站队分派系，而且热衷于派系之间的争斗。

2）极度讨厌别人插手自己的事，讨厌别人侵犯自己的隐私，讨厌陌生人加自己的私人QQ和微信。

如果你认清了人类天性中"保护地盘"的原罪，你可能会做到以下这几点：

1）会提醒自己不要结成小团伙。你要知道：老大最厌恶别人搞小团体，如果想搞小团体，只能跟他搞。

2）要警惕自己别踩别人的地盘：不要随意干扰别人，不要指手画脚，别人没找你要建议就别说话等等。

下一节中八姐会对这个话题进一步展开讲解。

"看清原罪"计策案例分析

案例一：被孤立的宅男小程

小程在广告公司工作，比较宅。周围的同事很闹腾，经常去酒吧，小程不爱去，就有人说他难相处、装高冷，他总觉得同事们好像开始孤立他。小程既不想被孤立，也不想违心去酒吧，这可怎么办呢？

1）人最害怕被孤立，因为那意味着被抛弃。在原始社会一旦离开族群，就意味着死亡；而在群体里，就会觉得安全。现在，小程离开了族群，他感觉自己被孤立了。并不是别人刻意孤立他，也许的确有人说他不合群，但是人家就是那么随口一说。要知道，人家群体玩得高兴着呢，谁会在乎你一个离群索居的人呢？

2）小程既然自己选择不跟群体厮混在一起，就不要装受害者。既想离开群体，还想让群体的人主动过来说"你不跟我们一起玩但是咱们还是一伙的"，这不可能啊。只能是小程自己去找群体，比如说，中午吃饭的时候跟大家打成一片。

案例二：小戴的苦恼

通信工程师小戴说："老板的做事与为人风格跟他自己完全不同，这可怎么办？"

1）老板是"猴王"，跟小戴风格不一样很正常。

2）小戴在"猴王"的领地上，如果跟"猴王"的风格完全相反，得到"猴王"喜欢的概率不大。如果不离开"猴群"，我觉得还是应该多采用"猴王"认可的方式工作。

案例三：炸毛的小迪

文秘小迪说："安排员工聚餐明明是新助理的事，总监凭什么安排我干呢？用不动她，就使唤我？我可不能惯着他这毛病，否则还不没完没了的啦。"

这个总监显然是个没什么经验的"猴王"，不信任新来的"猴子"，就不尊重岗位职责乱用人。可是，那又如何？他还是"猴王"，小迪挑战他的权威，肯定会上"猴王"的黑名单，对升职加薪都会有不良影响。

案例四：想融入集体的小微

应届生小微不知道如何融入已经有各自圈子的同事里面。

小微想象一下动物园的场景就知道了：一个新猴子到了原来的猴群的场地，原来的猴子肯定是保持警惕的——看看这家伙是不是来抢吃的、抢老婆的，新猴子一般都靠边。所以，新员工也是一样。刚来的时候本来就应该低调，如果着急融入，反而会让原来的"猴群"觉得不安全；等"猴群"发现你没有攻击性，自然就会把你融入进去了。

案例分析完之后，我想再总结一下"看清原罪"为融洽人际关系带来的好处：

1）当你觉得别人很讨厌的时候，考虑一下，他是不是受到了"原罪"的控制，如果你考虑到了，也许就不会那么生气了。

2）当别人跟你生气的时候，你不应该立刻跳起来，而是应该想想：是不是我自己的"原罪"爆发了？

"看清原罪"计策练习题

1. Bling光：

我目前在一个比较大的公司的设计部上班，公司部门挺复杂的，老员工们都看不起我们新员工。同事B是我的组长，我来之前他做部门助理已经三年了，后来升职做了软装的组长，但是没有一点专业知识，还需要我教她。有一次，K市有一个设计展，同事A看我来公司已有半年，就提到其实我可以向我们部门经理提出去现场看看，所以我就很认真地问他。后来偶然得知，他和同事B还有另外几个同事耻笑我这件事，说我气场不够，只是想去玩。我想除了他们几个老员工，其他同事想出去学东西都会被说想出去旅游。我好揪心，不知道该怎么和他们相处。

2. 韦晓平：

我从前年的12月开始做公司销售总监，去年一整年的业绩也是中上，得到上一任事业部总裁的认可。去年年底公司结构调整，之前的领导调去了杭州，从苏州那边调了一个新的领导过来，职位是平级调动。开年的时候数据还比较一般，之后受到金砖会议的影响，区域的一些品质数据受到比较大的影响，新领导就跟办公室主任讲，做得不好的就给他们挖坑让他们跳下去。我现在明显地感到自己被针对了。本人性格比较内向，该怎么办呢？

3. 薛定谔的猫：

我在单位工作积极认真，负责地做好各项工作，几乎不与领导和同事有密切的联系，所以每一年的优秀名额与我无缘；反而工作干得不怎么样，会拉拢同事、奉承领导的"优秀"了。领导也认可我工作干得好，但是就是不给我好处，我该怎么办呢？

4. Princess:

我在一家银行从信贷员转岗到内勤，现在管理银行贷款档案。一般来说调档案是要从我这里调的，但我原来的小领导每次放贷款调档案不找我却找我部门领导；出授信额度通知单也是等这个小领导，她每次都不先交报告，导致之后的事情无法进行。总之，我感觉她不尊重我，当我不存在。恐怕只有我离职才能称她心意了。不知道怎么面对她这种人和类似的事情，不知道如何避免这类事情再次发生。

5. 朦胧的烟：

我的工作能力一直受领导和同事的认可，前年还提了一级。可是我最近也遇到了很多人遇到的问题：刚来我们部门不到半年的新同事从入职时很低的级别一下子被主管领导提成部门经理，之后她便经常在一些小事上找我麻烦。我在考虑是否跳槽。我现在在一家世界五百强房地产公司做成本工作，并独立负责项目成本管理工作。三十出头了，我应该跳槽吗？

"看清原罪"练习题解答

1. Bling光——周围同事多是老油条的设计师：

a）首先你身上是有"原罪"的，你作为一个新入职的人，很希望迅速地被认可。这是一种动物的天性。而事实上，任何一个新的动物融入一个既有的集体中都需要相当长的时间，刚开始的时候都是会被耻笑、被扔石块的。

b）如果你的描述属实，我想你的老同事动物性确实非常强，他们很愿意攻击新来的人。那我想告诉你，这些老家伙很快就会被淘汰，因为真正优秀的物种是专心于自己的进化和升级的。

c）把你的留言（吐槽）分析一下，逻辑是：老员工骂领导、老员工鄙视新员工、老员工没有专业知识、老员工耻笑新员工，也就是说这些老员工是浑蛋加坏蛋。如果真是这样的话，你同时也在告诉我们，你们单位的老板和HR是傻蛋，因为他们任由浑蛋加坏蛋胡作非为。难道你的描述百分之百准确吗？请你思考一下，自己是不是"原罪"爆发了？

2. 韦晓平——可能要被新任总经理挖坑的销售总监：

a）这种"别人是恶魔，我是天使"的心态一定有问题，希望你能重新思考一下，是不是自己的思维也有不足之处？是不是因为自己的"原罪"，把自己看得特别好，把别人看得很不堪呢？

b）每个人都有"需要粮食的原罪"。你的上一任事业部总裁已经离开了，他以前对你的认可不要再提了。而新任的领导过来了，他负责这一片"庄稼地"，必然要求"打粮食"。

c）现在你所负责的"庄稼地不打粮食"了，你在描述中没有提到自己的任何过错，一律说是"天灾"，你认为这会让人百分百信服吗？

d）我建议你在心态上要高度认可"在其位，打粮食"的理念，不强调客观因素，只把主观因素做到100分。至于结果，如果确实没打到粮食，自己主动引咎辞职或者降职，而不是指责别人给你挖坑。

3. 薛定谔的猫——因为不讨好领导而不能升职的上进员工：

a）入乡随俗，在国有企事业单位，评优的标准到底是什么？是否包括与所有的人维护良好的人际关系，"你好我好大家好"？如果有这一条，你没有评优，那是合情合理的。

b）你把自己描述得很美（积极肯干，独善其身），把别人描述得比较不堪（拍马屁升职）。真的是这样吗？是不是你没看清自己的"原罪"，把自己想得过于高大了？

c）如果你的确这么好，那么，你可以考虑去私企和外企干活，这些单位人际关系相对单纯。

4. Princess——被不按流程办事的"小领导"惹毛的内勤文员：

a）也许你觉得我有点八卦，但是你的昵称也许暴露了你的心态。你的昵称是"公主"，我想也许你的确像公主一样有一颗玻璃心。

b）你反复用"小领导"称呼你原来的上司，说明你不满这个"猴王"，你希望她能尊重你的新地盘，平等对待你。其实，这是你的"原罪"——"保护地盘"的影响；而你的"小领导"既然当过你的"猴王"，就不愿意跟你平等对话，你要理解这是她的"原罪"——"猴王统治"。

c）你的这句"恐怕只有我离职才能称她心意了"，瞬间让我穿越到了《甄嬛传》。你带着一种宫斗剧的心情在工作，可能"此处本无事，平地起波澜"。

d）看清"原罪"，一笑置之吧。在不影响工作的前提下，"小领导"爱找谁找谁。

5.朦胧的烟——被经验尚浅的新人领导找碴、想要跳槽的成本管理员：

a）人有"原罪"，你这只"猴子"被一只"新猴子"爬到了头上，你的心情是很不愉快的。本来部门经理"挑你一些毛病、找你一些小事"是完全正常的，但在你嘴里变成了找碴。

b）你的描述中没对这名新同事的任何优点的描述。如果你否认了他的优点，等于同时在宣布另一件事：你们公司的高层以及人事部都是傻子。你想想，是不是"原罪"影响了自己的判断？

c）单纯从描述上看，我必须要给一个尖刻的结论：你可能陷入了"本事不如人，心里不服人"的状态；如果你觉得调整起来很困难，只能跳槽。

二十一、为什么有时候得罪了人自己都不知道？
——"地盘意识"

先跟大家讲两个听起来风马牛不相及的事情：

1）我的9岁小女儿，她在房间门上贴了一张纸，上面歪歪扭扭地写着"请敲门"几个字。

2）一个大客户销售代表，年会的时候刚好和销售副总坐一桌，他们桌有一个女孩刚生完二胎回来上班，这个销售代表端了一杯酒，大声地恭喜她："薇姐，俩孩子啦，有福啊，恭喜恭喜！"就在年会之后的第三天，销售部经理就收到了销售副总的指示，把这个人从大客户销售代表岗位调到普通岗位。

这两个故事，从逻辑上来讲其实是同一个道理：

我女儿认为自己的房间是她的地盘，我想进入她的地盘，必须敲门，否则就算是"非法入侵"，不受欢迎。

大客户销售代表当众说薇姐"二胎有福"，同桌十来个人，有的人是70后，只生了一个孩子，"二胎政策"开放了可是过了育龄；也许还有的人已婚却一直未能完成造人大计；或者还有丁克一族……你们可能会揣测："哦哦，是不是这个销售副总自己造人大计未成，所以记恨了这个大客户销售代表？"

答案并非如此。其实，销售副总只是从这个小细节判断出这个销售代表口无遮拦，容易不经意中得罪人，决定把他拿下。因为他接触的都是大客户，如果不经意引起任何一个客户的反感，都可能会给单位造成比较大的损失。

181

你可能叹口气说，唉，怎么这么容易得罪人啊。确实，俗语云："言者无意，听者有心。"说的就是这个道理。

那么，如何避免不经意间得罪人呢？

▲ "地盘意识" 计策

我要分享给你们的计策就是"地盘意识"。意思是，当你在与别人交往的时候，要有强烈的"地盘意识"，对别人的地盘保持高度敏感，绝对不要贸然去踩。

在原始社会，地盘意味着食物、安全、配偶，关乎生死，所以人们对侵犯自己地盘的人毫不客气，会用武力将其逐出自己的地盘，甚至置之于死地。到了现代社会，虽然人们已经吃穿不愁了，但是老祖宗遗传给我们的DNA还根深蒂固，所以当人们的地盘被入侵的时候，任何人都会浑身不舒服，觉得"全身的毛都爹起来了"。

那么，哪些行为特别容易踩到别人地盘，容易不经意间得罪人呢？总体来说，人类有三种地盘，不能轻易踩踏。

1. 空间上真实存在的地盘。如果被踩到，就得罪了人。比如说这样几个行为：

1）跟别人说话时靠得太近；

2）在公共场合大声说话，你的声音就侵犯了邻座的地盘，自然惹人反感；

3）没打招呼进入别人的私人地盘，比如坐别人的工位，进别人房间没敲门，不管这个"别人"是你孩子还是你爸妈；

4）到别人办公室、家里、车里，没有询问主人："我坐哪儿合适？"

……

关于"坐同事的车，应该坐副驾驶还是后座"这个问题，我曾在读者群做过一个15人的微调研，询问大家：你自己开车的时候，希望别人坐在哪个位置？

调研结果如下：

1）13个人的回答是：关系熟的坐副驾驶，不熟的希望坐后排；

2）2个人的回答是：询问对方喜欢坐在哪儿，也许有人晕车，希望坐副驾驶；也许有人喜欢一个人闭目养神，那可能更喜欢后座。

这个微调研，如果仔细分析，能告诉我们这些道理：

1）人们确实不喜欢相对陌生的人距离自己太近。这符合人类的"地盘意识"，在陌生人靠近自己地盘的时候，人类会不由自主地紧张和排斥。

2）情商高的人，不会直接帮别人安排座位，而是直接询问"你想坐在哪儿"。

2. 虚拟空间里的地盘。所谓虚拟空间，就是你的私人电话、短信息、微信、QQ等。以下这些行为，都会因为踩到别人的虚拟空间地盘而得罪人：

1）不请自来的骚扰电话；

2）本可以用微信、E-mail等"无干扰方式"解决的非紧急问题，却非要打私人电话；

3）在钉钉、微信、QQ留言的时候，一句一回车：

（哔哔）"你好"

（哔哔）"在吗"

（哔哔）"我是广告公司的小雪"

……

4）陌生人加你的微信、QQ，如果不说明身份，就会让人不舒服；

5）关系并不亲密的人，给你的朋友圈做出只有闺密死党才会留的亲密评论；

……

3. 思想上的地盘。思想上的地盘范围很广，而且因为看不见摸不着更容易被踩到，很容易在不经意中得罪人。以下三种行为，容易踩到别人思想上的地盘：

1）批评别人、否定别人：这是想直接掀翻别人的思想地盘，当然是最容易得罪人的；

2）好为人师，总是给别人提意见：在没被邀请的前提下，给别人强势提建议，哪怕你是善意的，也是对别人地盘的踩踏。比如说：

a）你这么拼命工作干吗啊，反正钱这东西，生不带来，死不带去，身体健康不是比什么都重要？

b）你们卖红糖怎么不用微商呢，微商做推广多快啊！

这些建议听起来是"我是为你好"，不过从逻辑上归类，都属于"我聪明你傻瓜、我正确你错误"，所以，是并不受欢迎的踩踏地盘方式，是典型的"费力不讨好""好心被当成驴肝肺"。建议和意见，只有在被人邀请提出的时候，才可以提。因为别人敞开大门让你进入他的地盘，参观指导，给予意见，这时候提意见，就算不上是侵犯地盘，而是友好帮助。

3）在公开场合，高调发表一种观点，就可能得罪持有不同观点的其他人。古人常说"谨言慎行"，其实就是为了避免不严谨的言谈举止在不经意间为自己树敌。你可能会觉得这样活得小心翼翼相当难受。不过，你听听下面的案例，自己感受一下，这些言谈举止是否有可能会不经意中踩到别人的地盘得罪人：

a）内勤小汪在公司各部门一起聚餐的时候说："我们小小客服部，怎么比得了你们销售部啊，你们部门多受老板重视啊！"（八姐点评：这句话，让老板、销售部、客服部、其他部门都觉得有点被踩地盘。）

b）行政晓云在午休跟大家聊天的时候，被夸赞最近身材控制得不错，她说："哎呀你是不知道，我最受不了肚子有赘肉了，前几天这儿长出肥肉来了，我都觉得胖得跟猪一样了，赶紧节食……"（八姐点评：如果晓云是公关部门或者销售部门等对外联络的人，我肯定会开掉她或者把她换岗到其他内务岗位上，因为这种论调一下子得罪了所有胖子以及家有胖子的人。）

"地盘意识"计策案例分析

案例一：为"买房人"鼓掌的小B

有一次我开读者见面会，其中读者小A是个比较张扬的人，她当众说："我们为读者小B热烈鼓掌吧，人家干外贸才三年就在天津买房啦！"大家都纷纷鼓掌，可是我能明显感觉到，工资低的小伙伴们明显有些尴尬和紧张。对小B的鼓掌，无形中让其他人觉得自己能力差、没混好，心头蒙上了阴影。

而这个买了房被鼓掌的小B呢，马上制止了大家的鼓掌说："哎呀，我还欠着几十年的房贷哪，其实呢，我心里特别羡慕你们这些搞技术、搞教育的，你们这些岗位起点也许并不高，但是后劲儿特别大，也更加稳定，不像我们做外贸，特别容易受政策影响。"

1）小B的这个发言，对别人的地盘做了充分的肯定，主动暴露了自己地盘的弱点，立刻让自己和其他人之间的关系恢复了平衡，避免了把自己放在高高在上的位置。

2）听完小A和小B的发言，我心里也叹了一口气，没有对比就没有伤害，两相对比，小A的沟通能力和情商，跟小B相比差得太多；也难怪小B才工作了三年，就能买了天津的房子。其实这个与是否做外贸无关，而是和极高的情商有关。

::: **案例二：因为一次闲聊而断送了前程的客服女生** :::

去年，我跟一个做空气净化器的私企小老板（工厂有200多人）聊天，他谈到一个案例，我现在分享给大家。

芳雯是净化器公司做客服的女孩，人比较机灵，口才也不错，给老总留下了不错的印象。正好这时候，老总的助理怀孕休产假，老总就想提拔个信任的人做总助，刚好就想到了芳雯。

可是，当老总跟总经办主任提出这个想法的时候，办公室主任强烈反对，起因是一件小事。有一次主任跟大家一起在餐吧吃午餐的时候，听芳雯跟其他人闲聊，说她有个闺密特别厉害，辞职的时候抓住了原单位的一个把柄，威胁原单位要去人社局做仲裁，结果，原单位怕把事闹大了，赔了她1万多块钱。这个闺密离职后，第二个月就找了个新工作，工资跟原来一样高，还拿了1万多赔偿，真是赚了。

办公室主任说："人以类聚，芳雯的闺密离职的时候要挟单位赔钱，就算是原单位有做得不对的地方，这个闺密本人也肯定不是良善之辈。而芳雯跟这样的人关系密切，难免近墨者黑。作为总助，肯定要接触单位的很多秘密，而任何公司都难免有一些不想让外人知道的信息。万一将来她跟公司闹意见要离职，就有可能以此为把柄要挟公司破财消灾。"

总经理一听芳雯的这件小事，立刻断了提拔她做总助的念头，而且还交代总经办主任，找机会挖个坑，让芳雯跳进去，迫使她主动离职。

这个案例提醒每个职场小白：公司的总体利益，就是公司的地盘，我们在任何时间、任何地点、对任何人，都不要踩踏公司的地盘，不要发表跟公司利益相违的观点，否则，早晚会传到老板耳朵里，断送了自己的职业发展。

"地盘意识"计策练习题

1. 未来：

去年我工作表现突出，取得超预期的成绩，也因此评了优秀员工。可是烦恼也来了，为了给业绩不好的员工施加压力，公司变换了薪酬制度，有的人可能被降薪了。有人说我把业绩差距拉大了，他们才被公司整了，我做得太好会让大家的日子不好过。我应该怎样对待这个问题？

2. 六芒星：

老板质问我不是我的工作的问题时，我该如何回答？

3. 大胡：

最近公司新老两派斗争的事情一直困扰着我。公司新上任的总经理与老派的人你争我夺。本来我只是一个不站队的小兵，就在这时候我做出了一些成绩，联络到了两个公司和我们合作。新派总经理让手下去和我的客户谈判，但是效果很差，宣讲得很失败。于是老派总经理及其团队开始拿我当枪，说我对新派总经理有意见，由于谈判不成功我情绪很大。其实我没有太大情绪。双方就开始撕起来。我不想站队，也不想让别人当枪使。请问这种事情如何处理？需要我站队吗？

4. 辛慧茹：

我今年24岁，初中毕业文凭，现在在一家商场做品牌导购。我很喜欢我现在的工作和我们商场的福利，也想好好干下去。在人际方面我不会相处，加上我之前和我们商场一男孩谈过恋爱，最后分手，他是我们老板的干儿子，商场的大领导小领导对我有偏见。我该如何是好？

5. 赤提灯：

我在公司里和领导发生了冲突，脑袋一热直接在办公室里顶撞了他。平时我就是个不太注意人际关系的人，这次感觉真的是闯了大祸了。我该怎么解决，要辞职换工作吗？

"地盘意识"练习题解答

1. 未来——因业绩突出被同事敌视的优秀员工：

a）如果这是在古代，你的地盘上，水草丰美、果实累累，而对面一群"猴子"的地盘上，寸草不生，他们的措施可就不是"背后说你闲话"这么简单了，他们会直接过来，把你干掉，把你的地盘抢了。而到了现代文明社会，他们也只能靠语言发泄一下心中的不满，请你"容错率"大一些，允许别人吐吐槽，不要连人们发泄的这个渠道也想给堵住。从"地盘意识"上考虑，应该允许别人处于劣势地位的时候，有一个情感的宣泄口。

b）把你的经验传授一些给别人，这就是你从小白升职到领导的大好机会。

2. 六芒星——被老板询问不是自己分内事的小白：

a）老板的地盘太大，他记错了不同人的岗位职责很正常，你光明正大地提醒一下即可，不要这么戚戚然地心里犯嘀咕。

b）作为地盘上的一个子地盘的管理者，你应该迅速告诉老板，我负责的是A地盘，您问我的问题是B地盘上的李四负责的，您需不需要我立刻把他找过来回答这个问题？

c）你的提问暴露了你的一个危险的性格特征——有话不直说、不勇敢，这可是职场大忌。

3. 大胡——因为领导两派相争而被当"枪"使的小兵：

a）在你的地盘上，来了一个"新猴王"。这个"新猴王"对你不熟悉，自然不信任你。而你要做的，恰恰是主动地跳出来，赶紧去站队，让他知道：我知道谁是地盘上的"新猴王"，我会服从，共同把这个地盘开发出来"打粮食"。而你选择了不站队，就等于蔑视"新猴王"，当然更加不被信任了。

b）如果公司最终决定赶走"新猴王"，重新让"老猴王"留任，你依然要立刻跳出来支持"老猴王"。这看上去是"墙头草随风倒"，但实际上是对公司最大的支持，你拥护公司的决策，维护公司的"地盘"。

4. 辛慧茹——情场、职场双失意的导购员：

a）你所在的地盘上，大小领导是"猴王"。其他猴子如何获得猴王的好感？是夹着尾巴表明：我服你。那么，你是否"夹起尾巴做人"来表明你的顺从？（听起来可能让你觉得有些受侮辱，不过如果你是猴王，你会不会喜欢一个横眉冷对的猴子？）还有的猴子会送上一把香蕉给猴王表示服从，你也可以送"香蕉"。

b）如果你想扬眉吐气，跟"猴王"平起平坐，你需要具备攻城略地的本领，可以帮助"猴王"抢地盘、占桃园，比如说，你每天能卖3000元而其他导购只能卖2500元。我想，你只要不傲慢地"横着走"，领导不会继续对你有偏见的。

5. 赤提灯——脑袋一热顶撞领导后悔不已的员工

a）你的确闯了大祸。因为在你领导的地盘上直接顶撞他，让他在其他的"猴子"面前下不来台，失去了"猴王"的尊严，这个是很要命的。

b）如果你还比较重视这份工作，必须帮助你的领导把面子当众找回来。你想：古人为什么"负荆请罪"？就是要做给领导和所有人看。当着最多的人，让领导把威严重新树立起来。我能给你的建议就是：直接去找领导谈，真心认错，送礼，并请他当着全体员工的面狠狠地骂你、教训你一顿，也许可以挽回局面。

二十二、怎样提出批评和建议更有效？
——"糖衣药片"

你经常批评别人吗？

不！

那么，你常常给别人建议吗？

是！

在"看清原罪"的计策里，我们曾经讲过，人类有"猴王统治""自我感觉良好""证明自己有价值"的天性，所以，在人际关系的模式中，你会看到这些情形：

1）领导爱发脾气、挑毛病，训斥下属；

2）老员工摆老资格，教训新员工；

3）每个人都很愿意给别人提意见，即使出于性格原因没把意见说出口，心里总是觉得"别人哪儿哪儿做得不够好"。

此外，即便你是个非常低调谨慎的人，不会主动去批评、建议别人，但是职场却强迫每个人不得不进行批评、建议，比如说：

1）你是财务，当别人报销了不该报的票据的时候，你认为自己只是指出了别人的错误，但是人家听起来就是觉得你在批评他；

2）开例会的时候，老板点名让各部门之间互相提意见，如果你不提，就会被老板认定为"装老好人""耍滑头"。

毫无疑问，批评使人成长，其实好心人才会去批评和建议别人。不过，当好人，必须有好手段。在本计中，我们就讨论一下，用什么手段去批评和建议别人，才能减少别人的反感和抵触，达到好的实际效果。

"糖衣药片"计策

我给大家提供的计策是"糖衣药片"。所谓药片，就是直接的批评和建议；糖衣，就是对被批评者的认可、理解、支持和给予安全感。这个计策，类似我们常说的"打个巴掌给个甜枣"。

"糖衣药片"的计策，可以让你达到批评建议的目的，同时还有两个好处：

1）减少抵抗。人类有"不分青红皂白反抗攻击"的天性，如果批评和建议听起来有"攻击"的味道，很多人会条件反射地跳起来辩解，反而无法专心思考自己的错误。

2）减少痛苦。批评是给别人手术，建议是给别人吃药。手术打麻药，吃苦药加糖衣，可以减轻人遭受的痛苦。

 "糖衣药片"计策案例分析

> **案例一：经理批评小组长考勤问题**

经理直截了当地批评了小组长，没有使用"糖衣药片"。

经理说："让你管好考勤，你们组怎么还有人迟到？"下属反驳："公司不买考勤机，如果我直接批评，他们不高兴了会消极怠工，影响更不好。"

经理被噎了回来，也找不出更好的理由继续批评。于是，这次批评不但没起到作用，双方还很不愉快。

现在，假定经理用了"糖衣药片"，批评就会变成这样：

"你必须管好考勤，我知道你自己表现一直好，可是你是组长，不能只管好自己；你们组有两个人一个礼拜迟到两三天，太过分！就算公司没有考勤机，你是个聪明人，怎么能想不到办法？"

你看，改进以后，效果就好多了吧？

案例二：下属对主管做评价

某下属对主管说："张经理，你是不是没睡好？脸色看着这么憔悴呢，得注意休息啊！"张经理表面上说："嗯嗯，是要注意。"但是她心里非常不高兴，抽空去洗手间补了个妆，一上午心情都不太好。

如果用"糖衣药片"，会变成这样：

"张经理，你得注意休息啊，平时你脸色多好啊，今天感觉有点憔悴。"

你看，这样是不是就好点儿了？不过呢，这里说个题外话，我希望大家永远不要说一个女人憔悴，憔悴会被理解为难看，是最得罪女人的事。因为说女人难看，不管是什么原因导致的难看，就是最大的"苦药"，你用什么"糖衣"恐怕都补不回来。

案例三：总监投诉HR小A贸然变动岗位

小A的公司正在进行机构改革，要取消一部分岗位，新增一部分岗位，人事专员小A群发了邮件，给一些可能有岗位变动的人做调研。结果，有个市场助理以为公司要开除她，就告状到市场经理那儿。市场经理很恼火，觉得人事贸然动了她的人，一封邮件就投诉到HR总监那儿，她的投诉邮件是这么写的：

张总监：

我的助理菲菲说，人事助理问她是否要考虑其他岗位。我认为这种做法不妥，既然是我市场部门的助理，就应该由我来沟通，免得让大家人心惶惶，无法专心工作。

HR总监对投诉进行调查，结果人事专员小A毫不示弱，反驳说："公司机构改革早在两周前就开过例会，告知了公司已经开始试点改革，所有部门经理当然应该跟下属打好预防针，做好心理准备。她自己没做好预防，反而来找人事部的碴，我认为做法更不妥。"

这是否就有擦枪走火的可能？而且，这种办公室紧张情绪对提升工作效率没有好处，反而会浪费时间。

如果市场经理稍微用一点"糖衣药片"的批评技巧，就不会惹得一个小助理跳起来。她的投诉信件可以这么写：

张总监：

我知道你们忙于机构改革，我非常支持你们的工作（"糖衣"），不过有个问题还是要反馈一下。我的助理刚刚投诉说，人事部可能要开除她，我觉得人事助理的沟通可能有欠妥之处（"药片"）。我能理解人事助理是希望提升效率（"糖衣"），不过如果要单独联系我们部门的人，我希望至少提前跟我说一下，免得我陷入被动（"药片"）。

不过，我必须要补充一点特殊情况，有些单位，压根儿不需要"糖衣药片"，它们直接"灌苦药"，批评起来直截了当、暴风骤雨，因为这些单位推行狼性文化。我个人绝不反对这种文化，但是我得提醒职场小白可千万不要贸然模仿这种文化。因为狼性文化公司在推行"狼性批评"的时候，也给了"狼性奖金制度"，这个奖金就是最大的"糖衣"，能吃到这个"糖衣"，员工就是被劈头盖脸地骂一顿也不会太在乎的。

"糖衣药片"计策练习题

1. 上升的降落伞：

我在出纳岗工作五年，一年前调到审核岗，和我搭档的小姑娘是关系户，经常不干活，两个人的活儿基本都是我干。年底活儿多，一冲动，我将此事反映给了领导，结果不了了之。这件事我错在哪儿呢？怎么才能不老是吃亏？一路干苦活累活能成为职场精英吗？

2. 海浪：

我是一个27岁的妈妈，有一个一岁多的女儿，为了照顾女儿方便，在家附近找了一份销售工作。之前做品牌销售做到店长，后来照顾宝宝就不干了；现在销售地板砖材料，因为公司不大要天天和老板见面。公司的人不是很和谐，尤其店长不教新员工知识，问到她都不给说；经理和老板平常也不怎么给员工培训。没有专业知识就没有业绩，遇到这样的情况怎么办？

3. Azure：

最近总是因为业务文档被领导批评，我知道领导要求严，所以写的东西思考得也比较全面，不光是参考背景材料，还参考业界大公司的做法，这样写出来的东西才拿给领导看。自认为逻辑上和行文上没有大问题，可就是被各种挑毛病。她说的内容明明也写到了，从能力上就否定我。想给领导说一下文档逻辑，结果领导火气更大，认为我固执。于是就跟领导争论起来。这是我的问题吗？

4. Dimpleyuaner：

我是一个在工作中很积极而且愿意付出的人，有时甚至为给公司节省成本自己吃亏。可是遇到某个领导，多次没有搞清楚状况就插手或者提出一些不合理建议，让我很是郁闷，甚至出现消极的行为。之前还想着证明自己，现在很累。我深知，目前的状态对自己的发展很不利，我该如何应对？跳槽还是直面问题？

5. 黑洞：

我们部门跟市场部的人发生了工作上的问题，市场部的领导找我们领导问责，还拿我们这些下属开刀，搞得部门之间特别僵。虽然跟我关系不大，不过这种紧张的关系实在不利于发展，该怎么解决呢？

"糖衣药片"练习题解答

1. 上升的降落伞——因为关系户同事不干活而苦恼的审核员：

a）很遗憾，你根本用不上"糖衣药片"的计策，因为你没理由批评别人。我想，你应该是在国营企事业单位工作。既然你当初选择了进"关系很值钱的国有企事业单位"，很遗憾，你要为自己的选择埋单，不能抱怨。

b）我给你举一个例子吧，八姐的老公当初娶八姐的时候，知道八姐是个马虎蛋，但是结婚以后他却总是说"你太马虎了，你要改一下"。那这件事情怪八姐还是怪八姐的老公呢？我想，你也会说，你明知道她这样，你还决定娶她，拜托你自认倒霉好吧。其实，企业也像人一样，都有缺点，有些企业的缺点就是无法完全做到"公平竞争"。选择了一个企业等于选择了一个爱人，你必须爱它的优点，接受它的缺点。

c）你需要再学习一次"手脚耳目"的计策：你是领导的手脚，领导如果给你安排的工作你做不完，你只需要平心静气地告诉领导，自己确实做不完这么多工作；你不能去"管理"平级的关系户。

2. 海浪——指责老板不培训员工的上进新人：

a）你现在的口吻是指责店长不教新员工知识，这种态度实际上就是一个"药片"，如果"药片"没有"糖衣"，她当然不愿意吞下去。其实，工作中只需要花费一点小心思就能解决问题。比方说，你把自己做的好吃的拿过来，中午跟她一起吃饭，这个时候顺便问她一下瓷砖的隔热材料到底是怎么统计系数的。我个人认为，这个店长不会像你说的"问到都不回答"。

b）任何一个员工都必须具有自我学习能力，没有资格指责单位不搞培训。

3. Azure——总是被领导挑文档毛病、认为自己已经做好的员工：

a）你的留言简直是"精选留言"，职场中的常态的确是领导批评下属，下属就是不服。回顾我们学过的"手脚耳目"中的那个小白被飞机炸了的故事，你必须知道：你的屁股没坐在领导的位子上，你没有他的视野，所以，不能用你的标准去判断是否合格，领导说不好，就是不好。

b）当然，你的领导的确违反了"糖衣药片"的规则，他在挑你毛病的时候应该也指出你的优点，这样你更容易接受。不过，如果他日程非常繁忙，你应该理解，他实在没时间制作"糖衣"了。

4. Dimpleyuaner——全心全意为公司服务却被领导横加"干涉"的郁闷员工：

a）从你的描述中，我并没有看到你的领导在给你吃"药片"。他只是想帮忙或者提了一些建议，并没有否认你或者批评你，你的"保护地盘"的"原罪"可能过强了。

b）你不希望别人干涉你的地盘上的事情，但是你要知道领导是掌管全部地盘的。他插手不能被定义成插手，只能是正常的管理。

c）为公司节省成本自己吃亏，这说明你严重违反市场经济和等价交换的原则。你这种做法不值得鼓励，反而应该受到批评。公事公办且公私分明，就是好员工。

5. 黑洞——陷在部门之间的尴尬关系中、不想吃瓜看戏的好员工：

a）协调部门之间关系的职责不在你身上，而是在你的领导身上。你是一个职场小白，你能够与同事协作并关心安慰他们，就已经尽到你的本分了。千万不要想着越过你们部门的领导直接去跟市场部的人协调关系，这就犯了越级的错误。

b）对事不对人，如果你们的"紧张关系"影响了某一件事，你"就事论事"地去解决这一件事就可以了，千万不要想着去解决"紧张的关系"。越是把工作矛盾私人化，就越陷在复杂的人际关系中出不来。

c）君子坦荡荡，小人长戚戚。如果你漠视所谓的"人际关系紧张"，坦荡荡地做事，你会发现，这个所谓的"紧张的人际关系"，其实并不存在。它是雾霾，如果你的心是阳光、是风，你很快就能驱散雾霾。

二十三、如何应对批评指责?
——"错一改二"

我们先来看两个真实案例:

1) 市场专员丹丹,在PPT里把代言人女明星的身高写成了16.3米,搞得总监跟经纪人洽谈时很尴尬。后来,丹丹道歉说:"哎呀,我怎么写错了小数点呢,1.63米写成了16.3米,对不起,我太马虎,不过大家应该能看出是笔误哈……"总监批评丹丹责任心差,丹丹也很内疚,反复说自己怎么能把小数点写错了一位呢? 过了一会儿,看到总监依然比较严厉,丹丹眼圈发红,泫然欲泣,总监只能停止了批评。可是,总监直接把丹丹列入"不加薪不重用"人员名单。

2) 美工小海,把产品碳水化合物的比例搞错了,把10.18%写成了101.8%,结果一批标签全都报废,损失了5000多块钱。小海当然遭到了批评,在被批评的时候,小海是这么说的:"这次扣我工资吧,确实是我审核没到位。以后再设计标签的时候,我希望美工和法务双签字,以免出现纰漏,造成更大的损失。"最终,总监并没扣小海工资,反而对他印象更好了。

这两个案例中的总监其实就是我自己,案例中的两个员工都是古方红糖市场部的员工。那么,丹丹和小海面对批评的时候,应对方式有何不同?

丹丹的应对是:

1) 我把小数点写错了;

2）我觉得自己很马虎；

3）我也不是故意的；

4）我很尴尬很后悔。

丹丹的应对，一律是以"我"开头，很显然，她仍然陷在"自我中心"里，更关注自己的情绪、责任，而不是公司受到的影响和损失。

反之，小海的应对是：

1）公司损失了5000元，我来承担；

2）为了避免公司下次受损失，至少双人把关。

显然，小海的思维是"公司"，公司有哪些损失，公司未来如何避免损失。这代表了成熟的职业态度。职场上的每个人都会因为犯错而被批评，而"应对批评"其实是一块试金石，能试出一名员工的成熟度、反思能力、责任感、勇气等诸多能力。

那么，如何应对批评才可以减少领导对自己的不满，甚至因祸得福，让领导对自己产生一些好感呢?

▲ "错一改二"计策

我希望年轻人在被批评时，都可以做到"错一改二"；也就是说，非但要知错就改，还要错了一分，改正两分。

在现实生活中，"知错就改"是个人人都知道的道理，但是，却是人人都难以做到的事。那么，为什么它如此知易行难呢？

不愿意认错其实是人类的天性，而这个天性来源于人类最大的"原罪"之一——自我保护。当你被批评的时候，你觉得自己被攻击了，你从原始人遗传过来的DNA会刺激你不分青红皂白地开启自我保护，逃避惩罚。因为在原始社会，谈不上谁对谁错，向来是弱肉强食、你死我活，只要被攻击，就必须马上反击。

正因如此，很少有人在被批评的时候，毫不辩解，立刻承认错误、改正错误，因为这就相当于自己帮着批评你的人一起来攻击自己、解剖自己、往自己身上动刀子。

那么，在现实生活中，人们是如何应对批评的呢？我工作了二十多年，总结出多达8种应对批评的常见反应，我把它们称为"八大门派"，你可以看一看自己是哪一派的弟子。

1）第一大门派，错得有理派。辩解自己犯错误合乎情理。比如，迟到很少说是睡过头了，而是说堵车；没完成任务，从不说我没干好，而是说市场不景气。

2）第二大门派，你也错了派。承认自己错了，但是强调"你也错了"，甚至说你错误更大。有一次我坐高铁，保温杯没盖紧，被一个男生打翻了，水洒在了电脑上，电脑黑屏了。男生说："对不起，对不起。不过，你这水杯怎么不盖紧呢，万一烫到人怎么办？"

3）第三大门派，错不关己派。承认事情有错，但错误和我无关，责任在别人。比如说，有个同事突然辞职，你临时接手他的工作，耽误了一个客户的事，客户投诉你的时候，你通常会说："我是刚接手的人，以前那个同事离职了。"如果客户不依不饶，你心里还会觉得客户不讲道理，你觉得，明明是前任的错。

4）第四大门派，轻描淡写派。道歉的时候，想当然地觉得"多大事啊"，如果对方较起真来，反而会吓到你，会让你觉得对方大惊小怪、心胸狭窄。举个生活中的例子，我们都不小心踩过别人的脚，你会习惯性地说"对不起"，可是呢，你说"对不起"的时候，很多时候是向着空气说的，而且心里预演了对方说"没事"。如果对方厌恶和不原谅地看你一眼，你会被吓到，觉得：啧啧，踩你一脚，至于嘛。你不会主动地去想：哦，也许这个人刚做完鸡眼手术？我踩一脚，他疼得揪心？真诚的道歉需要看着对方的表情，如果对方明显很痛苦，立刻询问人家有没有受伤。

5）第五大门派，宝宝委屈派。被批评时满脸写的是："宝宝是错了，可是宝宝也很难受啊，宝宝也需要安慰啊。"这种玻璃心的门派，真心招人烦。

6）第六大门派，认错不改派。我举个自己公司的例子吧，某一次客户投诉到客服部，说收到的糖都碎了，看上去一点都不高大上。接诉的客服温柔地说："不好意思，亲，'双十一'订单爆仓，快递暴力装卸，真对不起啊。"结果客户依然生气，不依不饶。后来，我们定了个规矩：被投诉时，不准解释，马上解决。人家投诉说糖碎了，不要玩虚的，直接说我给你换一瓶。

7）第七大门派，劳苦功高派。被批评的时候，转移话题，强调自己做了多大贡献，付出了多少辛苦。比如，小葛开会迟到被经理批评，结果会议结束后他到处吐槽："我确实晚了会儿，可我昨天加班到12点呢。"这种"劳苦功高派"，在生活中很常见。比如说，老公跟老婆约好7点见面，老婆迟到了15分钟，老公很生气，老婆说："不就是迟到了一会儿吗，我不是在家哄孩子吗……我当妈容易吗，孩子总哭，我哪天睡好过……你什么时候哄孩子睡过……我迟到一会儿你就生气，你什么情商！"这个老婆，不仅是劳苦功高派，还是你也错了派兼宝宝委屈派。

8）第八大门派：自暴自弃派。策划小伟做的一个推广失败了，没达成销售1万份的任务，老板当然要求他检讨，结果小伟说："我现在什么信心都没了，不光是这个推广，我手里其他三个推广方案，我觉得都到不了1万，我都想辞职了。"生活中的例子更多，我还记得年轻时候，我和我老公因为我马虎而吵架，我会说："我真改不了，要不你换个老婆？"

现在，敢问阁下，你是哪一派弟子？我想，很可能你就跟曾经的"八姐火药桶"一样，是综合派弟子——错了有理派加你也错了派加自暴自弃派……

在面对批评指责时，如果能用到"错一改二"的计策，任何人都会收获更好的职场

人缘。这个计策具体的实操规则如下:

1) 弥补、改正比道歉重要。 比如说,你踩了别人脚,最好的道歉不是"对不起",而是"踩疼没,有事吗?"

2) 一分错误,二分改正。 这并非苦肉计,而是克服人类的"原罪",人类对自己的伤痛感觉敏锐,对别人的伤痛感觉要弱很多。所以,如果你觉得犯了一分错的时候,实际上别人感到的伤害至少是二分,你要用双倍的力气改正弥补,认错道歉。

3) 认错、改错要有仪式感。 如果没有仪式感,你很难摆脱"原罪"DNA对你的控制。DNA的力量无比强大,你可以效仿宗教人士念"阿弥陀佛善哉善哉"那样念"认清原罪知错就改",来提醒自己远离"原罪"对你的控制和摆布。

最后,我还要额外强调一个也许在职场上不常见,但是在生活中很常见的争执现象:有时候,我们的争执针对的是不同层次的人。比如说,你去停车场停车,明明只停了10分钟,看门老大爷非要按照一个小时收你30块钱,你可以选择争执,可是,你会浪费至少20分钟的时间;而且,如果老大爷火气起来了,把你的车子挡住不让走,你可能要浪费1个小时的时间。这个时间,肯定要超过30块钱的成本,不值得。我不知道大家是否关注过2017年发生的一名女艺人被醉汉捅死的例子,醉汉当然是人渣,是在无理取闹,但是,女艺人最不该做的就是"和层次不同的人争辩"。所以,请记住:你不可能用辩论击败无知的人,也不可能用自己的价值观去纠正跟你三观不同的人。当这些人跟你争执的时候,你最好的做法就是说"好的",然后尽快抽身离去。

"错一改二"计策案例分析

前文讲过的丹丹，应该这样应对批评：

"天啊，我竟然犯了这么大的错误，公司处罚我吧，罚款、通报批评，我都接受！"（"改一"）

"我的错误肯定影响您谈代言人了吧！我能不能弥补一下，做点什么？要不我去明星经纪人微博上天天留言吧。"（"改二"）

你看，如果丹丹这样道歉，她的思维逻辑就变成了：

1）公司受了什么损失？

2）公司的损失，我如何能减少一些，弥补一些？

案例二：自强的新员工小春

小春是一家教育咨询公司的助教，总经理让她通知每个学员关注自己的喜马拉雅账号，这样才能点评大家的作业。小春收到指令后，在群里"@"老板以及其他两个部门经理，说："您只需要关注我的账号，把我的'粉丝'全部点去一次关注，就完成了所有关注。"

两个部门经理，很快就回小春："收到。"总经理没回复，小春认为总经理忙碌，没回复很正常。

第二天上午，小春被总经理发了私信："你耽误了我的工作安排，昨天我让你通知每个学员关注我，结果今天我发现只有三人关注，我无法去审核她们的录音作业了。"

小春解释说："这个'锅'我可不能背，昨天我就'@'您了，而且，其他两个经理已经按照我说的做了，很容易就关注了所有学员。"

总经理陆续私信如下：

"你错了，反思。"

"我不关心过程，我只要结果，结果导向，只要布置给你的任务，你没有给到结果，过程中无论你做了什么，都是0分。"

"我每天被'@'上百次，你换位思考，就会知道我很容易遗漏信息。"

面对这一连串强势的批评，小春的连续应对如下：

"呃呃，好的……那么，您现在看一下我的账号，点开'粉丝'，逐个点击一下，大概一分钟就能完成10个人的关注，可以吗？"（八姐备注：其实，此时的小春心里依然是有委屈的。）

十分钟后，小春私信总经理："您只关注了16个人，还差一个Lily，您再点开我的'粉丝'，关注一下Lily，就行了。"（八姐备注：优秀的小白，很快就会把"委屈"忘得一干二净，结果导向，执行任务。）

又过了十分钟，小春私信总经理："我看您已经关注了17个人啦，任务完成，您不用回复我。"（八姐备注："不用回复"就是很优秀的换位思考能力的体现。）

过了两天，有员工在群里"@"总经理说要用微云分享文件给她，小春立刻"@"总经理说："我给您转成Word文档，发到QQ上。"（八姐备注：小春的做法体现了"结果导向""移情换位""成本意识"三种能力，总经理年龄大，不熟悉微云，如果摸索微云下载文件，要花费5～10分钟，而小春转为Word文档，只需要耗费她自己5分钟及总经理30秒钟，对公司来说，节省了成本。）

"错一改二"计策练习题

1. 上弦月：

本人职场菜鸟，虽然年龄不小，但没有正规企业的工作经验，不知不觉中得罪了领导，导致后面的评先进、涨工资都受到了阻碍。我也知道问题在自己身上，是自己犯了错误。我该如何挽回？

2. Abby：

我同事开老板的车送我去车站把车剐蹭了。我没有经过老板的允许就叫同事送我去了车站。一开始老板说要他允许才能用车，不过后来又说你要用直接开就行了，所以就没问。如何跟老板道歉让老板听着舒服一些？

3. Nice to meet you:

我是驻地媒体，只有站长和我一起工作。她总是嫌弃我，又常给我画大饼，这该怎么办？之前对我挺好的，因为有次我情急之下骂她，我们的关系就变成了赤裸裸的上下级关系。之前说我有进步，但从我骂了她之后，她就说我不是个称职的记者，处处挑刺，在其他人面前不给我好脸色看。辞职又没有像央媒这样好的平台，可是平台好只是觉得有面子，但有时候觉得自己就像个打杂的。错全在我，做对的就挂领导的名号，好累啊！

"错一改二"练习题解答

1. 上弦月——犯了错误想要挽回的职场菜鸟：

a）知错能改善莫大焉，现在你已经完成了"知错"这一步，接下来就是"能改"了。

b）从你的描述中，也许你认为自己的错或许是"两分"，那既然如此就"错二改四"吧。我想你必须采取一种有仪式感的行为，向当初你得罪的领导道歉，无论是送礼还是写道歉信，要体现出你要"改四"的心态，才有可能获得原谅。既然要"改四"，我想你要努力让自己的工作态度、工作能力比没有得罪过领导的人强，这样才能体现自己改错的真诚和决心。

c）换位思考，如果你是这位领导，被别人得罪了，后来这个得罪你的年轻人以"四分"的态度认错改错，你认为你还会卡着他，不让他评先进涨工资吗？

2. Abby——把老板的车剐蹭了的员工：

a）你其实没什么过错，因为老板的确说过，你要用车直接开就行。

b）车被剐蹭了，你出钱修好，这是"改一"；如果想让老板更舒服一些，把他车辆原有的小毛病一并修理了吧，或者加个机油做个额外的保养，可以认为这就是"改二"了。

3. Nice to meet you——顶撞领导的驻地记者：

a）"情急之下骂人"？我认为这个错误比较严重，至少算"错三"吧，那么，你"改六"了吗？"错三改六"全部做完之后，我想你们的关系就不会那么紧张了。

b）"赤裸裸的上下级关系"？你和站长之间本来就是上下级关系，你本应做"手脚耳目"，听领导的。

c）"像是个打杂的"？杂，必须有人打，如果你不打，就要站长打。那么，你觉得应该谁来打？

二十四、跟别人意见不合该怎么办？
——"画个圈圈"

在职场上，争执是一种常态，跟家庭里的争吵一样，绝对是三天一小争，五天一大争，比如说：

1）张小白和李大姐，对微博推广到底是"搞笑风格"还是"阳光大姐风格"争执不休。张小白虽然"强颜尊敬"，心里却"切"了一百次，认为李大姐土老帽，跟00后有三千尺代沟；李大姐则毫不客气地把权威和不屑写在脸上，差点脱口而出"老娘当年创了微博转发率18.3%，你连3.8%都没上过"。

2）空调设计师小张认为空调面板上的灯必须设计成"可关闭"，因为有人看见弱光也睡不好；而设计经理则认为实在是吹毛求疵，有时间不如把风扇的强弱功能再深入研发一下。

涉世未深的小白在面对争执的时候，要么"用力过猛跳起来争"，要么"笨嘴拙舌气炸了肺"。接下来的计策，就来解救一下这些小白。

"画个圈圈" 计策

要想解决争执，首先要问一个问题：人与人之间为什么会产生争执？

"盲人摸象" 这个故事，最形象地阐述了人与人争执的根源：每个人都以自己的视角看到了一个局部特点，从这个视角上，他百分之百正确。但是，他没看到其他部分，也不相信有其他部分，所以，坚持认为我当然是对的，别人当然是错的。

道理人人都懂，但是，当争执真正发生的时候，你和我，每个人都控制不住自己，依然会固执地认为：我明明是对的呀！

下面，我给大家讲一个我在上海交大讲授MBA课程时用到的例子，让大家看看争执是怎么产生的，最后又是如何解决的。

有一个开放性的一分钟阐述题目：你认为是否应该送员工生日礼物？

MBA学员的回答分别是：

张三说："是的，应该买，因为可以让员工觉得公司非常重视自己，员工会更加忠诚、敬业。"

李四说："不，我认为不应该买生日礼物，工作是工作，生日是私人事件，我们应该倡导公私分明的做法。"

王五说："我认为这个不能一概而论，毕竟每个单位情况不同，如果想表现对每个员工的重视，就送；如果提倡公私分明，就不送。"

张三、李四的回答听起来都是对的，但是，王五的更有道理。因为王五画了个圈圈，把张三、李四的观点都融合进来了，他以融合的方式解决了冲突。

但是，讨论并未到此结束，我鼓励大家继续表达看法。

于是，赵六说："万一礼物没买对得罪了员工，得不偿失。"

韩七说："生日放半天假比什么都强……"

就这样，到最后我总结的时候，大家已经把这个问题的圈子画得很大了，于是我就做了这样的一分钟阐述：

1）是否送员工生日礼物，取决于这种做法是否会让员工觉得受到重视。

2）如果可以确保给所有员工送生日礼物，每个人都很受重视，那当然是好事；但是，如果买得不合适，或者厚此薄彼，反而会让部分员工觉得被轻视了。所以，从实操角度看，以送生日礼物的方式表示重视员工，恐怕只有规模极小的公司可以实现。

3）如果公司规模较大，我们不建议送生日礼物，而是提倡在职业发展上让员工觉得受重视，比如说，清晰的职业规划、充分的授权、多劳多得的奖金制度等。

大家看，刚才这个案例中，王五"画了个圈圈"，把张三和李四的观点包容进来，于是，他的话听起来更有道理；而我继续"画了个更大的圈圈"，把所有人的观点都给包容进来，于是，听起来就特别合情合理了。

"画个圈圈"，就是本节我要分享给你们的计策；用学术名词来说，就是"全局眼光"。想实施这个计策，你要做到以下几点：

1）你要理解：每个人站在不同的角度，看到的东西不同，在这个视角上，这个人可能是对的；

2）一个有大智慧的人，可以站在多个角度上，看到多个点，这就是全局观，这种人很少跟别人产生争执；

3）你要认清自己：你具有360度广角视觉的概率不大，所以，当你跟别人有争执的时候，要试着走到他的视角，看看那个观点是否有合理性。

听到这里，你可能会说，老师，都"画到圈圈"里了，那最后听谁的呢？我能理解这种担心，但是，当你一直以开放的心态"画圈圈"之后，你会发现，每个人的想法都能得到实施。比方说，29岁的女生，为事业奋斗，家里逼着她相亲，如果双方讨论：嫁得好重要，还是干得好重要，就会陷入争执。如果"画个圈圈"，认可嫁得好、干得好都重要，那么，家里会支持女生干事业，女生也会积极响应家里安排的相亲。

再比如，你想跳槽换单位，你家里认为你应该踏踏实实在一个单位干，这两个观点看上去是对立的。可是，"画个圈圈"，争执就解决了：你没跳槽之前，踏踏实实在A单位干；然后，找到心仪的相关单位B（正常的跳槽，99%都是跳到相关单位），立刻跳槽过去，继续踏踏实实为B公司干。这样，你既完成了跳槽，也做到了父母建议你的"踏实"。

"画个圈圈"计策案例分析

接下来，我用一个小组讨论题目作为案例，让大家直观了解如何解决争执。

小组讨论题：沉船救生

2014年3月15日，一艘中国游轮从大连开往日本，航行半小时后，船体突然开裂，游轮开始下沉。由于有很多人趁乱抢了救生艇就跑了，导致剩余救生艇不足。你是船员，你手里有一个救生艇，你身边有9个人想上救生艇，但是它只能容纳6个人，你只有1分钟思考时间，就要把上船的人选好。

1）去日本旅游的一家三口，30岁的夫妇，职业不详，女儿6岁；

2）要去日本表演钢琴的聋哑男孩，16岁；

3）去日本考察的大连副市长，女，48岁；

4）副市长的陪同家属，17岁儿子，清华大学物理系本科生；

5）日本大字公司副总裁，男，37岁；

6）一名日本人口贩子，在中国落网被遣返日本，女性，29岁，孕妇；

7）一名药学家，65岁，所做的科研项目有望帮助肺癌患者延长5~8年寿命，男；

8）一名船员，32岁，老婆怀孕待产。

请你思考一下，自己会怎么选择？

在MBA课堂上，每8个人一组进行小组讨论，课堂现场真的是吵开了锅：

张三说："让药学家上船，他能拯救更多生命，社会贡献很大。"

李四说："灾难面前谈不上社会贡献，肯定是妇女儿童先走，那个孕妇也要上船，孩子是无辜的。"

王五说："我反对，既然让我们来选择，我们可以讨论出自己的标准，不一定是现在社会上的统一标准。我认为就应该按社会贡献排列，把药学家、市长这些人留下来，人口贩子就不让她上船。"

赵六说："你这种做法违反人道主义！我认为，妇女儿童必须优先上船，可是她们不会划船，风险很大，所以，应该让那个船员上船负责划救生艇。"

小组讨论持续40分钟，前20分钟，大家各执己见；然后，教授暂停讨论，提示大家：

1）人与人的观点，不应该是对立的，而是并列的，形成一个"圈圈"，也就是整个事件的全局；

2）此外，题目本身也是一个"圈圈"，所有信息都有用，比如：2014年意味着什么？3月15日意味着什么？游轮又意味着什么？不能直接略过这些信息去讨论你认为该救谁。

就这样，后面20分钟的讨论不再是大声争吵，因为大家都知道：别人的观点，是可以帮助自己扩大圈子、掌握全局的。于是，大家逐渐深入：2014年，意味着现代社会，救援很快到达，当然不需要像《鲁滨孙漂流记》那样把救生艇划走；3月，代表春季，海水不太冷，不会像电影《泰坦尼克号》那样冻死人，会游泳的人生存概率大；游轮，代表观光船，速度不快，而30分钟则意味着距离大连港不太远，救援相对容易。

最后，很多小组达成了这样的选择：

1）在真实社会，以人道主义为原则，选择上救生艇的是：人口贩子，6岁女孩和她妈妈，聋哑男孩，17岁清华学生，药学家。选清华男生是因为他妈妈是公务员，同为女性但是不能离开，而一个家庭要避免同时损失多个人口，所以清华学生优先。

2）如果前提假定为纯粹的经济社会，原则就变成"利益最大化"，那么，将按照社会贡献重新排序，选择药学家，副市长，副总裁等人。

3）如果前提假定为哲学社会，原则就变成"绝对公平"，那么，就9个人抓阄或者"手心手背"，胜出的6个人上船。

你们看，这个案例最后形成的这个"圈"，是不是大到足以包容各方观点？

我想，这个案例足以让你看到自己的思维具有片面性。那么，当你以后跟别人发生争执的时候，回顾一下这个案例，你可能就会更加包容，不会固执地认为"我对了你错了"。

"画个圈圈"计策练习题

1. 绯红：

我感觉自己有时候很固执，做事时不愿听取同事们的建议，等发现自己做得不对的时候又为时已晚。自己知道自己的缺陷，可遇到事的时候还总是感觉自己是对的，别人都是错的，怎样才能改掉这种性格呢？我担心以后会因为这种性格缺陷影响自己的职业生涯。

2. 脚下的不是路：

我工作有时不太刻苦，妈妈总是跟我说"你要努力啊，刻苦啊，得出人头地啊"。我很烦她唠叨，感觉我们之间有代沟——60后与90后！我想保持自己的个性，我有错吗？

3. Maco：

我们公司电商客户说："网上的价格必须低，否则谁买啊？"可是超市客户说："网上价格那么低，你让我们超市怎么卖？"请问八姐老师，你会如何解决这个矛盾？

"画个圈圈"练习题解答

1. 绯红——明知自己固执但难以改变的销售经理：

a）回顾往昔，如果过去10次争执，你有9次事后发现自己的意见并不完善，那么，你要强制自己在争执的时候停下来，习惯性地说："大家说的应该都有道理，麻烦你们再详细讲讲你们看这个问题的角度。"

b）如果画个圈圈，把所有人的意见包括进来后，还是不知道应该怎么办，我建议你利用一下"两天沉淀法"。这是我自己的工作方法，就是在思考两天后做决定，那个时候，情绪的泡沫已经消散，剩下的都是客观事实，你会做出更准确的判断。

2. 脚下的不是路——被妈妈念叨的90后个性职场小白：

a）你的意见：不用刻苦、要有个性。那么，你的视角是什么？我假想一下：你是25岁男生，单身，住在妈妈的房子里不用交房租和伙食费。（八姐备注：这个是按照概率进行的判断。）

b）你妈妈的意见：刻苦上进、多挣钱。那么，她的视角是什么？我继续假想：她要给你买房，她挣钱能力越来越弱了，她将来生病可能需要你出钱治疗，她知道养活一家人多么不容易。

c）如果你妈妈站在你的角度看一看，就会理解你为什么"不刻苦及有个性"，那么，她需要按月收取你的房租和伙食费，才能获得一个上进的儿子。

d）如果你站在你妈妈的角度看一看，就会理解她为什么叨叨。

3. Maco——在电商与实体超市之间受夹板气的电商销售：

a）谁都没错，网上价格必须低，超市价格也不能比网上高。

b）解决方案：让网上和超市的产品不可比，比如包装不同、克重不同，让消费者无法互相比较。

c）如果不想做多种产品，就必须疯狂做广告，树立品牌，让淘宝不敢压自己品牌的价格。

二十五、觉得委屈怎么办？
——"委屈成本"

我先给大家讲一个我公司里的故事：

生产经理大齐，3月份的产品合格率下降了3%，被公司点名批评。大齐委屈得要命，因为合格率下降是因为公司迟迟没有更新生产模具。大齐会后被要求分别跟总监、人事经理、财务经理、总经办主任谈话，觉得自己太委屈。事实上，他的确受了委屈，因为新模具到位后，产品合格率立刻恢复了。大齐在例会上利用新数据，重新阐述了一次3月份时自己是受了委屈的。结果，年终评估的时候，受了委屈的大齐竟然再一次受委屈——他的"360考评"（上级、下级、同级对他的匿名考评）得分在所有经理中最低。

大齐是不是的确受了委屈？大齐对委屈的反应是否正确？

我想，你的答案应该跟我一样：大齐是受了委屈的。可是，他面对委屈开启了祥林嫂模式，引起了别人的反感，显然是做错了。

跟大齐一样，很多职场小白在职场中觉得受了委屈：

1）自己是刚来公司的新人，经理竟然让我去楼下给她拿盒饭！

2）入职后，公司也没什么培训，直接丢给我一堆活儿让我干，干错了还挨骂！

3）领导特别喜欢抢功劳，明明是我的创意，领导压根儿没提我的名字。

职场小白在受了委屈之后，很可能会有以下三种表现：

1）鸣冤叫屈，跟大齐一样，希望为自己洗脱冤枉；

2）消极怠工，报复别人让自己受委屈；

3）愤而辞职，有些人受不得委屈，所以受了委屈就离职。有时候甚至不是别人让自己受了委屈，有可能是自己做错了事也觉得委屈，然后就一走了之。

那么，受委屈了，该如何应对呢？

"委屈成本"计策

多年以来，我一直坚持使用——也影响了我很多下属和读者——的计策是"委屈成本"。在受委屈的时候计算自己的"委屈成本"，算过之后，你会意识到："委屈成本"极高，你多陷在委屈的情绪里一分钟，你就多遭受一分钟的损失。意识到这一点之后，你会迫使自己从委屈的情绪中解脱出来。

那么，为什么委屈的成本如此之高呢？我给大家剖析一下委屈会带来的五个成本：

1）你消耗了本应投入工作的时间、精力成本。比如有的小白被批评了5分钟，结果两个小时后都还没缓过劲儿来干工作。

2）你消耗了身边人的成本。你求安慰，势必耗费老板、同事的时间和精力。

3）浪费了差异化的机会。99%的人受委屈的时候都会气愤吐槽，如果你平静面对，你就有了差异化的机会，领导会认为你能成大器。因为受不了委屈的人，显然是难成大器的。

4）你浪费了改善的机会。你受委屈，就说明公司对某一块工作不满意，只要你解决了这个不满意的地方，就是立下大功。以大齐为例，如果他早早列出更换模具的不同成本曲线，财务部不可能拖拉着不给他批钱更换模具。

5）你消耗了自己的健康成本。气愤、委屈比感冒发烧更伤害人类的健康。

综上所述，"委屈成本"太高，在职场上花一分钟时间觉得委屈都是多余的。你要记住一句话："在其位，谋其政，受其气。"所有批评都是针对你那个岗位去的，你一旦离开那个岗位，人家为什么要欺负你呢？

此外，我必须指出一个事实：职场小白99%的挨骂，都是活该、自找且应该的。年轻人第一次走进职场的时候，意气风发，经常觉得自己肯学习就无所不能。其实，在职场上，你们还是个宝宝，必须经历挫折才能变成一个"懂事"的大白。没有人是生来懂事的，所有的懂事都是碰壁碰出来的教训。所以，当你碰壁了、被晾了、被骂了，哪儿来的闲工夫委屈，争分夺秒让自己变得更懂事吧！

最后给大家举个董明珠董小姐的例子：

董明珠当了销售员后就负责追讨前任欠下的40万元债务，本来不是她欠的钱，她却负责追讨，本来应该是觉得委屈的。可是她一分钟也没浪费在委屈上，天天跟着客户上下班，说，还钱吧，还钱吧；最后客户被缠得没脾气，同意以货抵债。事情解决了，她也成了金牌销售。

你看，把时间投入到委屈上，什么果子都结不出来；投在踏踏实实干活上，必然硕果累累。

"委屈成本"计策案例分析

如果职场小白意识到了"委屈成本"高，他会怎么做呢？

案例一：给经理当跑腿的小白

经理要新来的员工去楼下给他拿盒饭，小白十分不爽，心里想：我堂堂大学毕业生，难道是给你拿盒饭的吗？可是，又不得不去拿，于是不爽地去，不爽地回来，当天中午追剧时心里都不痛快。回家吃晚饭，跟老妈、老爸吐槽了十几分钟，老妈老爸也集体吐槽："太不把俺家孩子当回事儿了！"

1）职场小白简直是"委屈"的代名词，尤其是80后、90后这些史上最珍稀的物种

（独生子女），别人帮自己拿盒饭是理所当然；自己帮别人拿盒饭就"我的天哪"（岳云鹏口吻）。我这么说似乎有些夸张的嫌疑，不过，还在合理夸张的范畴，比郭德纲的夸张小多了。

2）下楼拿一趟盒饭，3分钟搞定，时间成本1块钱。

3）心里叽叽歪歪委屈15分钟，也没能逃避去拿盒饭，合计时间成本6块钱，这种亏本的买卖，瓜兮兮的人（傻子）才会干。（八姐备注：今天俺家四川亲戚来访，一口一个"瓜兮兮"。）

> **案例二：因为公司没有培训而委屈的小白**

小白新入职的公司没有培训，很多工作需要先学习。但是赶鸭子上架做错了事情却要挨骂，小白内心有苦难言。该怎么办呢？

1）如果一个小白还有时间体会自己"心里苦"，那么，他显然没有把全部精力投入到应该投入的"自学"上去。既然没有集体培训，那就要发愤自学，哪来的时间叽叽歪歪"宝宝心里苦"？

2）在没有培训的情况下自学成才才是人才，才能比别人更快地升职加薪。职场上的成功人士，都是在"万事不俱备，不只欠东风"的情况下一步步把事情办成了的人。

> **案例三：被领导抢功的小白**

小白在工作中想出了很好的点子，取得了不错的业绩。领导却从中抢了功劳，捞了好处，小白觉得很憋屈，要愤而离职吗？

1）如果小白辞职了，这个委屈的成本可太大了——因为委屈，反而让自己丢了工作。

2）明明是领导的过错，为什么惩罚自己？难道是受虐狂？（好吧，八姐我不应该这么阴阳怪气的，可是我实在无法理解这种"别人有错处罚自己"的思维）

3）如果小白直接跟领导开战，揭发他抢功捞取好处，这个时间成本获得的回报是：锻炼了勇气，有可能导致领导被下课；风险是：小白可能丢了饭碗。

4）如果小白选择继续构思很好的点子，这个时间成本获得的回报是：大家都会发现，哦，原来有才能的是这个小白啊！除了意识到小白的才能，大老板还会意识到，哦，这个小白受了委屈没有跳起来，有胸怀！男人的胸怀，都是委屈撑大的，不错！

你们看，如果把花在委屈上的时间成本都拿出来，投入到跟领导斗争，或者继续构思好点子的伟大事业中去，是不是能产生更好的结果？

案例四：大张的血的教训

大张的故事和职场无关，不过，我一定要给你们分享一下，因为它是一个非常好的关于"委屈成本"的案例：

大张是我的一个学员，40多岁。在一次深度聊天中，他讲了自己的故事。他十年前做红酒生意发了财，难挡诱惑，找了小三。可是关系维持两年之后，小三不满足于当小三，坚决要求转正。在遭到大张的拒绝后，彪悍的小三开始"大闹天宫"，割腕、开煤气都不奏效之后，竟然跑到大张的儿子的幼儿园门口发自拍，说大张再不离婚，就让他儿子陪葬。大张这下可吓坏了，只能如实地跟老婆坦白，告诉老婆要保护好儿子。大张本来想，老婆肯定得一哭二闹三上吊。但他万万没想到的是，他老婆只是拿拖鞋狠狠抽了他一耳光，然后就做了一系列的安排：先是从农村老家找了三个壮劳力，出高薪，三班倒跟踪小三，以防她伤害儿子；然后，她让大张写长篇道歉信，交给那个女生；最后，她了解到小三曾经跟大张提过想出国念书，于是，跟大张商量好，拿出钱来送她去瑞士，学高尔夫球管理，因为这女孩原来就是高尔夫球会会籍顾问。最终结果是，小三去瑞士留学前还扬言回国跟大张没完，去了瑞士后，据说找了个当地的男朋友，再也没了音信。

1）这个八卦的故事跟职场无关，不过从逻辑上看，都是关于"受委屈"的事。大张的老婆在受到委屈的时候，没有选择沉浸在委屈里，或者跳起来报复，而是迅速采取措施解决问题。你们想，如果她陷入委屈的情绪，她的成本有多高：婚姻代价、健康代价、家庭代价……

2）"委屈成本"不是一个工具性的计策，它更像是一个职场心理学的计策，希望你们可以利用好它，做一个高效率的、愉快的职场人。

最后说几句题外话。年轻人总是觉得委屈，其实，你们真不知道自己有多么不懂事。一个两三岁的小孩因为一根棒棒糖都能撒泼打滚，在职场上，其实你们就是这两三岁的小浑孩：你们本事不大，却希望领导让自己挑大梁；自己干得不怎么样，却天天说单位没前途；自己身在曹营心在汉总想搞兼职跳个槽，却总批判领导不靠谱……

如果你认识到了自己年轻时候这些"浑球时刻"，你会知道：你们受委屈是活该！年轻人不可能天生懂事，懂事都是教出来的、骂出来的。你没被晾过，自然不懂得珍惜。那些对你苦口婆心的人，肯骂你的、肯让你受委屈的人，是想培养你、重用你。

若干年后，当你再回首，你会感谢跟你相爱相杀的老板，虐你至深，无数次伤害你，才是真的关心你；反之，从不让你受委屈的上司，压根儿就不想花时间培养你，人家眼里没有你。

所以，受委屈的时候，别叽歪，干活去！

"委屈成本"计策练习题

1. 天空城：

我工作刚刚一年，刚入职的时候因为实习期表现突出被放在了现在的职位，业绩一直很高，领导也喜欢。但是有一次我顶撞了她之后，她就总是在办公室里大声指责我，不留情面。冲突是有一次我的业绩是第一名，但是小组没有完成业绩目标，她训斥我们的时候我委屈地问她业绩是大家做，为什么要说我？从那以后她就针对我了。我只想好好工作然后晋升，但是她对我的业绩情况不是很清晰地上报。我也不想关系总是这样紧张，不知道该怎么做，当时那样质疑领导确实很不应该。

2. VE：

我现在是一个大四实习生，在一家公司做软件测试员已经半年多了。最近软件测试组离职了两个员工，只剩下我这个实习生了，所以公司又招了一个1986年生的女同事。她的能力据我这几天了解也就和我差不多，最近还是我在教她该怎么做我们的项目。相处下来感觉她说话不分场合，有点不懂相处。但是第三天总监就让她管理测试组，做我的上司，还要我辅助她。我心里十分不服气、不甘心，我到底该怎么做？

3. 春天：

我是大专毕业生，现在已经在一家定制家具小公司上班一年多了。因为前期自己没有什么想法，大家叫我做什么我都会很积极地去做，比如买公司用的东西，寄快递。后来公司就让我一个月申请一笔钱，说可以买东西什么的，因为是做设计，所以会天天加班，什么都要做，搞得我跟打杂的一样。但是现在我觉得做这些好浪费时间，我想拒绝这些打杂的活，想花多点时间在提高专业知识上。我怎么去处理这件事比较好呢？

4. 纱织：

集团考核领导的工作状况，我作为行政主管要把领导的工作内容和指标做出来。可是考核完之后，领导被扣了分，对我一通发火。我只是按照实际情况来做的，也觉得领导的业务没什么问题，不知道怎么会扣分。现在很沮丧，初入职场一年，我有点受不了这样。

5. 等爱的狐狸：

我在IT公司做技术工作，公司年轻人也少，女性就两个。每次有客户来还要我去接待，我有自己的工作要做，可是领导发话又不能不听。我不想在这种事情上浪费时间和精力，也不喜欢这种寒暄的场合，想跟领导抗议，我该怎么办呢？

"委屈成本"练习题解答

1. 天空城——因为顶撞领导而与领导闹僵的业绩达人：

a）公然顶撞领导，挑战了领导的权威性，必然要付出惨痛代价。

b）既然做错了事，请你道歉，"错一认二补四"，我还没看到你用"二分"力气去道歉，"四分"力气去弥补。

c）最后，你需要持续业绩领先，并且尽量帮助领导，带动其他员工一起创造业绩，这就是应该做的"将功补过"。

2. VE——认为新任领导不如自己的傲娇实习生：

a）你的"委屈成本"实在太高了，因为你压根儿就没有委屈的理由，请看分析。

b）你的留言总结成逻辑，第一逻辑：1986年的女同事30多岁，但是能力和你这个大四的实习生没啥区别，而且情商很低，说话不分场合，有点不懂相处；第二个逻辑是：你们公司的总监和HR都是笨蛋，因为他们找了一个傻蛋来给你这个聪明人做上司；第三个逻辑：你的能力足以跟一个有十年职场经验的人相提并论。

c）你看，我这些刻薄的逻辑，是不是难以让别人信服？显然，是你的判断力出问题了，而不是你们公司除了你都是笨蛋。我希望我的刻薄分析能让你清醒过来，更希望我今天毫不留情的讽刺和伤害，能帮你避免未来职场对你造成更大的伤害。

3. 春天——想要脱离打杂岗位的设计师：

a）公司肯定需要打杂的，如果你不打杂，你认为谁应该去打杂？设计师？你的主管？你们老板？

b）如果你是具有设计能力的人才，哪怕你每天除了打杂的时间只剩下两个小时，你也可以靠你的设计能力让你的老板眼前一亮，他一定会把你从打杂的岗位上晋升到专业的设计岗位，因为这样对公司来说利润更大。他完全可以花2000元找一个其他的大专生或者是高中毕业生来给你打杂。

c）老板给你开工资不是让你来学习专业知识的，你到职场上是来出售自己的能力的。很抱歉，你现在的能力只能打杂，所以，你目前所感受到的委屈是不成立的。

4. 纱织——连累领导被扣分的行政主管：

a）你才入职场一年就已经成为行政主管了？那你真的是火箭式干部。我认为这么快的升职会导致你像个"空心萝卜"，能力没达到，办事必然出纰漏。

b）"委屈成本"高，所以，赶紧走出委屈，思考一下如何解决问题。扣分已经不可避免了，现在你要做的事情就是挽回领导对你的信任：第一要真诚地道歉；第二要找到被扣分的理由，并且协助你们领导把面子挽回来。

5.等爱的狐狸——不想接待客户的IT技术人员：

a）"委屈成本"高，停止委屈，立刻动手解决问题。

b）解决问题的第一个办法：你不去，让另外一个女生去（似乎人家也不乐意）。

c）第二个办法：派男生去。但老板既然不派男生，首先是希望女生接待客户；另外，八姐暗搓搓地想：男生技术比你好，做程序比你更有价值，而你技术能力一般，所以就让你干点打杂的事，公司才不会浪费人才。（此话刻薄，不过，我觉得反映了99%的真实情况，因为我自己总是这么干，把能力不高的人派去干打杂的事。）

d）所以，要么接受安排接待好客户，要么扬名立万当个程序高手从此不理世间俗务。

二十六、如何获得职场好人缘？
——"移情换位"

"你在职场上，人缘好吗？"

这是我曾经在读者群发起的百人调研，答案让所有人大吃一惊：

1）0%的人回答说，"我人缘不好"；

2）大约65%的人说，"我人缘还不错"；

3）其余的人回答说，"我比较内向，不善于沟通，所以人缘不好不坏吧"。

如果各位读者小朋友对这个话题感兴趣，不妨也在你的小圈子内做个调研，看看有多少人会说"我人缘不好"。

如果这个调研反映的是真实的职场情况，那问题就出来了：人缘不好的人占0%，那么，职场上的冲突都是什么人干的呢？难道是两个人缘都很好的人打起来了？

如果你到我的读者群里，或者到"十点课堂"的"职场36计训练营"看看留言，你会发现，至少有20%的提问是和"人际关系怎么这么烦"相关的，比如：

1）苹果BB：其他部门总给我们部门穿小鞋，我实在干不下去了，就离职了。

2）风清：八姐老师，快告诉我怎么办吧！我刚入职的时候，年轻气盛，当面顶撞了我的上司，结果她以后就一直针对我。我想好好干下去，可是关系这么紧张，怎么办啊……

3）小琳：我找同事帮一点点小忙，她们都不理睬我，这也太歧视新人了吧。

224

你看，这是不是职场怪现象：人人觉得自己人缘"还可以"，却有大把的人在吐槽说自己"吃瘪"、被"穿小鞋"。

这种怪现象，其实恰恰就是情商低惹的祸。情商不够高的人，无法看清自己的真实特征，误认为自己的情商还不错，但是，跟别人交往的时候，又会不由自主地"严于律人，宽于律己"，所以就容易出现摩擦。

那么，到底该如何解决情商低、人缘其实并不好的困局？

"移情换位"计策

想要获得好人缘，我冥思苦想了很多年，也找不到什么"他好我也好"的速效药，也只能是把你们都听出茧子的一个计策搬出来，那就是"移情换位"，也就是满大街的人都在说的"换位思考"。不过，我认为"移情换位"表达得更加准确，顾名思义，就是你能转移到别人情感里、换到别人的位置思考问题。

如果你们搜索国外的大学网站，你会发现：美国顶尖的10所大学，要求申请人最需要具备的能力，并不全是"creativity"（创造力）、"IQ"（智力）、"leadership"（领导力）、"communication"（沟通能力）这些，但一定会包括"empathy"。英文的原意就是"进入一条心的路径，理解别人的心"，翻译成汉语，一般会意译成"善解人意""换位思考""感同身受"，或者"移情能力"。

我不由产生一个疑问：为什么顶级名校把empathy看得这么重要？

我曾经做过几年徐小平老师的助理，当时研究了申请美国大学和移民加拿大的诸多要求，发现西方文化高度看重的empathy，真的是比"勤劳勇敢"更有意义，因为这个empathy其实是一粒种子，诸如勤劳勇敢、敬业爱岗、观察力强、逻辑性强……这些优良品质都会在empathy的影响下生根发芽。

为什么中国人很少用到"移情"这个词呢？在中国文化中，我们强调最多的是我们是勤劳勇敢的民族，而"换位思考"这个词，是最近二三十年才从西方引进的舶来词。

如果你深入探究一下中国文化，就能发现，中国文化更强调照顾好自己，呼吁每个人自强自立、自强不息，甚至有一些极端的流行语，比如"人不为己天诛地灭"。有些语言学家认为，古人说的"人不为己"，指的是"人要做好自己"，而不是"为了自己的利益"。其实，不管实际情况是哪一个，总归是强调"个人"的。在中国文化中，强调"进入别人心灵去感悟他的思想"的教诲，少之又少。仅有的"善解人意"往往被用来形容女性，而最接近换位思考的"己所不欲，勿施于人"也只是强调自己不想要的不要给别人，并没有强调去思考别人想要什么，然后给他。

在这种强调管好自己，少管别人的文化影响下，我们从小受到的"移情"教育和训练非常少，这样会有什么影响呢？从好处看，中国人很勤奋，认为命运掌握在自己手里；从坏处看，往往会造成不良的社会影响，人可能会变得自私自利、冷漠无情，比如老太太跌倒了不扶，看到别人打架默不作声等等。此外，这种文化对职场小白的危害也极大，因为你从小到大被教育管好自己的事，不要总是为别人服务，所以没学会揣测老板和客户的心思，自然服务不好人家。

我啰唆了如此这般的内容，就是想告诉你们两句话：

1）empathy很重要。

2）你从小到大，很少接受empathy的训练，你爸妈和社会欠你的这一课，你得自己补上。

既然empathy这么重要，我们要分析一下到底如何提高移情能力。

第一步，给自己的移情换位能力评个分，假设满分10分：

1）10分：有揣测别人心态的条件反射，能力也强；能立刻举出本周至少3个自己觉察到别人思想和状态的例子，比如，你周一早晨给别人留言时能自然地想到周一上午他忙。条件反射地随时问自己：他要什么？我如何能满足他？

2）6分：努力揣测别人想要什么，但是经常猜不对。

3）2分：可以感受到别人的喜怒哀乐等比较明显的情绪，但是不善于揣测他在想什么。

4）0分：没有思考"他在做什么、想什么"的意识，无意识地以自我为中心。比如，经常留言说"在吗，亲"，得不到回复就揣测人家故意不理你；或者总是觉得有人给自己穿小鞋。你可能说不至于吧，0分怎么可能呢？大家别误解，我是说职场竞争力上的0分，代表在职场中的最低水平，并不是生活中的0分。

低于6分的empathy很可能职业发展已经受挫了，一定要天天训练自己，empathy是可以后天锻炼出来的。

第二步，要不断训练，提升分值。我建议三个办法：

1）从离你最近的人练起，揣测他的心思，然后直接找他验证。比方说，跟你老公吃完晚饭，你可以问他："老公，我在练习猜人心思的能力，我猜你现在想刷朋友圈，不想跟我聊天，对不对？"听听你老公怎么说吧，也许他会说："哦？其实我脑子里啥都没想啊。"

2）从发朋友圈练起，每次你晒娃、晒美食、晒心情的时候，提前思考：张三看到会想什么，李四看到呢，王五看到呢……只有朋友圈不让大部分人反感，才能发。

3）直接向你的领导和同事询问："您想要什么？""希望我把工作做成什么样？"像这样直接询问领导的需求，其实已经是最好的移情换位了。

现在，移情换位，你知道要怎么做了吗？

"移情换位"计策案例分析

案例一："扰"小白

这样的小白总是给别人留言：

（滴滴）在吗，亲……

（滴滴）你好，亲……

然后就没动静了。

1）如果你移情能力强，就能理解：别人都喜欢保持选择权，人家是否回复"在

228

的，亲"，取决于你要说什么事。比如说，如果你跟我说："在吗，亲？我把刘德华请来了，可以允许你拥抱3秒钟。"那我肯定说："在！在！在！"而如果你说："在吗，亲？您能给我大婶的小舅子的二丫头辅导一个小时英文吗？"我肯定假装不在，三天后回复你说："抱歉啊，我进山跑步修行去了，没带手机。"

2）移情能力高的人，向来把选择权交给别人，体现在微信留言中的话，至少要一口气把话说完，让对方根据你要办的事，决定是否告诉你"我在"。

案例二："礼"小白

这样的小白总是发微信给自己并不熟悉的人：要注意身体哦；亲，注意睡眠哦；亲，工作别太累哦……

1）如果你移情能力强，就能想到：谁还不知道要注意身体，这不是废话吗？这种私密问候只能发生在关系亲密的人之间。如果你跟不那么熟悉的人说"要注意身体"，在心理学上其实是"显示优势地位"的意思，这会表明你自己没什么竞争力，其他方面无法给人家帮助。所以说这种百分之百正确的废话，相当于告诉自己和别人：我在这方面做得比你好，我可以在这方面帮助你，你是需要我的。

2）记住，尤其是跟领导打交道，你总是说"要注意身体"，实际上是把对方放在了弱势地位，可能让很多领导表面微笑，心里厌恶。当然，如果你和领导之间关系紧密，像家人一样，你每天教训他"注意身体"都不为过。

案例三："助"小白

这样的小白特别爱帮助别人，总是给别人提各种建议；哪怕自己是个外行，也很热切地给内行提建议。

1）如果移情能力强，就会知道：别人更需要的不是帮助，而是认可。你总是不请自来地去帮助别人，就相当于宣告：你不行啊，看我的，我行，我来帮你！

2）外行指导内行就更加可笑了，你想：人家做一件事很多年了，你一个外行都能看到的事，人家怎么可能不知道？

3）此外，生活中，我们会不自觉地成为"助"小白。我就举个常见的例子：

今天，我去朝外SOHO却迷了路，于是问路人甲："麻烦您，请问朝外SOHO在哪边？"路人甲抱歉地说："不好意思，我也不知道……呃，你导航吧！"我解释说："唉，手机没电了。"

你看，路人甲显然是好心，不过他确实说了一句"正确的废话"，因为我看上去不可能是"不知道导航为何物"的大婶。所以，我肯定是不方便导航才去问他，他只要回答我"抱歉，我也不知道"就够了；如果他有心帮忙，帮我导航查一下，当然更是完美。

在这个案例中，我当然不会因为路人甲好心说了一句正确的废话而怪罪他，事实上，我很感谢他有心提醒我。不过，我希望这个案例能提醒你们，在职场中，像路人甲一样说一些"正确的废话"说明我们"移情换位"的能力还不够。真正具有强大empathy能力的人，要么不给建议；只要给了建议，就恰恰是别人最需要的！

案例四："气"小白

这样的小白特别爱生气，总觉得别人自私，不理解自己；或者爱委屈，觉得别人不公平；或者担心老板和同事给自己下套，让自己背黑锅。

移情能力高的人，能走到别人的视角看问题，所以很少觉得别人"对自己不够好"，因此很少生气和委屈。

案例五：马化腾

其实我很少用名人举例，因为他们位置太高、武功太强，小白消受不起。可是，我偶然看到这篇文章的时候，觉得非常震撼，所以作为一个案例分享给你们。

有个熟悉马化腾的人，写了这篇文章，列举了几个马化腾在朋友圈的表现。他说，马化腾很少发朋友圈，但是评论和点赞很多。比如：

1）有一个上市公司CEO发朋友圈说："晚上12点刚开完会，还是要锻炼，决定跑步回家。"

马化腾就在底下评论问："你是换了衣服再背着背包跑吗？"

那人说："办公室备了衣服，让司机把包送回家。"

马化腾又问："路上的人和车那么多，让司机送你到体育场或者室内跑，会更安全吧？"

2）一个投资人贴了一张自己孩子在船上钓海鱼的图片。

马化腾说："孩子太小，注意安全。"

3）业内人士发表对于行业和新闻人物的各种看法。

马化腾多次在下面简单回复"赞同"或者"不同意"。

4）一个腾讯总监级的朋友发了几张少年时的家庭照。

马化腾说："你跟你妈好像，你的手好长。"

我看到这些例子不禁问自己：如果我是中国最大互联网公司的老总，我会这么关心别人的一些细节吗？

我又不禁在问，QQ和微信做得如此成功，是否就因为创始人马化腾具有一眼看到底的换位思考能力，或者说尊重别人的能力，能不断为消费者的使用习惯而改变？

从今天起，我希望我的读者和我自己，不要只是发朋友圈秀自己的酸甜苦辣作，多关注一下别人，"移情换位"吧。

"移情换位"计策练习题

1. Limi.水水：

本人从事酒店销售工作四年了，性格比较内向，其间换了四家酒店，三家是因为人际关系出了问题。平时喜欢自己做的事情，不喜欢参与集体活动，所以同事都不太和我玩。主要是我也不知道怎么接近大家，平时想参与进去，大家也对我爱搭不理。长期以来，就没有信心，是不是自己性格真的不适合做这一行，好苦恼。

2. 止语：

我今年25岁，三年前市场营销专业毕业，毕业之后不懂职业规划，所以就海投简历，参加了两份工作，目前正在待业。我渴望与人打交道，却总是说不出那些漂亮的话；与陌生人相处不是很自在，不知道怎么找共同的话题；想学习上进，但是找不到方法，很快便放弃了。脾气倔强，除非事实证明我错了，我才会接受我错了，要不然就不服气。很想改变，不知道该怎么办。

3. 十月花：

我的孩子马上大学毕业了，可是还不知道出路在哪里。他喜欢音乐，想自己搞乐队什么的，我也不懂。我就想让他回家考个公务员、进银行，稳定就好了，别飘着浪费时间。谈心的时候他总说我不理解他，最近又闹矛盾了。我该怎么办呢？

4. 夏云：

刚加入新单位两个月，最近跟总经理、部门主管一起出差学习，在路上总经理就说要交出差报告，主管也说我们两个要分开交报告，我当天下午就回来把报告写好，直接交给了总经理。后来部门主管找我要报告，我说已经发给总经理了，一顿批评下来了。事情都已经这样了，要怎么处理？

5. 辰溪：

我是公司的前台，最近公司业务有些繁忙，经常有电话打进来。我有时候不耐烦就直接把电话转到市场部去了，导致市场部的同事对我有怨言。忙不过来找他们我觉得也没什么错，怎么就被反感了呢？

"移情换位"练习题解答

1. Limi.水水——与同事隔离又想和同事打成一片的销售人员：

a）移情换位的话，如果一个人大多数的时候不跟你一起活动，突然他想跟你一块玩的时候，就过来找你玩，你愿意跟他玩吗？

b）再移情换位一下你的老板，他需要一个能做销售、能签单的人，还是需要一个跟同事能玩到一起的人？我想答案很明确，他需要一个能做好销售的人，如果你跟同事玩不到一起，但是不影响你做销售，你干吗要改行呢？反之如果既跟同事处不好又做不好销售，那说明你完全不适合这一个岗位，立刻去摸索换其他的工作。

2. 止语——不见事实不认错的待业青年：

a）移情换位，如果你手下有一个员工，特别固执，你告诉他错了，他坚决不信，必须你拿出铁一般的事实去证明"你错了"，他才肯接受。你认为这样的员工是否耗费了你大量的管理成本？

b）过去，你因为"脾气很偏"，浪费了领导不少的管理成本，请问，你认错了吗？道歉了吗？成熟，从学会道歉开始。

3. 十月花——想要管好孩子、指导孩子走"正途"的妈妈：

a）你的孩子20岁左右，你应该45岁左右，你的父母应该65岁左右，让我们移情换位一下吧。你的父母看到你烫发化妆，说："烫发化妆有啥用？浪费钱。"请问，你会按照父母的教诲，不烫头，不化妆，吃饱了就去遛弯求长寿吗？

b）你肯定觉得父母瞎叨叨，同理，你的儿子也觉得你瞎叨叨。

c）人老了要识相，所谓识相，就是明白自己真实的状况以及社会的状况，社会在变，你也在老化。要让年轻人走自己的路，该摔的跤一个都不能少。有时间把你自己的事业好好发展一下，别整天盯着你儿子。

4. 夏云——因为越级报告被直属领导批评的新人：

a）移情换位：如果你的下属做错了事，你希望他怎么做？

b）真心认识到错误，此其一也，所以，你需要采取一个方式，让上司知道你真的知错了。

c）将功补过，此其二也。

5. 辰溪——忙不过来就把工作丢给同事的不负责前台：

a）移情换位一下：最近总有些发小广告的想闯进你们公司发传单，你们单位的保安觉得业务有些繁忙，他就很不耐烦，于是呢，把闯进来的人直接引导给前台，说："我忙不过来，前台你帮我处理吧。"请问：你会开心地帮保安接待这些人呢，还是会投诉这个保安？

　　b）前台是公司的最低岗位，你忙不过来可以找负责前台的主管，无权越级去让市场部同事帮你。如果你觉得委屈，就努力往上爬，别再做前台。

二十七、情商低的人该怎么改善自己？
——"挥刀砍我"

很多人在描述自己的"黑点"时都会提到一个共同的特点——"性子直"。具体的表述方法略有差异，比如说：

1）我性子直，容易得罪人；

2）我太耿直，遇到不合理的现象就想指出来，所以跟领导处不好关系；

3）我是直肠子，太单纯，容易上当。

但是，我发现了一个奇怪的现象：大家把"性子直"归类到"黑点"中，也就是认为这是一个缺点，但是，在描述缺点的时候，流露出的情绪并不是自卑、难为情、尴尬，而是特别委屈、不服，甚至有时候带着一些悲壮的自豪感。

这个奇怪的反差，到底是怎么回事？

我探究了很长时间，最终在中国的传统文化中找到了可能的答案。传统文化中，有大量赞美"性子直"的词汇，"路见不平一声吼""心直口快"等词汇都被定义成了褒义词。如果你认为这些词汇看上去也没什么问题，你再想想，传统文化中还有类似"劫富济贫"这样的成语，每次在影视作品中出现的时候，都配合着铿锵有力的语调，明显是高度颂扬的口吻。然而，世易时移，这些词汇，真的都是褒义词吗？

显然，从辩证的眼光来看，以上这些词汇最多只能被看作中性词，因为它们片面强调了"我看到的不平""我想说什么""我想帮助别人"，突出了助人者的高尚动机，但是没有照顾到受助者的感受。

由于传统文化几千年的浸染，中国人会不由自主地把"性子直"理解成带有明显褒义色彩的词汇。这就是为什么这么多人都比较踊跃地承认自己有"性子直"的缺点，因为这个缺点的背后隐藏着"我单纯、我有骨气"的潜台词。

说到底，"性子直"只是中性词，如果性子直是建立在思维全面、情商高的基础上，它就是一个优点；如果性子直又思维片面、情商低，它就是个相当要命的缺点。

我们今天所探讨的"性子直"，当然说的是后者。那么，"性子直"的人如何获得好人缘？

"挥刀砍我"计策

你们看到"挥刀砍我"这四个字，肯定觉得八姐老师实在是太夸张，我自己也曾经一度将这个计策改名为"感到自卑"，意思是性子直的人要把这个当作缺点，感到自卑，然后才能谋求改正。可是，当我看到大量职场小白的留言，描述他们因为"性子直"冲撞领导而两年不加薪不升职，我改了主意，决定就选择这个夸张的有些血淋淋的名字。如果你用这个凶狠的策略对自己动刀子，就能避免老板对你动刀子。其实，海尔集团CEO张瑞敏有一句类似的话："我们革了自己的命，比市场革了我们的命要好得多。"

所谓"挥刀砍我"，就是要把身体里的"我"割掉，把"我认为"割掉。具体来说，我们需要这样理解这个计策：

1）割掉"我"，才能停止"自我中心"式的判断

性子直的人，看问题一律以"我"为中心，认为"我"看到的才是对的。他们往往一根筋，看问题片面，全局感差。当他们看到同事、领导的做法不符合"我"的看法的时候，就会认为人家的行为是错误的，认为人家不公平。

2）割掉"我"，才能打开"坐井观天"的狭窄视野

性子直的人往往视野狭窄，坐井观天，生活的广度太小，阅历不丰富，所以他们习惯性地用自己的标准判断别人的生活，认为正确的道路只有一条，觉得自己是对的，而且特别急于帮助别人也走上他们眼中的正确道路。中国最著名的"七大姑八大姨"，见到单身姑娘就催婚，见到未孕夫妇就催生，就是这种视野狭窄的性子直的人。

我有个好朋友，事业有成，爱健身，爱旅行，她选择丁克，可是周围大把已婚已育的大婶大嫂大姐一见到她就说："你可别怪我性子直啊，我是为你好，不要孩子怎么能行，将来老了怎么办？"

这些苦劝别人生孩子的人，可能一辈子没看过北极光，没去夏威夷潜过水，没在商海叱咤风云，就连祖国的大好山河也没见多少，所以，他们除了体会繁殖、养育孩子的美好，不知道世界何其大，选择何其多。这种见识少而且情商低的人，最让人讨厌的行为，就是拿自己的眼光和标准去衡量别人的选择和生活。

3）割掉"我"，才能避免"伤人而不自知"的"招人烦"状态

性子直的人往往情商低，他们往往说废话、说伤人的话而不自知。我来举个例子，我周围经常有好心大姐跟我说："哎哟，我说话直你可别在意啊，我是为你好。你把自己搞得这么忙，哪儿有时间照顾孩子啊，你得把孩子照顾好，否则你后悔可就晚了啊。"你们看，好心大姐说的是不是废话？天下哪有一个妈妈不知道要照顾孩子的？而我既然选择了"自己>孩子"，想做孩子的行为典范，这个选择必然是有得有失的，必然失去很多跟年幼子女相处的美好时光。这个好心大姐冲过来劝我"把孩子照顾好"，就相当于她看到一个腿脚不便的人用力吼："你快起来啊，快跑步！"这种鼓动不仅是废话，更赤裸裸地伤人。

你可能会觉得我的这些分析有些过激，我也承认性子直的人有优点，比如直爽、不藏猫腻。但是，我更希望大家认识到"性子直"是一种个性的缺陷，它不仅会影响你的职业发展，也会在不经意中伤害别人，损害夫妻关系、家庭幸福。

"挥刀砍我"计策案例分析

案例一：说话不拐弯的小雨

我性子直，说话不拐弯，有一次给同事提了个意见，没想到她就生气了，还跑去领导那儿告我的状，真是狗咬吕洞宾。这种人，我以后应该怎么对付她？

1）"狗咬吕洞宾"？对于你的这个总结，我打个问号，小雨未必是"吕洞宾"，对方也未必是"狗"。

2）如果小雨知识渊博、聪明睿智、经验丰富，他提的意见可能是对的；如果不是，他仅仅是个小白，提的意见很可能只是"自以为是个好主意"的意见，对这个同事没什么参考意义。

3）我估计小雨情商并不高，沟通能力也不强，所以才惹毛了这个同事，让她觉得小雨不是在提建议，而是在批评、讽刺她。

综上所述，小雨不是要学会"对付她"，而是要学会"对付自己"，也许，"挥刀砍我"，先把自己身体里那个"自以为是，总觉得自己的意见很有价值"的自我给割掉，才能避免再次遇到这样"费力不讨好"的事。

案例二：耿直的小孙

我特别耿直，一不小心就会得罪领导，我该怎么办呢？

1）"耿直"是个褒义词，小孙的潜台词是：我看到了领导做错的事，并且指出来了。那么，现在就要讨论这个问题：小孙觉得领导错了，领导就真的错了吗？

2）小孙知道自己性子直，这说明他脑筋也直，不可能有360度视角，所以，他看到的是片面的，很可能误以为自己是对的。既然如此，他错怪领导的概率比领导真错了的概率要大得多。如果他想通了这一点，以后应该不会总是自以为"耿直"了。

3）但是，如果小孙真的是一个逻辑缜密具有360度视角的人，他要继续耿直下去。自己是超级人才，得罪领导又何妨？

案例三：容易上当的小苏

我是天生的直肠子，太单纯，特别容易上当，像我这样，被人家卖了都不知道，还帮人家数钱呢！我应该怎么混职场，才能不上当呢？

1）性子直的人，容易患"受害妄想症"。显然，小苏就是一个患者。

2）其实，我们身边没有那么多坏人，小苏的"上当"，大部分时候仅仅是自己的误解。比如说，老板告诉她"好好干，小苏，干好了肯定有很多奖金"。她信了并且去做了，觉得自己干得很好，期待着奖金，可是没拿到。她认为自己上当了。而事实上，可能仅仅因为小苏觉得自己干得很好，老板却觉得她很平庸。

3）如果真想治好病，要敢对自己"动刀子"，以后不要再说"我单纯""我怕上当"，而是要改成"老板，你觉得我干得好吗""老板，多给我安排点活儿"。

这个"挥刀砍我"的计策，有很多讲解非常粗鲁，对性子直的人可能会造成一万点暴击和很大的侮辱。但是，请你思考这个问题：你想自己对自己"动刀子"，还是等着职场对你白刃相向呢？

"挥刀砍我"计策练习题

1. 明日之杖：

我的"红点"是对英语感兴趣，英语六级，英语口语B级；本科化工专业，从事化工行业四年，做技术员，主要培训新员工基础操作、日常仪器维护及日常考核；工作认真负责，喜欢研究新产品，掌握计算机三级数据库。就是因为其他部门老在上级领导面前给我们部门穿小鞋，导致我的工作常常左右为难。想辞职。内向，不善沟通。

2. 黑咖啡：

我专科毕业，国企做了七年的物料采购工作。"红点"是踏实肯干，工作能力强，责任心强。"黑点"是不善于沟通，太耿直，说话不经大脑，不讨领导喜欢。所以和别人干一样的活，收入没别人高。最近一段时间特别迷茫，总觉得付出没得到回报。

3. a乔乔：

我有个困惑，为什么我不能跟一些有权威的人打交道？我总觉得跟一些不如自己的，或者气场不是太强的人比较能谈得来，交往起来也游刃有余。这让我很苦恼，这样我接触不到核心的关键人物，当然自己就不会成为关键人物。我非常不想这样，但是每到一个场合我就自动远离权威人士，想到要和他们接触就发怵，觉得自己从经验或者其他方面来说都很稚嫩，沟通起来索然无味，更无法得到他们的赏识。

4. ally2011103：

聊天中说话经常会刹不住车，说一些不该说的，这样的毛病有什么方法能有效地避免呢？

"挥刀砍我"练习题解答

1. 明日之杖——认为领导给自己穿小鞋的化工技术员：

a）不善于沟通往往是情商较低的体现。也许并不是其他部门在上级领导面前给你穿小鞋，而是你的脚真的就比较小。

b）你负责维护，却热衷于新产品研发，显然，应该跳槽去研发岗位。

2. 黑咖啡——付出与收入不平衡的"耿直"采购员：

a）你跟别人干一样的活，为公司产生了X元的收入。

b）你说话不经大脑，不善于沟通，给公司造成了更多的管理成本，创造了负收入Y。

c）综上所述，你的真实收入等于X减去Y，没有别人高，是正常合理的。并非你付出的不够多，而是因为你在付出之后也消耗了公司的管理成本。所以如果你想跟别人收入一样高，你需要以后说话经大脑，不要使用"耿直"这个词来形容自己，因为"耿直"是褒义词；你需要用一个贬义词来形容自己，这样才能够提醒你自己不要总是给公司产生负价值。

3. a乔乔——在权威人士面前感到自卑的职场人：

a）你出现了"自尊心过强综合征"，在有权威的人面前，你不希望自己在经验、阅历、谈吐上逊人一筹，而这是几乎没有可能的。一个刚毕业几年的职场小白，怎么可能跟像我这样已经在职场江湖打拼二十多年的、智商也不亚于你的人相提并论呢？

b）你在情商方面也略微出了些问题。你认为有权威的人也需要从你这里获取经验。这就大错特错了，每一个人的需求是综合的、多元的。举个例子，当我跟你在一起的时候，其实我基本上没有想从你这里获得经验或者信息的诉求。但是我作为一个普通人，必然有人的一些基本需求——希望轻松一点：我吃饭的时候，希望我需要餐巾纸时立刻有人递过来；在我口渴时，立刻有人给我水喝。在跟一些你心目中的权威人士在一起的时候，请你首先把他当作一个普通人，帮他做一些不那么高大上的事，这样你反而更能接近他们。

c）职场小白需要跟权威人士打交道，因为职场小白需要"大脑"；而已经当了"大脑"的人在跟别人打交道的时候，更多的是在寻找"手脚"，而不是在寻找另一个"大脑"。

4. ally2011103——想要解决"聊天刹不住车"问题的苦恼人士：

a）我年轻的时候跟你有一样的毛病，所以跨越书本拥抱你一下。

b）花开无须太盛，好话无须太多，这些道理其实你都懂了，关键是如何改正。我的建议很简单：减少口头交流，多用文字沟通。

二十八、如何获得帮助或者帮助他人？
——"等价交换"

我曾经在"十点课堂"微信公众号主讲"职场36计"这一系列课程，在课程设计之初，并没有设置奖学金，也没有约定我必须组织学员互动。

但是，我上课的时候在讨论区发现了一个大问题：学员们给我发出的答疑请求，合起来有上万条，就算有两个我，也不能全部详尽地解答完毕。

于是，我对课程做出了几个小改革：

1）增设奖学金，鼓励有经验的职场人主动去回复解答其他人的疑问。

2）鼓励大家组成学习小组，互帮互助互探讨。

听到这些课程小改革，很多学员说："哦，杨老师真好，真善良。"但是，我听到这个解读却开心不起来，因为，这听起来是高度赞扬，实际上却是一种误解。

善良是个单向词，它的潜台词有二：第一，杨老师强大，学员弱小；第二，杨老师不求回报，学员们须感恩戴德。你看，这样深入分析以后，我和学员都会感觉不舒服：我觉得自己被道德绑架了，既要帮助别人，还得不求回报；学员被当成弱势群体，还得背上"要感恩"的心理负担。

那么，应该如何解读我做出的小改革呢？我来给大家解剖我真实的思维过程：

1）第一步，确定我的目标：我需要完成3万人课程订阅目标。这是当时我对"十点课堂"的期望，也能帮助我启动一直想做的"途正职场"自媒体。

2）第二步：为了实现这个目标，我必须得到学员的帮助。比如说，学员为课程点赞，还把它推荐到自己的朋友圈等等。

3）第三步：分析我如何获得学员的帮助？答案特别简单：想获得别人的帮助，必须先帮助别人。

4）第四步：我如何最大化帮助学员呢？大家能想到的好好讲课、多多答疑，其实都不是最大化帮助，真正的最大化帮助只有一个——学员通过学习我的课程，事业更加成功。

5）第五步：学员怎样做，才能事业更成功呢？

a）摆脱迷茫，找对工作。所以，我增加了答疑的数量。

b）学员的思考能力和分析能力获得提升。所以，我呼吁大家要互相答疑；我又写了一封公开信给学员，继续呼吁大家互动。

c）学员能够坚持学习，坚持进步，而不是听完了课三分钟热度就散了。如何能让大家坚持下去，不断提升自己呢？我想起了一句话："一个人走，走得更快；一群人走，走得更远。"所以，我呼吁大家成立三人学习团队，设置了"杨萃先奖学金"。

刚才我把自己的思维过程解剖给你们，如何帮助别人或者获得帮助，我想，你们应该基本理解对应的计策"等价交换"了。

▲ "等价交换" 计策

职场相当于农场，甚至比农场更公平，你花了多少努力去耕耘，肯定能收获多少果实。

"等价交换"这个计策，听起来功利，细想很公平，但是最难的是操作。因为它实际上在两个方面约束着你，一个是你求助的时候，另一个是你施助的时候。我们现在分步骤说明"等价交换"的具体做法：

1. 如果你要获得别人的帮助，做法有四步：

1）提出你需要的帮助。

2）直接付钱，或者报出价格，或者用你的"交情余额"支付。这个"交情余额"，可能是血缘，可能是你以前帮过他，也可能是你和你闺密长期积累的感情等等。

3）让步提出，我理解你可能拒绝我，因为你有这些理由。

4）让步提出，如果对方真的不能帮忙，你会如何解决。

我们举个例子，你因为自己工作安排出了错，要麻烦美工周日加班，配合你设计一组图。你是这么说的：

1）哥们儿，我得给你添大麻烦了，我没管理好项目进度，老大要求周一就得把设计图给他，只能明天请你加班弄了。

2）真不好意思，弄完我请你喝酒啊。

3）周日你有没有啥特殊安排啊？

4）实在不行我就去找老大请罪……

大家千万不要觉得这样请人帮忙太啰唆，因为永远不要低估自己给别人带来的麻烦。

2. 如果你想帮助别人，做法有三步：

1）确定人家是否真的需要你的帮助。

2）确定你的这个帮助会给对方造成怎样的心理负担，他想打消这个负担的话，是需要付钱、报价，还是用交情支付。

3）直接收款（收下回报），消除对方的心理负担。

举个例子，我的好朋友，金牌销售小新，听说自己有个女客户单身，她想问问她有啥条件，她是这么说的：

1）梁经理，听说你单身，你不是单身主义吧？

2）我这个人迷信，说撮合五对婚姻是积大福报，遇到合适的我给你介绍一下，成吧？

3）咱俩互相帮助哈，我都撮合成三对了，还差两对……

你们看，这种说法，把帮助说成等价交换的互助，让对方听起来更舒服。

"等价交换"计策案例分析

"等价交换"听起来很简单，但是，很多职场小白甚至职场大白做得都不够好，我们举例说明。

案例一：《非你莫属》观众张猛

一位电视观众张猛先生曾发邮件跟我说：

杨总，我在《非你莫属》上见识到了您的风采和古方红糖的产品，非常崇敬。红糖的产业日益同质化，我本身有二十年的产品运营经验，曾经运营过千万级的产品，我对产品的运营有很多看法，我发给您一份简历希望谋求一份营销岗位。我看您在《非你莫

246

属》上招聘过其他选手，对方的背景比我还弱一些，所以希望您跟我联系。

1）对于这类求职简历，我会一律忽略，因为他想把自己的简历直接提交给我审核，违反了"等价交换"的原则。

2）如果一个人想在《非你莫属》跟我申请一个古方红糖的岗位，他要经历是否要报名的纠结、经历同学可能的嘲笑、经历了节目组的筛选才能最终见到boss团。而录制当天，他也需要在上午十点到达现场，踩点、化妆、走场，大约十个小时以后才会轮到他们拍摄，当天全部拍摄完毕有可能已是凌晨一点。

3）如果一个人想要通过智联招聘求职，他需要正常投递简历，经历HR部门的筛选，通过至少两次面试后，才会见到公司副总。

4）而张猛呢，他所付出的"代价"是：在家里看了《非你莫属》的节目，在微博上找到了我的读者群，在读者群找到了我的QQ号，把简历发到我邮箱中。显然，他付出的代价比前两类求职者少很多，而他认为自己有资格直接找我面试，这显然并不是一个成熟的职业经理应有的心态。

5）有很多人认为，接触到了老总就有机会展现自己的抱负，其实，不走正常渠道的求职者，所有老总都不会考虑招聘的。

案例二：委屈的新人小王

小王是新人，她问一个老员工："展销会场地费是应该给现金，还是提前转账？"这个老员工极不耐烦地说："找以前的资料，照着办！这种常识还不懂？"小王又委屈又气愤，觉得这家伙欺负人，明明就是一句话的事，偏不帮忙，还训她一顿。

小王从逻辑上犯了四个错误：

1）认为别人有义务帮自己。

2）低估自己给别人带来的麻烦，觉得"就是一句话的事"。

3）对别人进行道德绑架，因为"就是一句话的事"。

4）因公事被拒绝，却把公事私人化，结下了私怨。

小王的案例告诉大家：职场新人很容易低估求人帮忙给别人带来的麻烦，而且，公事求人被拒绝不要私人化。

案例三：需要200万投资的小魏

小魏听说我在长江商学院给EMBA企业家班上课，请我帮他介绍一些人脉，他有个很好的创业项目，希望拿到200万投资。

小魏让我帮他找人投资200万人民币，但他没给我许诺任何"好处"。比如说：老师啊，你可以入股；或者，成功了我给你提成2万，等等。我当然拒绝帮助他，你可能会说："哇，杨萃先这么势利啊。"真实原因是这样的：

1）小魏不走正常的融资渠道，想通过我找捷径，人品有问题。

2）请我帮如此大忙，却说得轻飘飘的，好像我随随便便就能搞来200万，这说明他换位思考能力不足，情商有缺陷，想象不到别人的工作难度，这样的人创业注定失败。反之，如果他先开条件，我会知道：这个人公平交易、尊重别人、情商高，那么，我肯定会认真研究他的项目，推荐给投资人，说不定我也会参与投资。请人帮忙之前先谈条件，别人才会知道你的人品正常、情商正常。

案例四：还没学会判断别人时间成本的编辑

晓阳是我的编辑助理，他把编辑改过的本书标题（多达36个）全部发给资深策划人求点评，我发现后立刻跳出来制止，要求他把改过的地方标示出来，以免浪费策划人的时间。

小翠的助理：@××老师，这个是杨老师写的，然后亚菲编辑更改过的标题，您还有什么意见和想法吗？

小翠本人：要把更改的地方简单写出来，老×的时间成本太高，能少占一秒也是好的。

资深出版策划人：呀，仙女老师就是贴心啊！

小翠的助理：我错了！

这个策划人是业内高手，他策划过的图书作者大致是这些人：白岩松、于丹、马未都……显然，杨萃先不应该出现在这一行里，但是，我侥幸地获得了他很多指点，其中的重要原因就是我尊重他的每一秒时间，绝不会浪费他的时间。

助理小宋看她领导工作特别忙，主动给领导带午餐，领导要还她10块钱，还了两次，她都坚决不收，说这么点钱，太见外了。可是后来，领导对她的态度竟然比以前疏远了。

小宋帮了个10块钱的忙，却拒绝领导等价交换把钱还给她，等于逼着领导欠她10块钱的人情。帮助人是好事，可是要让人家还人情，彼此才舒服。

小佩是我读者群的群员，群公告明确写了"杜绝私加私聊"，小佩偏不，她私加，而且一定要私聊：

杨老师，怎么样才能成为一个成功的人？我很迷茫，三十多岁了，一事无成，考个资格证也没考出来。我是笨，还是身上缺少某种东西？二胎放开了，我始终都没有生，不是不能生，是不敢生。我不知道以后的人生要怎么过，就这样过一辈子了吗？很不甘心，杨老师能不能为我迷茫的人生指点一下。

八姐我：群里说，亲！

小佩：群里说好丢人的，都能看到，多不好意思。

从表象上看，小佩是个弱者，她还选择了一个楚楚可怜的"娇羞"表情。如果我们冷血地把问题分析到骨头里，类似小佩这样的人有三个问题：

1）自私。她心里只有"我"——我怕丢人哦，我需要帮助哦，从来没有"你"——你忙不忙，你每天要回复多少个人的私信？

2）没有"等价交换"的意识。她从未对我、对其他群友做出任何贡献就发出求助。

3）她自己的时间太不值钱，所以她无法理解别人时间的宝贵。

我的这段分析，看上去刻薄、冷漠到了极点，肯定会彻底得罪这个女孩，唯愿我一人得罪她，换来以后她少得罪整个职场的人吧。

1.凛凛:

领导们把我增加工作量以后的工作分给班长们,让他们两个小时送一次料,最后再确认表单签字。可是班长们都做不到!他们慢慢地都不来送料,我就去取了。今天有个女班长还不满意,不想来签表单!我该怎么办啊?

2.八姐:

八姐老师有个MBA班的学生,他给八姐留言说:"老师,在北京吗,我去看看你吧!"八姐说:"最近太忙了,有空再约哈。"这个男生继续说:"哎呀,老师,我给你带了一箱山东樱桃,一定要送给你尝尝啊。"八姐说:"太客气啦,你们自己留着吃吧,最近太忙,有空再约哈。"这个男孩继续说:"老师别客气哈,我就把樱桃拿过来给你,顺便跟你见见,我最近创业了,想跟你讨教一下呢。"八姐说:"有事微信留言,我知无不言。"那么,问题来了,为什么八姐这么不给面子,不接受人家好心好意送来的樱桃呢?

3.彩蛋2号:

我想做微商,老师能说说怎样才能做好吗?

"等价交换"练习题解答

1.凛凛——因为同事不配合工作而炸毛的小白:

a)班长们多干了活儿,没有得到相应的等价交换的好处,所以大家不爽。如果想得到配合,你要考虑能否让班长们拿到回报?哪怕这个回报是你的感谢,而不是你认为天经地义地他们就应该多干。

b)班长是你的平级,不是你的"手脚",你没权力命令他们。有问题的话,你可以找这些"手脚"的"大脑"来修理他们。不过，也要承担后果：将来他们肯定还会不配合你。

2. 八姐——拒绝樱桃和问候的老师：

a）男生的代价：一箱樱桃加问候；八姐的代价：拿出一个小时为他的创业项目做诊断。这两个价格差距太大。（八姐回顾往昔：我年轻的时候，比这个男生还过分，竟然恬不知耻地请徐小平老师无偿帮自己拓展商务渠道！等我创业几年之后才真正领悟：等价交换的人才能把生意做好。）

b）20多岁的人，很容易把40多岁的人当作求助对象，其实，40多岁的人特别需要帮助。你们移情换位，假想一下：自己多了一对父母、一对孩子、多个孩子关联的小伙伴和小伙伴的家人，创业者还有多个员工，是不是觉得都要忙得翻白眼了？

3. 彩蛋2号——想做微商的人：

a）微商在朋友圈做生意，用自己的人品交换别人的信任，这样算是等价交换。所以，想做好微商，需要成为一个让别人信任的人。

b）很多微商常见的手段是问候，比如"感谢我的朋友圈里有你，天气转凉了，要注意身体哦"。我个人觉得，这种廉价的问候，成本太低，不会等价交换到我们掏钱购买他们的商品。

二十九、如何拒绝别人？
——"天平石头"

我在"36计音频课"中并没有讲解"如何拒绝别人"这个话题，但是，帮助我编辑这本书的晓阳强烈建议我加入这个内容。他说自己统计了音频课讨论区的留言，发现很多小伙伴都提出了类似的问题，比如说以下两个提问：

1）小唐：杨老师，我是薪酬专员，月底核算工资的时候总是忙得像狗一样，可是就在本月，有一位刚入职的同事，真的超级没有"眼力见儿"（一看就知道是东北人，"没眼力见儿"就是不懂别人的心思），在月底最后一天，竟然让我帮她修改一下1000字的工作总结！

2）娟子：我在一家电商公司工作，"双11"的时候仓库理所当然地爆仓了，领导要求我所在的客服部门去支援，否则会产生大面积退货。可是，我们手上的客服电话多得要爆炸了！如果我们跑去发货，客服电话怎么办？

小唐的新同事完全不明白月末对薪酬专员意味着什么。她并不知道30日至次月5日简直就是薪酬专员的"姨妈期"，他们是非常暴躁的；尤其是奖金核算复杂的单位，月末核算奖金会导致薪酬专员在这几天的工作量增加一倍。在这个特殊时期请薪酬专员帮忙，基本意味着既得不到帮忙，还会被HR记在小本子上——此人没有同理心，考评时候给低分！

而娟子遇到的问题比小唐更棘手。因为她收到的请求来自上级，而且事发紧急，属于"快点来救火"的状况，这个"不"很难说出口；可是，如果不说"不"，自己的工作又会着火。那么，这个"不"，该说还是不该说呢？

"天平石头"计策

在工作和生活中，我一直使用的一个说"不"的计策是"天平石头"。这个计策的名字很奇怪。其实呢，"天平"就是人际关系，"石头"就是拒绝，你既需要天平，也需要石头。千万不要做一个不会说"不"的人，过度友善是一种病，肯定累死自己，还未必温暖别人。

但是，因为说"不"而得罪别人，也是无妄之灾，所以，必须有技巧地拒绝别人。"天平石头"的计策，你可以这样理解，这样操作：

1）当你拒绝别人的时候，你必须知道：你往别人心上压了一块"石头"，对方会觉得自己被忽视了，不被爱了。这就好像是一个天平，两个人的平衡被这块"石头"打破，向一方倾斜。

2）为了保持人际关系平衡，你要想办法在自己这一侧的"天平"上添一块"石头"来恢复原来的平衡。那么，应该如何放这块"石头"呢？我给大家推荐四个办法：

a）我不能帮你做事件A，但可以帮你做事件B。"石头"即帮你做事件B。

b）我现在不能帮你，但我8号有时间，也许可以帮你。"石头"即8号帮你。

c）我不能帮你，因为我其实更需要你的帮助。"石头"即我需要你的帮助。

d）我不能帮你，但是你真的对我很重要。"石头"即你很重要。

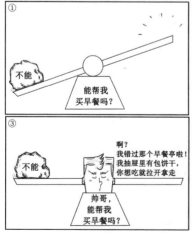

也许这个理论依然拗口难懂，我们现在用案例分析让你直观地了解应该如何放这四块"石头"，恢复你和求助者之间的人际关系平衡。

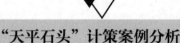

"天平石头"计策案例分析

案例一：Chris推销理财服务被拒

我最喜欢的电影《当幸福来敲门》中有一个桥段，主人公想给一个基金公司总裁推荐他们公司的理财服务，总裁说："我特别喜欢你，Chris，但是我现在不会使用你们公司的服务。"

1）你看，总裁拒绝了他，但是，前面也铺垫了一个"我特别喜欢你"。如果你看了这部电影，知道总裁身居高位，而Chris是一个连实习工资都没有的小白，就知道总裁的这句"我特别喜欢你"实际上是颇为有分量的一块平衡关系的"石头"。

2）有很多同学会误认为老外非常直接，其实，以我个人的观察和理解，老外是特别不愿意直接说"不"的，你听得最多的，肯定是"好的，但是……"他们口中总是出现的那个"好的"，就是拒绝别人的时候，用来平衡关系的"石头"。

案例二：客户找大明要特殊政策

销售经理大明刚在湖南娄底签了个总代理。对方认为自己渠道广、促销员多，就要求大明申请供货价下调3个百分点，这显然是大明必须拒绝的。

大明这个有着五年经验的金牌老销售是这么回复的：

1）王总，我特别愿意帮您这个忙，您对我来说太重要了，我完成任务就指望着您呢。（"石头"即你重要）

2）可是，降低折扣这个就是老总自己也不敢批，否则其他经销商不是炸窝了吗？

3）您看这样，您今年不是签了500万的回款任务吗，我去跟公司申请，如果年底您在所有经销商中超额比例最多，比方说您做到了160%回款，我豁出去了，找老总给您要奖励，或者至少要个更好的明年的政策！（"石头"即明年我帮你）

4）王总，其实您不知道，公司还给我压了任务呢，希望您这边2个月就完成80%铺市率，说如果我完不成就下课，我压力大呀。（"石头"即让王总拒绝大明自己。因为这是个不可能完成的任务——最快也要3个月才能铺市率达到八成）

案例三：朋友找阿新借钱

阿新自己虽然收入一般，但是她老公收入比较高，在同学圈子里大家都是知道的。有一天，阿新的大学同学找她借钱，说要买房，希望能借5万块钱。

阿新自己的原则是：买房就应该找银行贷款，不应该借钱。所以，阿新不想借钱给大学同学，于是，她这样回复：

真是抱歉，大家都觉得我老公是做生意的，肯定有闲钱，其实你们不知道，公司经营都是没什么现金的，他们公司固定借民间资本的钱运转，年利息10%，因为公司小，没法找银行贷到那么多款。他前两天还想让我帮他借些钱周转，我差点就给咱们同学打电话了，后来从我妈那儿拿的钱，算是周转过来了……

1）阿新使用的拒绝方法，是"我其实也很弱"，这个理由作为一个小"石头"，平衡了对方张嘴借钱时产生的压迫感，制造了心理平衡；同时，还说"我差点就给咱们同学打电话了"，也放了一块求助的"石头"在对方的天平上，进一步创造平衡。

2）不过，八姐我老人家在这里说一点题外话，我希望我的所有读者和学员，能从银行贷款就绝不要找朋友借钱。如果必须从朋友处借钱，一定要限时、给利息且有抵押，否则，一旦开口借钱，就给自己的朋友心头堵上了一块大"石头"，成了不受欢迎的人。

3）其实，我一直极度反对同事之间彼此借钱，为此还特意在公司章程里明确要求"任何员工不得向其他人私人借款"。

"天平石头"计策练习题

----

1. Penguin：

公司让我做岗位调整，调去销售部门做内勤工作，其实销售部经理觉得我不适合做销售，但是却让我去她们部门，我也不想去。她之前已经在背后阻挡了我升去当总监助理的机会，我该怎么拒绝HR的这个调岗通知呢？

2. 芜杂的心绪：

总是很难婉言拒绝别人推过来的工作，太直接会伤感情，有什么不伤感情又能成功拒绝的技巧吗？

3. 心之所向：

我们是施工单位，本来我在项目部，然后机缘巧合有机会在机关帮忙同时学习，表现好的话就有可能留在机关。但是现在项目领导想让我回去，他们不和公司领导商量，想让我自己和公司领导说我想回去，但是我是很想留在机关的；项目领导也和公司领导说过让我回去，但是公司领导没有表态让我回去，所以该怎么解决这个问题？（八姐备注：这个留言我看了三遍才看懂，简直是绕口令。）

4. 秋山：

我在公司里做行政工作，公司刚起步很多事情需要我协调。最近一个上任的市场部经理，暂时还是光杆司令，他经常让我帮他做一些前期市场的调查工作，查找资料、做调研等等。这本该是他自己干的工作，可是顶着个领导的帽子我也不好拉下脸，我该怎么办呢？

5. 绿色的海：

我最近有个很好的同事离职自己去创业了，他想拉我跟他一起做，跟公司做的是一样的。我是技术型的，目前在公司处于稳定上升期，对公司各方面也比较满意。可是我不想跟他因为这件事把关系搞僵，我该怎么跟他说呢？

.... **"天平效应"练习题解答** ....

1. Penguin——想拒绝调岗销售助理的员工：

a）显然，你认为"总监助理"岗位比"销售助理"岗位更高大上，这可真的是一个误解。我想，多数小白可能跟你一样，觉得"总经理助理""总监助理"是有前途的岗位，八姐老师告诉你们实情——不是的！我给大家用数字来比喻一下："销售助理"的职业技能段位为1，销售代表段位2，主管3，经理4，总监5，总经理6。1段助理跟6段总经理在一起，其实学不到什么东西，因为武功的差距太大了；反之，如果1段助理跟2段销售代表在一起，反而武功能迅速精进，也许半年或一年后就可以升级为2段！我在《非你莫属》招聘的时候，总是看到无数选手过来谋求"总经理助理"岗位，我特别想告诉他们："亲爱的，不要以为你在总经理身边工作，就能学到总经理的武功，接触到总经理的人脉，1段的人，给了你6段的武功和人脉，你也用不上。"

b）你们可能会质疑：那什么人才适合当总经理助理？答案：想当助理的人，想升职成管家、行政主管的人。

c）你把销售经理形容成背后阻挡你高升的魔爪，以我这么多年的职场经验，这应该是你的误判，因为几乎没有一个销售经理会干这种损人不利己的事。

d）如果你觉得自己未来不想升职为销售，那么，的确应该拒绝HR的调岗申请。不过，你的这个"拒绝"，完全是公事公办，谈不上平衡人际关系。因为，即便你拒绝了HR，她也不会感觉到个人情感受挫，所以直接拒绝就可以。只是要提前想好：一旦你的"拒绝"被拒绝，你就要准备好离职了。

2. 芜杂的心绪——不会拒绝别人的实诚人：

a）用我们今天学过的计策，"不帮A而帮B"或"换个时间帮"，都能巧妙拒绝别人。

b）如果别人总是认为你能够做更多的工作，我想，你目前的工作安排并不饱满吧？闲着有毒，我希望你不要拒绝帮忙，而是应该主动请求帮忙。

3. 心之所向——想留在机关却被领导要求"快回来"：

a）首先，请你以后注意文字表达，不要写得像绕口令一样，我看了三遍才勉强搞清楚。

b）现在，你的领导在你的天平上压了一块"石头"——"请你回来"。你想拒绝他，那么，你提供了什么"石头"放在他的天平上？你送礼给他了？你"跪地求饶"跟他搞关系了吗？如果任何"石头"都没有，你和项目经理之间的关系必然失衡，人家当然要立刻把你调回去了。

4. 秋山——自己很忙还被迫要帮助光杆司令的行政:

a)"张经理,我现在行政的紧急工作特别多,下周能抽出时间,那时候帮你调研,可以吗?"如果你一定要拒绝市场部的工作,你完全可以把帮忙时间延后,既给光杆司令先生留了面子,也拒绝了工作。

b)但是,我并不建议你拒绝"光杆司令"的请求,因为你可以借机跳到市场部去。按照常识推理,市场部的岗位比行政部更有发展;而且,这个"光杆司令"很快就会成为你们老板的心腹。

5. 绿色的海——不想跟同事去创业的技术人:

a)"等我还完房贷,我才敢挪窝"(推迟时间);"有什么技术上的难题,只要不涉及公司机密,随时找我"(不帮A而帮B)。"天平石头"计策所讲到的方法都可以帮助你"不搞僵关系"地拒绝别人。

b)"君子坦荡荡,小人长戚戚",你显然是个技术高手,你的朋友才想拉你入伙,我个人觉得,就做个"坦荡荡的技术高手",很好!沟通技巧是给没什么金刚钻的人准备的,如果你是乔布斯那样的牛×技术人员,不要浪费时间去学什么沟通技巧,你压根儿不用学什么"进阶",你可以像乔布斯那样整天"骂"人……

三十、职场上应该做到男女有别吗？
——"知己知彼"

男女有别？

男女有别！

这是我在做了十多年人力资源管理工作后，得到的最大体会之一。

如果不深刻理解"男女有别"，职场小白有可能将自己所遇到的问题，笼统地归类为人际关系冲突，比如说以下这两个问题：

1）我老板不可救药，上周明明确定了项目方向是专注做大单品，就做茉莉花一种品牌，结果这周又让我们调研苦荞茶！

2）我老板整天耷拉个脸，平时也不跟我说话，我都不知道自己工作表现到底是否让他满意。

类似这样的问题，貌似是员工和老板之间的矛盾和沟通问题，而事实上，其实更和"性别"有直接关系。那么，到底如何应对"男女有别"？

"知己知彼"计策

我做过十年女老师，十年女老板，从多年的管理经验中，提炼出一个你一定耳熟能详的计策——"知己知彼"。《孙子兵法》中的这句"知己知彼，百战不殆"，在职场中同样适用。

"知己"，就是了解自己性别的基本特征；"知彼"，当然就是了解异性的特征。

百度、知乎上有很多男女差异的描述，比如：男人擅长前瞻、逻辑、决策；女人擅长语言、沟通、人际交往。但是，这仅仅是"What"，是"知己知彼"的第一步；第二步，知其然并知其所以然，搞清楚Why；第三步是"How"，如何利用这些差异。

刚才简单了解了"What"，现在咱们到第二步"Why"——为什么男女差异如此之大？

社会学家把男女差异追根溯源到进化论，认为一切差异都是几百万年进化的结果。由于理论很深奥，给大家编一个故事来说明：

现在你"穿越"了，回到了一百万年前的原始大陆，你是一只雌猿——就是母猴，你们氏族的雄猿负责打猎，你和其他雌猿负责养育后代、采集果实。先来"知彼"看看雄性的生活，"他"负责打猎，可以基本分成五个步骤：第一，跟其他雄猿组成小分队，提前商量打猎计划，明确各自的分工；第二，出发后各司其职，"他"观察动物粪便，别人趴地上听动物的声音，彼此之间没什么交流，不能大声嚷嚷说"嘿，哥们儿，兔子去哪里了？"因为一嚷嚷兔子早跑了；第三，一旦发现兔子，立刻爆发，开始围猎；第四，如果失败，尽快调整好情绪，从头再来；第五，完成一天的打猎之后，精疲力竭地回到山洞，把猎物丢给你，"他"就一言不发地待着休息，恢复体力，第二天才能继续打猎。

这个故事中的打猎行为，训练了男性几百万年，不断刺激他们的大脑发育，于是，现在的男性就具备了以下这七个显著特征：

1）有计划，有前瞻性；

2）擅长分工；

3）果断，有决策力；

4）具有很强的空间感、方向感；

5）善于推理；

6）可以快速处理不良情绪；

7）比较沉默，喜欢独处。

了解完男性，就要问下一个问题：女性是怎么进化成今天这个样子的呢？请你依然闭目，"穿越"：

上百万年前，你生活在一个山洞里，你主要负责三件事：第一，你负责养育下一代，所以，你抓紧一切时机跟孩子们叨叨，传达生存经验，哪种蘑菇有毒，哪种果子不能吃；为了让孩子们印象深刻，你语言夸张，表情丰富；第二，每天晚上你要把雄猿带回来的猎物分割，由于一个族群一起住，你必须分割得公平，才能不产生矛盾；第三，你负责照顾幼崽、生病的猿人，所以你注意观察、细心体贴。

就这样，经历了几百万年的进化，女人就具备了以下五个特征：

1）表达能力强，表达的时候情绪饱满，容易让人理解；

2）爱叨叨，尤其爱提示别人：有危险，小心点；

3）敏感，换位思考能力强，善解人意；

4）由于没有经过打猎的训练，所以目标性、前瞻性、计划性、推理能力、方向感、情绪控制能力都相对不如男性；

5）非常注重公平。

刚才这些"本故事纯属虚构"式的推理，其实已经被现代科学家证实了。他们研究发现，男女脑结构有三个显著差异：

1）男性脑容量比女性平均大9%，负责前瞻、决策、分析的区域更大；

2）男性制造血清素的速度是女性的1.52倍，血清素可以平复情绪，所以男性平复情绪很快，吵完架之后，五分钟就可以呼呼大睡，而女性可能翻腾俩小时；

3）女性左右脑之间的神经桥更宽，宽度是男性的1.3倍，左脑的语言和右脑的情绪可以密切传导，所以女性表达的时候情绪丰富饱满，而男性表达的时候"冷冰冰"的。

刚才我们彻底分析了男女差异的"What"和"Why"，现在终于可以解决

"How"的问题了：我们如何利用这些差异呢？我想带着你们，探讨这三个问题：

1）男人喜欢什么样的相处模式？

2）女人喜欢什么样的相处模式？

3）女人如何发展得更好？

先来探讨第一个问题：男人喜欢什么样的相处模式？在我看来，"知己知彼"之后，有四个技巧要注意：

1）要多跟男性结成队友，因为他们在工作中的前瞻性、逻辑性确实可以使得工作更高效；此外，我也建议非独身主义的女生尽快找到男朋友，他们的逻辑性和规划性可以帮助女性把生活和工作安排得更有计划性。

2）跟男人沟通时，要放出"兔子"——你们共同要围猎的目标，男性喜欢目标明确，然后实现目标。比方说，跟私企男老板谈升职加薪的时候，你可以很直白：我需要底薪增加20%，我核算过签单成功率，我能做到3.5%的签单率，而公司平均签单率是2.9%。我可以给大家做一些培训，提升签单率，如果不增加底薪，给我培训奖金或者提成也可以。

3）女性跟男人相处时，要给他们独处的空间，接受他们经常性的沉默。如果你的男老板不爱搭理你，那未必意味着他看不上你，可能仅仅是因为他需要独处；你跟老公吵架，他如果一言不发，你不要以为他以冷暴力来故意气你，他只是需要在沉默中恢复情绪。

4）女性跟男性相处时，不要挑剔他的口气和表情，要理解他们比女性冷漠是正常的。假如你生病请假，老板准假了却没表示关怀，这不是他不在乎你，可能仅仅是由于他脑桥的宽度才是你的十分之七，他说"好的，可以请假"这句话的时候，话虽说出了口，可是关心的情绪还没从右脑传导到左脑来。

第二个问题：如何跟女人相处？这里不仅说的是男人跟女人相处，也包括女人跟其他女人相处，我建议的相处技巧，有如下四条：

1）帮助女性看清大局：给女性布置工作，最好介绍一下大局，帮她看到最终的工作目标。比方说，一家民营医院的离职率一度达到了15.8%，已经超过了行业警戒线，很多优秀的护士只要看到国营医院招工，就纷纷跑去面试。后来，公司老总组织每月一次的宣讲会，会议上不谈公司管理的规章制度，而是不断放映卫生部长最新的讲话，分析政府采取了哪些行动鼓励医药分开，鼓励民营资本进入医疗行业，让所有人看到，民营医院在未来十年内会有井喷式的大发展。此后，这所民营医院的离职率迅速回落到10%以下，而且员工积极性明显高于以前。女性员工由于大局感差，所以经常会觉得不安全，不敢跟着单位猛烈投入。如果想唤起女性员工的工作热情，一定要让她们先看清未来的方向。

2）协助女性建立逻辑上的小框架：如果你知道自己的女同事逻辑能力一般，就要启发、协助她在做事情之前，思考好逻辑步骤。我举个例子，我们要搬到新办公室去，行政专员做了一个搬家方案，我发现是这样写的：

a）某月某日，购买打包胶带、纸箱等，准备好搬家；

b）某月某日，提前几天通知员工打包，准备搬家；

c）某月某日，通知经销商公司搬家。

显然，这个行政专员是按照时间顺序来思考工作步骤的，这个逻辑显然不对，如果你是她的领导，就要及时帮助她思考正确的逻辑框架，比如说，改成这个逻辑：

a）政府方面：工商局注册地址变更；商标局收函地址变更；开发票地址变更……

b）客户方面：通知现有客户、潜在客户……

c）员工方面：新地址的交通方式；物品如何打包带走。

如果持续对女性职场小白进行逻辑训练，她们的工作效率就会高很多。

3）爱：女人很容易"被搞定"，他们感性多过理性，你需要定期告诉她：我重视你，我爱你，如果你能改掉什么毛病我会更加爱你，这个女人（哪怕她像我这么老这么貌似十分理性）也容易被你搞定。还有，当你不得不训斥女员工后，你需要补充一句："我其实是认可你的，希望你能变得更强。"如果你不给予这一点"爱"，你就会吃大亏——你训她花了5分钟，可她要5小时才能缓过来，重新开始进入工作状态。你说这多么耽误事！

4）善变沉淀期：女人天性善变，倒不是因为她善变，而是因为前瞻性较弱；在看不到全局和远方的情况下，容易左顾右盼。凡是跟女性打交道，尤其是跟女性老板打交道时，原则上要给她善变沉淀期，尤其是你明显感觉风风火火容易改主意的女老板。比如，你的女老板交代给你一个任务，3日启动可以，5日启动也没问题，我建议你一定要5日启动。因为，很有可能4日的时候你这个女老板给你打电话："那个项目启动了吗？没有？好！暂停一下，我有一些新想法，沉淀好了再告诉你！"即便你这个女老板没有中止计划，我建议你也在4日的时候，给女老板发个"项目启动计划"，你很可能会发现：这个女老板，会有一些新想法加入项目计划中。这样你工作起来就更能"摸到老板的脉"了！

最后，我们来帮助女性读者们回答一个问题：女性如何在职场发展得更好？我提炼了四条实操技巧，分别是逻辑化、理性化、量化、早规划。

1）逻辑化。提升逻辑可以让女性的职场竞争力翻倍，但是，我们无法短期内改变大脑DNA，所以诀窍就是：死记硬背固定逻辑，强迫提炼自己的逻辑，下面有几个死记硬背的逻辑框架：

a）"1234"，它是天生逻辑弱的女性强制性训练自己逻辑的一个办法。比如，别人问你，喜欢追韩剧吗？你要强迫自己用"1234"作答：不喜欢。1. 没时间喜欢；2. 28岁了，意识到故事太不真实；3. 哭戏太多，受不了；4. 里面的男主角太帅，看多了回家再看老公受不了。

b）"5W1H"（When Where Who What Why How）：时间、地点、人物、事件、原因、结果，这类似刚才用到的"What Why How"框架。逻辑弱的女生，也可以用"5W1H"强制性训练自己的逻辑。比如，别人问你，喜欢韩剧吗？你可以说：呃，不太喜欢，没那个时间（when）；早年上大学的时候，宿舍里人多，大家一起看还觉得有意思（where）；还有，韩剧里的人物实在是，来自星星的人类，我还是不去了解了（who）……你可能觉得这样回答有点犯二，不过，如果你强迫性训练自己一段时间，你的逻辑会变得很强，运用起来就不会这样笨拙了。

c）正反面。比方说，早上我跟我妈说："妈，晚上煮饺子，要素的，不要肉的。"这就是正反面逻辑。你在公司竞聘岗位，可以把竞聘宣讲设成"我适合这个岗位的优势有4条，劣势有2条"，这种框架也很受人欢迎。

2）理性化，不要情绪化。女人千万不能玻璃心，人家批评你5分钟，你花5小时才恢复正常，太耽误事，成本太高。不过天生情绪化的DNA对女性的影响很大，我还是分享一些实操技巧给女生小伙伴：

a）在生活中，克服情绪化的唯一手段：把自己的日程塞满，让自己没时间生气。很多女生都有跟男朋友或老公吵架的经历。你会发现，如果是早晨吵架，到了8点你必须出门上班，这个"架"必须暂停，等晚上下班的时候，你的"气"肯定小了很多；如果是晚上8点吵架，由于后续没有日程，于是，你们就会持续吵到睡觉，而且，在老公已经睡着了之后，有很多女生会把老公摇醒，说："不行！接着吵！"因此，离家出走的事件，多数都发生在晚上，因为白天你上班，太忙了，没时间出走啊！

b）在工作中，如果你是情绪化的人，请你在工位上永远贴个黄条：情绪化的人没出息。每次你看到这个，就会缩短生气时间。

3）对自己进行时间量化管理。假如出去逛街，规定2个小时内必须买到一条裤子，一双鞋子；否则你有可能出去一天啥也没买，也有可能买5条裤子。或者，给自己做个规定：追剧必须在晚上8点到10点，每天最多追3集，否则你很有可能连续看到深夜2点，第二天没精神，上班的状态不好，引起领导不满。

4）规划。强迫自己制订3～7年的规划，哪怕你的计划会改变。做了计划的女性，往往事业发展得比没有计划的要好很多。

"知己知彼"计策案例分析

潇潇参加了"跟单组长"的公司内部竞聘，她是唯一一个有三年经验的跟单员，表现一直不错，她对这个岗位志在必得。但是，最后成功竞聘的人，竟然是总监的助理阿洁。潇潇怒从心头起，她认为这是"秃头上的虱子"——明摆着：总监在搞暗箱操作，不公平！

于是，潇潇愤怒地去找总监，质问她凭什么对自己不公？总监回复到：竞聘流程是公开的，审核过程也可以公开，如果潇潇有意见，可以通过正常渠道向上层反映。但是，在潇潇的投诉没有结果之前，公司依然要按照流程，任命阿洁为跟单组长。

潇潇更加愤怒了，她认为总监显然是踢皮球，而且想通过任命，把阿洁这个组长弄成"既成事实""生米煮成熟饭"，于是，潇潇出离愤怒地说："太欺负人了，我不干了！"

总监与其他几个主管开会讨论，想了解一下此次竞聘的选拔是否很公平，发现五名主管投票与原因如下：

1）总监投票阿洁，因为她非常了解阿洁的能力，认为她完全可以胜任跟单组长。

2）品控经理并不熟悉阿洁，但是仍然投票给了阿洁，原因是：潇潇曾经认为经理对自己不太重用，哭过两次，而品控经理的原则是绝对不选择任何爱哭的人当头儿。

3）生产经理投票阿洁，因为她对阿洁的印象是"特别皮实"。

4）其他两名主管投票给了潇潇，因为潇潇经验比较丰富。

大家最后的讨论结果是：没有选择情绪化的潇潇做组长，非常明智。

秋颖是新入职女员工，她的苦恼是：我老板（男）整天耷拉个脸，平时也不跟我说话，我都不知道自己工作表现到底是否让他满意。

现在，我来模拟一下秋颖和男老板的心理活动：

男老板（耷拉个脸）：七度空间刚推出"蘑菇垫"，这个一定会影响我们"夜用"

的销量（微微皱眉有些担心），我必须安排人调研冲击有多大。嗯，一会儿就安排秋颖干这个事（表情沉重地看了秋颖一眼）。

秋颖：老板耷拉个脸，是不是因为我今天踩着点9点钟到办公室的……

秋颖：天，老板还瞪我一眼，肯定是对我不满意了，我今天确实来得有点晚了，应该早来几分钟的……

秋颖：可是我昨天加班了呀，最近不是总加班吗？我住得还那么远，天天陪着你加班，你下班开车回家了，我可是赶地铁啊，昨晚我都没赶上，打车回家公司又不给报销……

秋颖：给这种人干，没什么前途，我抽空得投一下简历（也开始耷拉个脸）。

我做的这个心理活动模拟虽然有些夸张的成分，但是，我相信可以让你们直白地理解男女差异，我希望无论男生还是女生，都可以从这个模拟中体会到跟异性打交道的技巧：跟女性打交道，尽量"暖"一些，这就是女生喜欢"暖男"的原因；而跟男性打交道，没必要去过分察言观色，因为他们很少把情绪写在脸上。

"知己知彼"计策练习题

1. Sunny：

我今年32岁，女性，在国企工业设计院做电气设计工作四年。周围的朋友都说我很适合创业，适合当老师，但是我很喜欢我现在的工作，可是感觉没有其他男同事干得好，没有人家开窍。我研究生毕业，理想是成为电气专家。我能实现吗？

2. 夏洛特：

我大专会计毕业将近两年了，出生于小城市，在校时对未来规划不清晰，总觉得工作经验和能力更重要，忽略了提升全日制的学历，只考了自考本科。现在处于待业备考公务员的状态。我男朋友家里是开店做生意的，他继承家业，希望我和他一起拓展生意。大学时我也有过创业经营门店的经历，做得还不错，自己也很享受那个过程；但出于对未来的担忧，总想有份自己的工作。总之，处于高不成低不就的状态。即将面临湖南省的省考了，考完也不知道自己何去何从。

3. 吴喵喵：

我是一名护士，上了八年的夜班，厌倦了做护士，所以想通过考研，给自己一些时间，积累一些其他能力，想毕业后脱离临床工作。我今年31岁了，还是单身，很苦恼，我应该看见条件好的就追吗？可我不是主动的人，也不喜欢相亲网站、集体活动。我喜欢看书，听超级个体等个人成长的文章，但行动力不足，今年准备写实践的反馈笔记，很想知道自己适合什么样的工作。虽然知道脱单要花时间，但我有些自卑，想先让自己优秀起来。我该考研吗？适合什么工作呢？

4. 猪猪：

我是名老师，在体制内工作，入职五年，中级职称。优点是干活有韧性，喜欢拼搏，有"点子"，授课质量评优多次，独立承担课题研究，一直担任骨干，为人正直。

我的工作一直没有好的老师（领导）指导，全靠自己"野蛮发展"。有时希望领导帮扶，可自己又觉得领导不带我玩。我是不是应该做些什么？还是做好自己的手头事，跟其他女性一样平稳发展，不争不抢？目前改革，面临异地调动，工资待遇在大城市里非常一般。我要不要趁机离开？

5. 朝天骄：

我大学毕业在一家文化公司做文案。家里面是重男轻女，从小没有感受到关爱，也对性别问题有些偏执。工作的时候公司里的男领导同事对我不闻不问，觉得他们对我有偏见，可能是我想得太多。但我想改变现状，该怎么办呢？

"知己知彼"练习题解答

1. Sunny——想当电气专家却觉得没有男人开窍的工程师：

a）如果一定要对比，男性确实比女性更容易成为电气专家。

b）如果你不能成为顶级的电气专家，成为一级的你愿意吗？如果愿意，没什么理由怀疑自己。

c）林徽因的建筑学造诣没有梁思成高。可是那又如何，她一辈子做着自己热爱的事业，把她的诗词歌赋的造诣和建筑学结合，也成了被认可的建筑学家。

2. 夏洛特——考公务员未卜、不知道该做什么的迷茫职场小白：

a）我不歧视专科生（不敢歧视，因为马云也是专科生），但事实是：专科报考公务员，失败率高达99%，这是有据可查的概率。

b）你家里人希望你进个正式单位弄个铁饭碗，那是因为他们自己不知道，不正式的单位也有很多金饭碗。

c）女人往往方向感有欠缺，如果遇到了方向感强的人，就要学会跟随。我认为你男朋友既然是继承家业，说明他的生意已经步入了正轨，你辅助他应该是一个非常好的选择。

3. 吴喵喵——想离开医院的恨嫁女护士：

a）你的全局思维和逻辑优先级思维，都明显出了问题，在你全部的工作当中，第一是对工作的厌倦，第二是单身，第三是个人成长。如果按照世俗的观点来看，最重要的急需解决的是单身问题，但是你投入大量的时间去研究个人成长，这是典型的逻辑思维上的本末倒置。

b）很多人会用貌似高大上的努力和未来的绚丽，来掩盖现实的苍白。很抱歉地说，护士考研，基本就可以界定为这一类别。你可以去查查中国所有考生中，护士成功考研的比例，我觉得最多是万分之一。

c）如果现实很苍白，必须改变现在！既然31岁单身很苦恼，看见好的还不追？哪儿来的闲工夫琢磨考研？

4. 猪猪——在体制内无法上进的上进女教师：

a）领导不带女老师玩？（八姐备注：没有任何不严肃的意思。）那就说明你可能在一个理工类高校里？大部分的理工科教授，确实是男性，如果领导愿意扶持男老师，我认为也可以理解。从总体上说，在理工院校，男教授拿到的课题经费确实比女教授更多。

b）在高校里，领导对授课质量的重视程度，远远弱于拿课题、立项目，我建议你入乡随俗，更多重视科研项目。

c）最后，我两年前就决定不再回答"能否离开体制内"，因为：反正你也不会听。（八姐备注：至少有1000个人长篇大论写信给我，然后热情地跟我讨论体制内的问题，然后我热切地鼓励他们、为他们提供了各种解决方案。不过，我回答过几百次之后发现了，我说的都是废话，所以，我闭嘴。）

5. 朝天骄——因为家庭原因对性别自卑的职场新人：

a）你说得对，的确是你想多了。年轻的时候，你总是会觉得"别人故意冷落你，别人刁难你"，等你痴长十岁二十岁，你才会逐渐醒过味来：原来，别人没有那么多时间搭理你，人家脑子里想的，多半都是自己的工作、自己的家人、自己的朋友，哪有时间把你放在心里，琢磨着，欺负着！欺负你也是很浪费时间的好吧！（听起来有些刻薄，不过真的是真的。）

b）职场没有男尊女卑，职场只有优胜劣汰。人家对你不闻不问，和你的性别无关，是因为你的文案平淡无奇。（这句话更刻薄，不过想明白了你才知道该生谁的气，下一步劲儿往哪儿使。）

PART 5

职场，拼的就是长期持续增值

勤奋上进，其实是一种投资，你把自己的时间、精力投资到一件事情中，期望获得回报。

但是，跟任何一种投资一样，勤奋上进，一定有以下几种结果：

1）亏本了；

2）有收益，但收益很低；

3）有收益，且收益很高。

你一定想让自己的投资获取高收益，那么，就让我们一起来探讨一下自我增值吧，研究一下到底该学什么、怎么学，干什么、怎么干。

三十一、学什么技能考什么证有利于发展？
——"农民施肥"

如果把全世界人民放在同一个标准下测量一下，我觉得中国人民的上进心，一定是名列前茅的。我们就算是大学毕业了，还特别勤奋地学习、考证、琢磨创业，而很少选择背包旅行，或者跑去海边把自己晒红、晒黑。

但是，勤奋上进，一定能帮我们增值吗？

很遗憾，答案还真的是：未必。

我的年轻读者和学员有个共同特征——超级爱学习！我给大家举几个例子：

物流专业大学生小张：除了考英语四级，我还应该学点什么？

大三的莉莉：我想做人力资源，是不是应该考研究生？

有些人在工作中完全用不到一些技能，诸如英语、设计，但总是想学习，似乎不学习就很慌张，不学习就等于不思进取了。比如说：

快乐妈妈：我现在工作用不着英语，可是不学习就荒废了，所以我一直学。

吴迪无敌：我注会都考完了，接下来不知道该考啥了，八姐老师，我该学点什么呢？

刚才这些问题，归类成一个逻辑，就是：我要学什么，将来能多挣钱？

▲ "农民施肥" 计策

年轻的时光，从来匆匆且不可逆。它既是这个世界上最宝贵的财富，也最应该成为自我增值的土壤。

但是年轻人在职学习，其实成本很高。首先，你要投资你的钱、你的时间、你的精力；其次，你还把你本来可以用于工作的时间给投入进去了，比方说，如果你下班之后不是急匆匆地赶去考证，你就可以加班，把工作干得更漂亮。

所以，千万不要想当然地认为"爱学习的孩子有出息"，一定要把学习当成投资，要衡量费效比（费用和效果的比值），再来决定要不要学习、该学点啥！

对于"如何学习"，我给大家提炼了一个直观的计策——"农民施肥"。意思是，你要学习，就相当于农民要施肥，都是为了让自己的"庄稼"尽快长大，结出丰硕的果实。

那么，农民是怎么准备肥料的呢？如果你像我一样在农村长大，你应该非常熟悉农民的做法，他们会准备两类肥料：

1）第一类是最珍贵的肥料，就是农家肥了。把自己家养的鸡、鸭、猪、狗、牛的粪便都积攒起来，开春的时候沤肥；它能让土地更肥沃，适合于所有的庄稼。农民很珍惜这种肥料，能收集多少就收集多少。

2）第二类是购买的化肥，化肥非常专业，有钾肥、氮肥、二铵之类的。不同的农作物需要不同的化肥或者复合肥，同理，不同的岗位也需要不同的技能。

年轻人在职场中发展，当然也需要各种"肥"才能长得壮。那么，到底该如何施肥，咱们就要学习农民伯伯了，你要做到以下三条：

1）如果真的没想好要做什么岗位，你就把全部的时间和精力投入到基本素质的提升当中，就好像农民积累多少农家肥都不算多一样。这些基本素质，就是你的逻辑思维能力、解决问题的能力、口头表达能力、文字组织能力等等。这些在职场上的"软技能"，是多多益善的。

2）专业技能的提升必须等你想好种什么"庄稼"后再开始投资。比如考证，这就是专业技能，很多大学生没想好干啥，就把人力资源证、教师证都给考了。这就等同于农民不想好种什么庄稼就准备化肥，绝对是浪费时间、浪费精力、浪费钱。

3）肥料准备好了以后，当季就要施肥，要用到庄稼上。最忌讳的就是堆了一仓库的化肥，不去施肥。光学不练，是人生最大的浪费。就像有个段子所说的，你上午听马云创业计，下午学习王健林的管理哲学，但是你依然在挤地铁，因为你连投资做个小生意的勇气都没有。

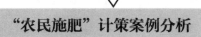

"农民施肥"计策案例分析

案例一：学习欲爆棚的小张

物流专业小张问，杨老师啊，我还在念大学呢，除了英语，我还要学什么呢？

1）如果小张没想好将来干啥，那就积攒农家肥，打基本功。比方说，"牛粪"代表头脑清晰，"鸡粪"代表口头表达清晰，小张必须日复一日地"捡粪沤肥"。为了锻炼落落大方的表达能力，班会要发言，上！校园歌手大赛，唱！能创业，创！为了锻炼写作能力，开简书，天天写！

2）同时，小张千万不能误认为：学习就是"学习"。你去听"罗辑思维"一年，也不代表你有逻辑思维，你得练，只有练出来的，才是农家肥。

3）如果小张在大三的时候，突然想明白自己要做"物流规划师"。那么，小张就定下了"庄稼"——他要种一棵"物流规划"树，它需要啥肥料？只要在智联招聘查一下，就能看到：数据分析能力加数学建模能力。这些专业的"化肥"，就需要小张刻苦学习，天天攒肥了。

案例二：不学习就闹心的小胡

注会考完了的审计师小胡，她总觉得不学点什么就闹心，她想学学英语，因为没有什么领导力，也想报名参加个MBA课程。

1）小胡是个审计师，她觉得自己没什么领导能力，那么就只能往专业方面发展，她要种的"庄稼"就定下来了——高级审计专员。那么，这个岗位的"庄稼"，需要什么"肥料"才能长得壮？

2）首先当然是"农家肥"，小胡已经做了五年的审计，"农家肥"当然积累了不少，比如"牛粪"——踏实肯干、"鸡粪"——严谨细致的态度和"猪粪"——强大的计算能力。

3）然后再看"专业化肥"，打开智联招聘网站，输入"高级审计专员"，按照月薪1万进行搜索，跳出无数岗位，锁定跟自己原来工作最接近的，小胡就能发现这些要求：

a）熟悉一般纳税人做账流程；

b）熟悉税法，会报税，会操作报税相关软件；

c）独立操作用友、金蝶等财务软件；

d）有监察管理知识，有法律知识和统计审计知识；

e）英语读写能力好。

根据这些招聘要求，小胡一边工作，一边学习，就足够忙碌了。

最后，八姐老师要再啰唆强调一下，大家在学习的时候，要注意下面两个雷区：

1）把"化肥"的作用看得比"农家肥"重。重视学历、证书、出国镀金，而忽略了基本素质的锻炼，比如换位思考能力、逻辑思维能力、口才。

2）看到别人"买化肥"自己就着急，不去分析人家种什么"庄稼"，你种什么"庄稼"，而是看谁的"化肥"多。比如你好好地学着外语专业，看到人家考了教师证、人力资源证，你就慌了，立马也想去考一个。我希望大家都能做到心如止水，你种你的红苹果，我种我的黑小豆。

"农民施肥"计策练习题

1. 涟漪：

我目前有六年工作经验，一直做的是公司销售助理类的工作，觉得一眼就望到头了，没什么技术可言。我一直在学习设计类的工作，觉得有一技之长比较好；对英语也感兴趣，想去做个英语培训的老师。感觉有很多东西要学，可是不知道如何去做。

2. 哦？：

我是1990年生人，本科学的是中医临床，在医院做过，后来专做销售，目前在培训公司工作，从助理到现在的讲师。我什么东西都想尝试，这几年自己学了手工皮具、手绘、做饭，最近又开始学习日语，我是不是不够专注呢？我要放弃这些"爱好"吗？如果不放弃，我该怎么办？

3. 晴子：

我一直从事统计、会计方面的工作，今年35岁了。这些年在兼顾家庭孩子的同时考了大专、会计中级职称。很希望有份工作能让我财务自由又时间自由，我想接下来去考注册会计师，那样会有更高的收入，但是我又不善于做管理方面的事务，我是不是应该学点别的什么？

"农民施肥"练习题解答

1. 涟漪——什么都想学的销售助理：

a）你就像是一个农民，扛着锄头这儿刨一个坑，那儿刨一个坑，每个坑里你都放了种子，撒了化肥，搭了时间，这样做最终啥果子也吃不上。

b）你种了最久的一棵"树"——销售助理，你断定这棵"树"结不出啥果子，没啥前途，于是才去其他地方刨坑。那么，问题来了，如果农民觉得自己种的果树不会结出好果子，他会守着这棵树，还是刨掉它，换一棵树种上？

c）想好你到底要种"苹果"还是"梨"，然后把你全部的"化肥"、全部的"除草"的时间，都用在这棵树上。

2. 哦？——拥有很多技能和爱好的花心讲师：

a）你就是一个花心的农民，刨了五六个坑，撒了六七个种。

b）现在，你面前就有一排"小树苗"，如果你只是为了玩一玩，那么，你可以伺候十棵"小树苗"；如果你想吃到果子，你得想想自己的精力，到底可以把哪棵"苗"伺候成果实累累的"大果树"。

3. 晴子——想要实现财务与时间自由的老会计：

a）你想要的果子是财务自由、时间自由，在我所能想到的所有岗位当中只有代账员这个岗位了，就是帮助很多公司记账的人。

b）代账员的岗位需求并不高，不需要你是注册会计师，但是需要你情商高，替企业着想，而且跟税务局有一定的关系，可以合理避税——这些，才是你需要准备的"化肥"。

三十二、怎样才能多挣钱？
——"三大股指"

"多挣钱"是每个职场人都想要实现的目标，钱不仅意味着更好的物质生活，更代表着你的价值得到了社会的认可。这种自我实现的感觉，比物质上的享受更能让我们感到兴奋。

然而，"挣不到钱"是多数职场小白最为头疼的问题，你可能经历过或者正在经历下面的事情：

1）"我的工作到头了，再没什么发展空间了。"工作了三年的小宝如是说，脸上呈现出那种"我把自己掏空了，我真的泄气了"的表情。

2）小樱在公司做行政做了三年，兢兢业业地度过了新人的忙乱期，进入了平稳期。领导交代的事情可以圆满完成，也很少出纰漏，被领导形容为很靠谱的人。小樱经常在心里偷偷地想：我什么时候能升职呢？可是，半年、一年、一年半过去了，小樱的工资，只是在年底的时候，跟着物价指数一起，提升了7%。

那么，如何能挣到更多的钱呢？

1）多数职场小白都会选择自我奋斗，想办法进大公司、干重要岗位。

2）也有人说，要找人脉介绍好的工作机会。很遗憾地说，这不是八姐我老人家有能力探讨的范围，在这本书里我能教给你的，只有"桌子上面的交易"，只有靠自己的力量怎么挣钱。

3）还有人说，既然在单位兢兢业业地干也不能升职，那就搞几个副业，"斜杠青年"的时代嘛！我见过很多年轻人身兼二职——做着一份正职，还兼职做微商或者接活儿挣外快。从短期看，兼职可以帮你多赚一些钱，但在长远的角度上，其实因小失大。因为，如果你在年轻的时候用时间去换钱，就会影响你在一个专业领域内的精进。所谓术业有专攻，如果分心就不能进入靠专业赚钱的快速通道。

既不能靠人际关系多赚点钱，也不能靠多做副业赚钱，那么想要提高自己的工作能力，应该怎么办呢？

▲ "三大股指" 计策

任何一个劳动力，都要通过三种方式挣钱：

1）单兵作战，通过个人的劳动产生价值。比方说厨师做饭、杨萃先讲课。

2）支持战友上一线，自己做后勤保障。比如助理、秘书、行政、人事。

3）带领士兵，士兵上一线，自己当指挥。比如小组长、经理、创业者。

这三种方式就跟股票一样，都有指数，每个人都有各自的指数，如果你想挣钱，就必须不断提升你自己的"股指"，我们一个个分析：

1）提升单兵作战的"股指"，方法有二：

a）避开简单的、重复性的、清闲的岗位，这些岗位很难让你提供"有差别劳动"，干好干坏很难判断出来。比如说，幼儿园老师、美甲师、小学的非主科老师、培训学校的乐器培训师、提供行政文秘支持的总经理助理等岗位。要选择"有差别劳动"岗位，干好干坏越是一目了然，越能让你提升"单兵股指"，比如销售岗、创意策划岗、研发岗、技术岗等。

b）在做相同岗位的时候，要比别人做得出色就要掌握更多不同的技能。比如做保姆，别人会做家常菜，你就学家常菜和粤菜；别人会扫地擦桌子，你就去自学按摩。不断提升手艺才能让你在单兵作战中有更多的价值、有更广阔的发展空间。请记住，单兵作战，重点突出的就是个人的特殊能力。

2）第二个指数就是支持战友的"股指"，战友是你的上司和同事，你支持他们上一线。提升这个股指，要做到两点：

a）你所在的岗位要有战友，这个是必要的前提。诸如校外辅导机构的钢琴、美术、英语辅导老师这样的岗位，如果不坐班，就永远没战友，自然没有"支持战友股指"，只能发展"单兵股指"。

b）要努力增加你所支持的战友的数量和质量。比如说一个行政专员，支持一个总经理和100个员工，她的支持战友指数肯定高；反之，如果支持到50个员工时，她就哇哇叫："好累啊，快加新人。"好了，新人来了，她的"支持战友股指"也下降了。

我举个真实的例子：

才馨原来总觉得有些同事很烦，懒得搭理他们；后来明白了"支持战友股指"理论，她就变了一个人。当她碰到自私的员工时，她对自己说："太好了，我又可以拉一个人头，提升'股指'。而且别人搞不定他，我可以把他管理得很好，支持的差别大了，'股指'又提升了。"

在接下来的工作中她会更游刃有余，成为公司协调事务的中流砥柱。

3）第三个"股指"——"带兵股指"。你能带多少兵，带什么级别的兵？这个股指，是最容易被职场小白忽略的：他们要么觉得我没资格带兵；要么觉得带新人又不给钱，不干。这就损失惨重了，因为"带兵股指"是唯一没有天花板的"股指"，"单兵股指"和"支持战友股指"都是有上限的。你想，你再厉害，支持100个人到头了，而带兵则可以带成千上万。而且，如果带出来的兵工作得力，自己也会有成就感，那就是一举两得了。

拿我自己举例吧，现在有些大学请我讲课，说一天2万元，来吧。我大多数都回绝，为什么呢？因为我的"单兵股指"到头了。随着我的日渐衰老（八姐翻白眼画外音：真烦人，为了给你们讲道理，我总得说点伤害我自己一万点的大实话），我的"单兵股指"会下降，只有"带兵股指"还有潜力，所以肯定只能选择创业。所以，我真诚地呼吁小白和大白们，你们要踊跃地带新人，利用这些新来的"小白鼠"，锻炼自己的带兵能力；只要你带兵，哪怕目前挣不到钱，你的"股指"还是提升了。

这就是我帮职场小白提炼的增值之道，提升"三大股指"。

现在我再画一下重点：

1）带兵是最佳升值手段，因为这个"股指"提升无上限。

2）越是能力一般的人越要注意，不要跟"单兵股指"死磕，因为你的学历、能力注定你作为单兵就是个普通人，很多人拼命学英语、学会计、专升本、考研都是犯了"跟'单兵股指'死磕"的毛病。相反，你要去优先提升战友的指数，变成一个特别踊跃地支持领导和同事的人，扩大你支持的战友的数量和质量。

"三大股指"计策案例分析

案例一：小A与小B不同的作战方式

一个公司中有两个下单员，下订单没什么技术含量。小A一边下单，一边业余考会计证。两年后拿到了初级会计证，发现会计工作其实很难找，花了半年时间才找到一个出纳岗位，工资2500元。另一个小B，一边下订单一边挑毛病，发现电脑系统的参数有问题，她就天天给工程师反馈；发现对账有问题，就天天跟财务部沟通。半年后，她升为主管，工资提升了50%。当了主管后，她还是发现问题就去沟通解决，很快就成了总经理的业务助理，升值空间比转岗成出纳的那个人高多了。

小B的"单兵股指""支持战友股指"都在提升，而小A只提升了"单兵股指"，"支持战友股指"却基本没涨。

案例二：Jacy的单兵局限

二本毕业的女生Jacy，海归硕士。回国后，在广告平台做业务助理三年，又到一个创业公司做财务兼仓储两个月，因跟创始人理念不合离职。此后分别在某游戏公司、医疗健康公司、互联网公司做总经理助理，总觉得挣不到钱，都离职了。最近的工作是某教育机构的咨询顾问，因为不喜欢公司文化，又离职了。

你们看，单兵做助理这是无差别劳动，不增值；在支持指数方面，她只是支持总经理，很难增值；没有带兵的经历，所以工作几年下来没有给自己有效增值。27岁，坐标广州，上一份工资6000元，可能下一份也是6000元，值得大家警惕。

"三大股指"计策练习题

1. Lion：

我毕业五年，毕业以后在一家国有银行工作，工作地点是家乡的小城镇。我已经很努力工作了，但我还是没有机会升职。现在是营业网点的大堂经理，营销任务重。我觉得自己不适合做营销，但升到其他岗位的机会很渺茫。我该怎么办呢？

2. VickyFang：

我已经工作十年了，在现在公司有五年，目前打算换工作。因为这五年都没有变化过，工资没怎么变。我有两年的项目管理助理的经验、五年sourcing（采购）和vendor development（经销商拓展）的经验，做事很认真投入，擅长沟通谈判，也善于团队合作。我该作何选择呢？

3. 花痴书小饕：

我33岁，在杂志社当编辑，工作8年了，年薪15万元。名校研究生毕业，当年找工作时本想当老师，但阴差阳错进了媒体。最近换行的"小火苗"又点燃了，因为当老师是我的夙愿，所以我想在怀孕期间把丢了几年的英语重拾起来，争取托福考个高分，然后去找一份钱多点、自由时间多点的英语培训老师的工作。其实我挺想做自由职业者的，只是缺少方向，我该怎么做呢？

4. 天语tianyu：

我是对外汉语专业的硕士生，喜欢做助理这样的工作，也很喜欢英语，现在是英语老师，喜欢孩子。想要当翻译，但是英语水平还不够。现在考虑换工作，因为工资已经到顶了，自己也已经厌倦这样没有提升的工作环境。我在积极学习英语，但是这样等下去何时才能跳槽并找到自己心满意足的工作？

5. 小恋在日本：

我是一名日本留学生，目前来日本6年，今年大学毕业，学的是服务相关行业。留学期间在超市等场所打工，但我对服务行业已经厌倦了。想找助理、翻译等相关的工作，只是这类工作在日本属于热门工作，很难找到，所以我在犹豫要不要回国找工作。我在上学期间做过两年代购，生意还不错，在商品策划、销售方面有点自己的想法，只是个人自控能力较差，感觉不适合自由职业。我现在签证还有半年，打算在这期间打工攒点钱，然后回国好好找工作了，只是都说国内工资低，但我还是很看好国内发展的。这种想法是否会得到赞同呢？

"三大股指"练习题解答

1. Lion——很努力却不升职的大堂经理：

a）目前你认为自己的"单兵股指"出现了问题：身处营销单兵岗位，但是你认为自己不适合。那么，回顾往昔找"红点"，你适合哪个单兵岗位呢？我支持你重新定位。如果不做营销，就得有门其他的手艺，那么，在银行内部，你还能做什么？柜员？风控？信贷管理？

b）不过，我需要提醒你的是：不管是银行还是像我们这种私企，十个岗位里，有九个必须具有营销心态，要善于"卖卖卖"，抗拒营销的人，在其他岗位也很难表现突出。

2. VickyFang——五年没涨过工资的外企人：

a）首先，五年没涨工资，为什么不早一些离职？如果你选择了连续五年接受几乎一样的工资，我想，缺少勇气，可能是你最大的职业发展障碍。

b）如果在外企只有"单兵股指"，无法升职，你要么跳槽去做一份难度更大的工作，提升"单兵股指"，要么，可以考虑到中小型企业，去做一个有"带兵股指"的管理岗位。

3. 花痴书小饕——想有钱又有闲的编辑：

a）首先，适合你的计策是"7531"，你应该至少联系、接触7个正在做英语老师的人，搞清楚他们是否有钱又有闲。以我这个过来人的经验，即使在大城市，年薪也不会超过15万很多，除非是资深名师；而有闲，做英语培训师需要周末和晚上上课，反而无法陪伴家人。

b）为了"有钱"，你完全可以从"支持股指"和"带兵股指"两方面想办法，比如带更多的新编辑，我想比你换个新行业更现实。

4. 天语tianyu——满意工资不满意工作环境的英语老师：

a）英语翻译是一个很可能即将被人工智能淘汰掉的岗位，而且，是一个只有"单兵股指"，几乎没有"支持股指""带兵股指"的岗位，我不建议你考虑这个岗位。

b）不喜欢现在的环境，就换一个工作环境，也可增加"支持股指"或者"带兵股指"。比如说，你可以申请培训新老师，参与课程策划。

5. 小恋在日本——回国或不回国：

a）首先从"单兵股指"上来讲，在超市打工的确是"股指"极低的工作，你应该尽快放弃。

b）你想做助理这个单兵岗位，市场价值也不高；而你所看重的另外一个单兵岗位翻译，客观地看，未来行情不太好。

c）我建议你回国做一个专业性的工作。比如说，零售管理，这是你在日本学到的、具有比较高的"单兵股指"的事情。

三十三、怎样学好英语？
——"回归母语"

很多年轻人认为英语"卡了自己的脖子"，无法进外企干外贸，快速增值。也许你就是其中一员：

1）想换个更好的工作，可英语不好，没有敲门砖；

2）想考研、留学，可是卡在雅思、托福上；

3）已经为人父母，不希望自己的孩子学英语像自己当年那么费劲，可是自己也不知道该怎么辅导孩子。

我做过十多年老师，在长江商学院教过李亚鹏、佟大为这些明星；我也一定是中国最贵的英语老师之一，因为我从教师岗位离职的时候，日薪已经到了1.8万元。不过，熟悉我的读者和学员认定我是个可靠的英语老师，主要是因为我把家里的小保姆，培养成了雅思7分的英语老师。其实，我还把公司的厨师培养成了少儿英语老师！当然她本来就有一些基础。

如果你觉得，八姐真是个"金光闪闪"的老师，一定有什么能让她身边的人都学好英语的独门秘籍，那么，你就错了。我没什么"秘籍"，我只是把正确的学习方法告诉了她们而已。如果你一直学得很费劲，你只是用错了学习方法，完全不是因为你自己"没有毅力"，或者"没有语言天赋"。

中国学生没学好英语，错其实基本不在学生自己。如果一个人学不好，确实怪他自己，但是如果整体上都学不好，那当然是教学方法出了问题。

事实上，中国学生的英语学习成绩，在全世界是排名垫底的。在过去15年以来，中国在40个组织雅思考试的国家中，一直排名倒数前十以内，最佳成绩是倒数第七，经常排在倒数第三第四，比柬埔寨、尼泊尔、泰国学生的成绩差很多。我写到这一段的时候，正好在柬埔寨出差，这里的经济发展大约是中国20世纪90年代的水平，中小学生每天只上半天学，剩下的半天做农活，或者就是玩。可是，你在大街上随便抓一个嘟嘟车（就是摩托车后面拖着一辆黄包车的简易出租车）司机，至少有五成概率能抓到一个会讲英文的，比中国的概率可是高多了。

反观中国学生，咱们患上了集体性的"学得差、学得慢综合征"，显然，咱们的英语学习方法一定是大错特错了。

联合国教科文组织发布过外语学习指导白皮书，其中指出，英语是世界上最易学的语言之一，从零基础到中级听说，以正确的方法学习，你只需要3个月的学习时间就能听说无障碍。

3个月？

3个月！

前提条件是每天投入的时间是8个小时。

按照每天8小时的时间投入，咱们中国学生累积学英语的时间，早就超过了3个月。那么，问题出在哪儿了？

"回归母语"计策

我把学英语的计策，定成"回归母语"。对我来说，这是唯一正确的英语学习法，不是之一，是唯一。 学习任何一门语言，无论是母语还是外语，都需要这么学。以学英语为例，你要做到这些：

1）母语怎么学习的，学英语全部照搬。

2）请把自己"泡"起来，除了上班时间之外，全天戴上耳机，听英文，听不懂的就查字典。这是效仿母语学习的手段，你想想看：从你出生开始，就浸泡在母语的语言环境里，是吧？需要再次强调的是：听不懂就查字典，不要硬听，否则你听十年也没用。听懂的内容听上100遍也不嫌多，你妈妈说了成千上万次"宝宝吃饭啦"，你从来也不嫌烦，每次都听，对吧！

3）从六个月大的时候，你开始玩嘴，整天发出各种怪声音。终于有一天，你会说"妈妈""爸爸"，然后什么都会说了。同理类推，你学英语的时候，必须玩嘴。最初说得很差，然后慢慢说得流利漂亮。如果你不说话，一辈子就是哑巴。如果你总怕错，就会变成一个结巴。什么都不怕的人，从哑巴，慢慢变成结巴，最后口齿清晰。

4）永久性告别背单词。你学母语的时候，绝对不会背诵"汉语800字"，所以学英语的时候，把你的词汇书统统烧掉。

5）找到小伙伴。母语学习中，很快就进入到了跟小伙伴啰唆的阶段，你们彼此说得热火朝天，词汇量和语法很快就丰富了。所以，学英语必须找到小伙伴，而且必须全天候跟小伙伴接触。如果每周上两次外教课，就像你每周跟妈妈和小伙伴见面一两次一样，压根儿学不会语言。你可以通过微信跟朋友结成小组，一起操练。关注"途正英语"，加入社群，在这里找到英语小伙伴，你的英语也会变得跟母语一样流利。

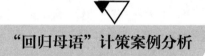

"回归母语"计策案例分析

案例一：从小保姆到雅思7分

1）露露学英语，就是采用了"输入+输出"的母语式办法。我在家里安装了音响，每个房间都有喇叭，只要一起床就要打开，睡觉了才能关上，这样就完成了"输入"。只要输入过程中遇到不懂的内容，立刻停下来查单词。这个音响，就是她的"英语妈妈"，每天陪伴着她。

2）而输出，就是大量造句。利用刚学过的句子，造出符合自己真实情感的句子。在母语中，有妈妈陪你练习，在英语学习里，露露只能自己给自己当"英语妈妈"。我要求她大量地自言自语，自说自话，这样才能把输入的东西激活，活学活用。

3）此外，我利用职务之便，给露露安排了很多免费陪练的机会，这就增加了她的口语输出训练，自然很快建立了信心。从0元课时费，到10元、100元、400元，她的口语水平也像课时费一样逐步提高了。你如果没有这种特殊的机会，就更要加强"自说自话"，就像一个2岁的孩子一样，他才不在乎有没有人陪着他说话，他就算是一个人玩玩具，也是不停地自言自语："小汽车，嘀嘀嘀，跑！撞墙了吧，我让你不老实……"

Zoe本来是英语大专毕业，但是一直喜欢炒菜做饭，就应聘到我开的英语培训公寓做了厨师。

由于每天炒菜做饭的时间只要三四个小时就足够了，我当然想利用一下她的"剩余价值"，同时也算给她做一个长期的职业规划。

1）我测试了Zoe的性格和特长，发现她极其活泼，还会画画，英语水平一般，但是发音可以打70分。于是，我帮她制订了一个"教学相长"的办法——让她教别的小孩画画，在画画中加入英语词汇。这样寓教于乐，小孩子比较喜欢，而Zoe自己的发音也在日复一日跟小孩子重复的过程中提升了。现在的Zoe，已经成了金牌少儿英语教师。

2）Zoe的学习，也符合母语学习规律，她省略了学习的过程，直接就用。你们想想看，母语从来就不是学出来的，而是用出来的，对吧？1岁的小孩子，从来不在乎发音和语法，而是能说出什么就说什么，比如"吃奶奶""妈妈抱""车车"……在使用中，这个小婴儿的单词量从0到100到1000，语法从错误连篇到流利顺畅。

中国式的错误学习理念是：先把外语学会，把错误都干掉，就能去使用了，这一点恰恰是本末倒置。你想：你如果不去使用一门语言，怎么能学会呢？你如果不犯错误，怎么能掌握对的用法呢？

王萌是搞体育的，从小练习跑步，后来跳健美操，国家二级运动员。

可是这个体育生，英语却相当了得。

1）如果你研究王萌的英语学习路径，你就会发现，她学习英语，跟学习母语没有任何区别。她喜欢葡萄酒，就去看葡萄酒方面的英文视频；她喜欢健身，就跟着美国教练的视频做健身。当她学会调酒、学会健身操的时候，她突然发现：哎哟喂，周围的人都误以为她是个英语老师了，因为她的发音太地道了！

于是，她就真的跑来新东方应聘做老师，正好是我负责招聘，就把她聘用过来了。

2）你们回顾一下，自己六七岁的时候，是不是开始迷恋各种小漫画、卡通节目，当你沉迷于这些课外书和电视节目的时候，你的语言，逐渐变得特别丰富。那么，你在学英语的时候，看了多少本课外书？看过多少电视剧？

如果没有，请你回答我一个问题：如果你的7岁女儿，从来不读书、不看电视、不听广播，你觉得她的汉语水平，会高吗？

关于英语学习的案例，我就举这些了，如果你们很想学好英语，按照"农民施肥"的计策也应该学。那么，你可以登录"十点课堂"微信公众号，那里有我的英语课程；也可以关注"途正英语"微信公众号，看一些英语相关的资料。

·········· "回归母语"计策练习题 ··········

1. 淡墨香：

我现在30岁，大专，商务英语专业，大学英语六级，生完孩子后刚刚返回职场6个月，目前在一家船舶公司的文件中心上班。因为是外企，所以想要升职加薪肯定是需要英文好一点，我也喜欢英文，想要能说一口流利的英语。我希望能往管理岗位发展，但是不太能和陌生人聊得来，自我感觉情商不高。我容易受环境的影响，希望能跟一个"牛人"，这样自己受她影响就会充满激情。在目前这种情况下，我要怎么提升自身能力，才有升职的可能呢？

2. Crystal：

我是高中生，怎么样才能学好英语、听懂英语、提高口语，和人们用英语对答如流？不懂得提高自己，懒，而且我现在学的是医学，但我对医学不感兴趣，非常喜欢艺术，家人不同意。我不知道自己该怎么办。

3. 赏漫天落花如你笑颜相随：

我是个初中生，出学校就结婚了，在厂里上过班，我想有份工作能一边带孩子一边上班。可我觉得我什么都不会，好像和社会脱节了，唯一就是对英语有点兴趣，不过当初因为记单词记不住放弃了，怎么办呢？有没有从零基础学习英语的书？

"回归母语"练习题解答

1. 淡墨香——生娃后重返职场、想要升职加薪的外企员工：

a）重返职场的你，首先要有等价交换的观念，你想接近"牛人"受到她热情的影响，那么你要考虑的是你能为"牛人"提供什么样的帮助。当你的能力可以引起"牛人"的关注时，即使不去主动找"牛人"，"牛人"也会来找你。

b）想说一口流利的英语，其实没有你想的那么困难。运用"回归母语"思维，从现在开始鼓起勇气说，与其他人相互练习，把自己当作一个浸润在语言环境中的婴儿，很快你就会发现你的英语水平得到了提升。如果找不到伴儿，关注"途正英语"公众号，看看有没有最新的社群，如果有，就加入进去练习吧。

2. Crystal——想学艺术却被迫学了医术的高三宝宝：

a）想提高听力就去听，想提高口语就去"口"，这就是母语思维，缺啥补啥，立竿见影。

b）要么听父母的，认真学医术；要么听自己的，学艺术。最怕吊在中间，以"被迫听父母的"为借口，学不好医术；以"没机会学艺术"为借口，也没学成艺术。

3. 赏漫天落花如你笑颜相随——零基础的年轻宝妈：

a）初中毕业就结婚生子，那么，你可能不到20岁就当了妈妈？你只要把你的宝宝学汉语的模式照搬到学英语的过程中，就行了。他看中文卡通片，你就去看英文的；他满嘴乱说汉语，你也满嘴乱说英文。都说父母是孩子最好的老师，不过在这个阶段，孩子就是你最好的老师！

b）你跟孩子相比，就差一个妈妈，你的孩子有个母语妈妈，而你没有。那么，你需要随身带一个蓝牙耳机做你的"英语妈妈"，让它持续跟你叨叨吧！

三十四、怎样跳槽相对合理？
——"立定跳远"

你可能经常听到周围的人说这样的话：

1）"我对自己的工作厌倦了，觉得没有什么提升了，我想跳槽。"

2）"我们单位重组，整个部门被裁员，要重新换工作了，该找什么工作呢？"

3）"从朋友那里得到消息有个新行业赚钱很多，我在考虑要不要跳槽去。"

无论是出于主观意愿还是客观被迫，现在的职场人一生可能会换3～5次工作，而不可能像50后、60后那样做个"革命的螺丝钉"。

而每个人都希望自己的跳槽是一次提升，不想原地踏步，更不想"跳槽穷半年，跨行穷三年"，那么到底怎样跳槽才是合理的呢？

▲ "立定跳远"计策

跳槽有三个跳法：跳行业，跳单位，跳岗位。

有些人跳槽跳得特别猛，直接来个三级跳——行业、单位、岗位都跳了。比如说，我的新东方前同事苏老师，做了15年老师，决定跳槽到88车讯——一个刚起步的微信公众号——做策划。

直接三级跳的人，除非是被猎头和老板本人挖去的，通常要忍受"跨行穷三年"（"三年"只是一个比喻，指的是一定要过渡一段时间才能发展起来）。比如苏老师，他做新东方老师一年有三四十万元的收入，三级跳去做自媒体，年薪10万元，一切从头再来。苏老师之所以降薪跳槽，一来是为了追求一辈子的梦想；二来，他长期讲课得了咽炎，也不想继续教书了。所以，他接受了降薪跳槽，从头再来。

除了三级跳，两级跳其实对职业发展震动也很大。你在过去所积累的行业、单位、岗位中的经验、人脉等方面断层了，所以必然带来比较大的损失。

针对合理跳槽，我给出的职场计策就是"立定跳远"，也就是在行业、单位、岗位中只跳一步，具体来说有以下规则：

1）不喜欢原来单位的，就立定在某个行业、某个岗位，只跳单位。这种跳槽，是无创跳槽，对职业发展几乎没有损害，很可能是加薪跳槽。比如说，小张从圆通快递跳槽到顺丰快递，依然做物流专员，这就是加薪跳槽了。

2）不喜欢原来岗位的，就立定在某个行业、某个公司，只跳岗位。这种跳槽，是想更换岗位的人的最佳选择，损害最小，最容易转岗成功。比如说，小洁在某洗涤剂公司做质检，她特别想换成采购岗。于是，她业余时间跟单位的采购主管搞好关系，私下学习了采购方面的知识，经过内部应聘，就成功转岗了；工作两年后，跳槽到了其他公司做采购主管，完成了跳槽的目标。

3）不喜欢原来行业的，就只能立定在某个岗位，跳行业、跳单位。这种跳槽，风险就大多了，不过只要努力还是可以实现的。比如，一个OPPO手机销售经理，不想做通信销售了，想跨行到滴滴打车公司，去做专车销售（就是跟各个单位签约，让滴滴专车外包那个单位的公务用车服务）。如果岗位不变，你的大部分经验都能带过来，只是损失了原来的行业经验而已。

4）千万不能既不喜欢原来的岗位，也不喜欢原来的行业和单位，那就没法立定跳远了，因为你没有立脚点了。

5）如果你是超级无敌强者，猎头公司有可能会挖你三级跳，不过，概率不大。

"立定跳远"计策案例分析

案例一：不知往哪儿跳的小宁

小宁，毕业后做制图员三年。然后回老家——一个四线城市，进了一个50人左右的私人调味品配货公司做文员；干了三年，工资从1800元涨到2500元。她觉得不算高，想跳槽，可是又看不清楚方向。

小宁只是对工资不满意，那么，她最稳妥的跳槽方案是立定在原来的行业和公司，内部换岗。在原单位，她按"7531"计策，找到挣钱更多的标杆，不会太困难。当然了，如果她找来找去，发现竟然没有标杆，那么，就只能离开这家公司了。她要么立定文员岗位换单位，要么立定原来的调味品配货行业，换个岗位。

小刚，在深圳做物流管理半年多，工资低，升职前景差，辞职回老家了；被朋友怂恿干了三个月保险，辞职了；最后经家人介绍进了知识产权服务机构跑业务。跑了半年，业绩很差，同事们说让他坚持过淡季，可是他实在受不了，就申请调岗做文员。工资稳定了，然而没提成，每天困在办公室，他才意识到自己还是愿意干销售，而且不少前期的潜在客户来找他了，他却只能眼睁睁地交给同事去开单拿提成。小刚很苦恼，工作两年一直很努力，可是怎么都没收获。

小刚第一次跳槽就来了个三级跳，结果失败了；第二次跳槽从保险变成知识产权销售，两级跳，销售岗位没变，行业和单位变了，也没成功；第三次是"立定跳远"，一级跳，行业和单位没变，跳岗，但是他跳岗之前，没有认真地按照"7531"计策找标杆、做分析，又失败了。现在，小刚面临新的跳槽，显然，他可以立定在销售岗位了，我的建议是，立定销售，立定行业，就找知识产权机构，重新做回销售。

借小刚的案例，我要跟大家说说"销售"这个岗位。

很多年轻人总认为口齿伶俐，外向有活力才能成为好销售，但其实，只要你有情商，能用心关注客户所需，而且还能踏实抗压，受得了委屈，即使内敛的人也能做好销售。我身边的金牌销售，都不是那种油嘴滑舌的人，而是一些能"读心"的人。他知冷知热，让你特别舒适，你跟他在一起的时候，绝对不会总是听他"吧嗒吧嗒"地说话；他总是能让你尽情说出自己的想法，做一个很好的倾听者。而且，他会真诚地帮你解决问题。我的闺密就是一个这样的销售，她的故事在我写的《这些道理没有人告诉过你》中有，这么多年过去了，她依然是一个金牌销售，从来没有产生"年龄大了干不了销售"的困扰。

如果一个年轻人专业技能不足（写书、编程、数据分析、土木工程设计等等，这些都是专业技能），那么，我推荐的岗位首选就是销售。这个岗位会让男生更强大，女生更坚韧，而且，都会变得更包容，更能受委屈。所以，大家不要对销售岗位有偏见，切忌听那些自己都没干过销售的人说："哎呀，那是青春饭啊，不稳定啊……"让他们闭嘴。

1. 春风二月:

我今年47岁,从事物流工作15年了,从底层做到带四个部门的经理,这份工作我做得游刃有余。可现在总经理和老板总是对我井然有序的工作产生质疑,工资待遇也不高,我想换份工作了。之前做过酒店经理,后辞职自己开饭店但失败。做物流期间,做过两份兼职:曾加入人寿保险做业务员,业绩还可以,做到自己可以带团队时我辞职了,因为不喜欢保险销售工作;后开过淘宝店,也以失败告终。以我47岁的年纪还适合跳槽吗?如果转行做哪行好呢?

2. May:

我是一名HR,本身大学专业是人力资源管理。2013年毕业后在一家贸易公司做跟单员,去年离职换了份HR工作。这一年时间都是大量招聘基础岗位,每天都加班很晚;今年因为业务量加大,基础岗位一直在持续。我想做中高职位的招聘,想多学点技能。我的性格不是很外向,不是会主动沟通的类型,但HR这行要求沟通表达能力比较好。这一年有点怀疑自己适不适合做招聘或是HR了,最近也在考虑是否要离职。

3. Gorgeousbaby:

我在分析"红点"后发现不适合以前的行业,可是现在全职几年了,想三级跳干销售,"急于挣钱"和"实现自我价值"这下不知道怎么选了。"红点"是形象好、有身高、气质好,高中英语好,当过老外朋友的翻译,但是没有深造,国外自由行全靠临时自学加与当地人沟通成功穷游。最大"黑点"是有社交恐惧症,不喜欢要跟很多部门打交道才能完成的工作。销售是对上级和客户还行,但是传统行业销售我不喜欢,知识储备和资源又不够。怎么办呢?

4. 春暖花开:

我在工程机械行业股份制企业做销售内勤做了五年,后来又跳槽到同行外企做内勤两年，总共做了七年内勤。找了很多不同的行业不同的岗位，由于情商一般，不爱表现不太会来事，都干得不太顺心。现在就职于离家很近的汽车轮胎代理公司，内勤岗位，适应一周就能正式上岗，自我感觉不错，公司领导、同事都很好，对公司氛围挺喜欢。目前的困惑是公司一个月休息6天，但时间不固定，周末不能陪孩子；又感觉内勤没有前途，公司小，发展空间不大。不知道该不该再离职？

5. 静静：

我五年前毕业，一直做财务工作，之前一年跳槽一次，最近这份工作干了三年。我突然发现我其实一点也不喜欢财务工作，前期都是因为生计，现在我终于不再为生计考虑了。我想去做营养师，我特别注重养生保健饮食卫生，我今年29岁，您看行吗？

"立定跳远"练习题解答

1. 春风二月——47岁想跳槽的物流经理：

a）你显然没有全情投入，老板都不傻，当然能看出来你只是把表面工作都做得井井有条。所以薪资不高，是必然的。

b）如果想打工挣到钱，就要全情投入；如果想创业，就要完全退出，辞职单干。我没见过"全职+兼职"，两样都开花的。

c）鉴于你目前的老板对你印象肯定不好，建议你"立定跳远"：立足物流行业，立足物流管理岗位，另找一家公司吧。

2. May——不善沟通的HR：

a）人力资源岗位中只有薪酬专员对沟通能力的"红点"要求不高，其他如招聘、培训都对沟通能力有很高要求。假如你在过去的生活或工作中没有善于沟通这个"红点"，显然你不适合做招聘专员。

b）不过，我建议你"立定跳远"，调整到"薪酬专员"的岗位上，这个岗位需要耐心细致、分析能力强，也许更适合你。

3. Gorgeousbaby——我看不懂提问的女孩:

a) 其实,我没太看懂Gorgeousbaby的提问,因为不知道她目前到底在做什么工作。我特意选择了这个问题放在这儿,是想提醒所有的后来的读者小伙伴:职业发展受挫,主要原因不在于选择,而在于每一天的细节。如果连提问都弄得逻辑不清、乱七八糟,即便找到了适合自己红点的岗位,表现也不会太好。

b) 所以,沉下心来,把经手的每件事,认真地做好;就像我写书一样,就是要认认真真地把每个问题回答好。

c) 在没有沉淀好之前,不要贸然三级跳,而且,如果想做销售,完全可以通过原单位转岗来实现。

4. 春暖花开——觉得内勤没前途却干了7年的销售内勤:

a) 有本事的角儿,可以挑选舞台。你一直干的都是"一周就能上岗"的轻松岗位,可供挑选的舞台当然不多,也不可能薪水高。高薪岗位,不是选出来的,都是干出来的。

b) 销售内勤升职的下一步就是销售,只需要"立定跳远"一小步,就可以原单位换岗。

5. 静静——不为生计发愁想跳槽的财务:

a) 我给你的建议依然是"立定跳远",可以考虑先去一家养生保健饮食卫生机构做财务,这样你会有大把的时间接触养生保健,判断你是否真的有兴趣从事这一行业。

b) 如果在这样的养生保健行业工作了一年以后,你确认自己的兴趣能力可以直接转为专业人员,那么你只要重新做一次"立定跳远"——行业不变,转变你的岗位就可以了。

三十五、该不该创业？
——"1人企业"

"大众创业，万众创新"是本届政府提出的口号，在这种大势的引导下，你可以看到媒体为创业摇旗呐喊："梦想一定是要有的，万一实现了呢""先定个小目标，赚它一个亿"。这些让年轻人血管变粗的话刷遍了朋友圈。

在这样的政府号召和舆论基调的引导下，十个打工者，九个动了创业的心思，还有一个在琢磨先干干微商。

然而，年轻人对于创业又爱又怕，因为它既能让一个年轻人N倍增值，也有可能一拳把你打趴下，丢了买房的首付款，原来的准丈母娘变成了阿姨。

过去几年来，我所收到的关于该不该创业的问题数不胜数：

1）八姐老师你好啊！我工作了几年，有了些积蓄，现在看上一个咖啡项目，想去创业，可行吗？

2）看到朋友圈都在做微商哦，我也想去试试，您觉得有什么门槛吗？

3）杨老师，我工作这么些年积攒了经验和人脉，想试试自己创业发展，我能行吗？

对于年轻人的创业想法，我一直是高调鼓励的，原因真是掰着手指能数好几个。

八姐掰着大拇指说："创业真的是一个包治百病的医院，它能治好各种'绝症'。"哪些"绝症"呢？

1）恨老板病；

2）烦同事症；

3）骄娇二气综合征；

4）迷茫症。

八姐掰着小拇指说："年轻人完全可以把创业理解成一次'创业消费'。"它有这样几个特征：

1）你有了余钱才会消费，有了余钱再去创业。不要借钱创业，除非是你靠项目介绍拉来的天使投资。

2）把创业当成消费，就不会那么害怕风险，不会担心钱花光了啥也没得到。你旅行，看电影，都是把钱花掉了，获得了精神享受，你没赚到什么，但是你觉得很值；而创业呢，就是一次精神旅行，你拥有了一个新的身份——老板，你带着这个新身份，似乎进入了一个新世界，看待同事、客户、下属的眼光，会完全不同。

3）如果你创业成功，你就赚大了，既有了钱，还有了精神享受。

4）万一你创业失败了，就相当于你花钱做了一次人生旅行，而且还治好了各种"职场绝症"。

然后，八姐举着食指说："80后、90后的职业寿命太长了，不创次业，有点亏。"

跟40后、50后、60后相比，"八九灵"（80后、90后代名词）简直拥有"三生三世"的职业生涯：你们寿命更长；你们处理资讯的速度，比爹妈爷爷奶奶那两辈快了N倍。这就相当于，你们多了"至少两辈子的职业生命"。所以，跟上一代相比，"八九灵"简直有了"三生三世"的职业生命。

既然有"三生三世"，你可以怎么做呢？

1）职业生涯如此漫长，大可不必一次性把书念完。未来的学历会非常多样化，你可以选择一直读到博士，也可以高中毕业先就业或者创业。专科生和三本的学生没必要毕业后马上进修，你未来有至少40年的职场生命，进修的机会有的是。

2）职业生涯如此漫长，为了安稳而选择一个工作，实在是一种毁灭性的灾难。倒不是因为你会闲得难受，而是因为，在长达40年的时间里，你的那个安稳的行业，可能会变得不安稳。比如，30年前的国企人人羡慕，但是国企改制，一夜之间几万人下岗。20年前邮局是特别安稳的好单位，10年前邮局的员工大批下岗；10年前，银行是人人打破头想进的热门稳定单位，而现在谁敢打包票5年后的银行不裁员？

3）职业生涯如此漫长，你怎么能不尝试一次创业的滋味？你完全可以体验不同的职场生命，比如说：

a）"一生一世"，做个好员工；

b）"一生一世"，做个好二把手三把手；

c）"一生一世"，做个好老板。

其实，在这本书定稿之前，我一直把本节的名字，写成"三生三世"。不过，上个星期，我突然发现我小女儿小阅每天都买大包大包的零食，盘问之下，她说不是自己吃，而是卖给班上其他同学的。

我偷偷数了数她的零钱，发现并没赚钱，反而似乎还少了。旁敲侧击之下，她告诉我：挣了一点利润，就买了可爱多，结果发现可爱多太好吃了，连续买了好几根之后，发现自己把本钱也给吃掉了。

小阅在说这段话的时候，脸上表现的是很内疚的表情，然后她还发誓得先把本金挣回来，然后再挣利润。

我看到小阅的表情，表面平静，其实内心大为震动。以前她多次理直气壮地拿我的钱去买可爱多，完全没有内疚的表情。而且，以前她自己的房间"乱如狗窝"，还容不得我批评，可是现在她竟然把零食弄得井井有条。

这个生活中的小插曲，让我深刻地认识到：想让一个年轻人（包括孩子）懂事，要立刻让他创业。不能等，不要等到40岁，也不要等到30岁，就是现在，你必须是"已经创业"的状态。

于是，我把一个最重要的进阶手段，改成了"1人企业"。

"1人企业"计策

从现在起，你不再是张三了，你是某地张三××有限责任公司总经理，你开了一个目前只有1名员工的企业。

你可能很纳闷，为什么要这样自欺欺人呢？这不还是打工吗？

不！

把自己当成"打工者"，和把自己当成"1人企业"老板的心态，有天壤之别，我来一一解读：

1）如果你开一家公司，你必然规划未来3~5年的业务，而且，你知道自己最好轻易不要变动业务范围，否则你呕心沥血抓到的老客户资源就废了；然而，如果你把自己当"打工者"，你今天干A行业，明天想换到B行业，换行业的时候一点都不心疼，没有意识到自己损失了资源。

2）如果你是"1人企业"老总，你都舍不得换电话号码，因为你知道：换了号码，老客户可能找不到我，我可能丢失一个大订单；然而，如果你自认是"打工者"，你根本不会注意这些细节，甚至，你离职后会对原来的客户恶语相向："我辞职了，拜托不要再联系我！"

3）企业，必然有"供应商—渠道商—经销商—用户"这样的行业内链条。你带着这样的认识去工作，从而眼界大开，完全不像一个打工者——眼睛里只有眼前的事。比如说，你在化妆品商店卖BB霜，你会特别注意：这个BB霜，谁生产的、谁批发给我们的、谁买走了？如果你持续了解这些信息，请问，你怎么可能做不好销售，你怎么可能没有创业机会？

4）你不可能再情绪化，因为企业怎么可能有情绪呢？企业又不是人，企业只能公事公办！

5）你会高度重视搜集资源，没准儿哪个资源就能变成订单。

6）你把自己跟现在的老板当成了合伙人的关系，你会觉得自己这份工作赚大了：合伙人让你了解业务，还给你开工资！

7）你不再有加班概念，你不会玻璃心了。

8）你会对同事特别好，因为他们变成了你心目中的"伙计"，是帮你挣钱的人。

9）你对挣钱非常敏感，你看见大客户就想拥抱他们，因为他们是财神；就连小客户你也万分珍惜。

10）你会对省钱非常敏感，你能找到不少省钱的办法：比如长期空置了几个工位；比如开年会的时候，行政部使用了一次性胸牌。你可能都会觉得这些是浪费。

好处太多，以至于我哗啦啦写了10个之多。

看到我如此高调支持创业，你可能会说："创业不是特别困难吗？有很多文章都是这么写的呀！"

我也看过不少自媒体文章描述创业多么艰难，反对年轻人盲目创业；我当然也反对年轻人盲目地借钱创业。不过，有些写文章的人自己都没创业过，夸大创业难度，图个心理安慰；还有些已经创业了的人，夸大难度以获得成就感。

就我本人的理解，创业本身并不难，关键是要克服"不能每个月拿钱"的心理障碍。我现在创业做文化产品，运营"途正职场""途正英语"的公众号，短期内没有多少收益，需要用心去经营用户，不断细化完善产品，精进公司和自己的能力，之后才会有回报。所以创业伊始不要太在意钱的问题，要有长远的眼光。

"1人企业"计策案例分析

案例一：暴雪的就业和创业选择

有个女生叫暴雪，在美国读研究生，研究语言和沟通障碍，比如孤独症、阅读障碍等等。她毕业之后面临两个选择：一个是进入美国当地的专业化机构，做一名执业康复师；另一个是回国创业，为孤独症儿童和脑血栓后遗症等患者做语言康复训练。那么，暴雪是否应该在读研期间，就开始创业的尝试呢？

我分析了暴雪的案例，给出了如下建议：

1）开一个公众号，暴雪就算开设了"1人企业"，要知道，很多大V的账号都是从"1人企业"长大的。

2）虽然只有1个人，但是依然要考虑"供应商—渠道商—经销商—用户"。供应商，就是去联络其他跟自己做同样事业的人合作合办，成为一起提供服务的供应商；渠道商，就是可以通过知乎等渠道让自己的服务被人知道；经销商，就是要找各种康复中心的负责人，让他们去推广自己的公众号；用户，则是万千需要康复训练的儿童的家长。

3）暴雪的"暴雪语言"公众号目前已经开设了半年。22岁的女孩，开设这样一家"1人企业"，带着"我是CEO"的心态，不断完善"供应商—渠道商—经销商—用户"这个链条，她过几年就会成为真正的老板。

案例二：想开糕饼店的会计小菊

小菊曾经是一名会计，30岁已经做到了高级成本会计，在三线城市月薪6000元，相当可观。但是，小菊一直有个梦想，就是开一个自己的糕饼店。但是，家里人坚决反对她放弃6000元月薪去干这不靠谱的买卖。

1）从"三生三世"的角度思考，小菊完全可以拿出一两年，尝试"投胎"成为一个"糕饼店老板"。会计这个职业，最大的优点是可以来回"穿越"，如果她开糕饼店的"这辈子"失败了，她完全可以"穿越"回"会计"的"那辈子"，踏踏实实继续做会计。

2）从"1人企业"的角度思考，小菊完全可以尝试先开个"1人企业"。比如，就在朋友圈开始卖自己烘焙的糕点，有了市场再雇人，这样可以做到平稳尝试创业，家人也不会反对。

"1人企业"计策练习题

1. Elena:

我2014年本科毕业，大学专业是韩语。目前在一家创意活动策划公司工作了两年半。我主要负责求婚策划。我喜欢这份工作，但公司发展缓慢，且碍于地域限制业务开展一般。有投资人要给我投资开一个这样的公司，现在公司开始谈线下合作，但我自己没信心可以开好公司，也没有合适的合伙人。我在纠结是出去单干还是继续留下来。

2. 简:

我28岁，大学本科，经济学专业，2012年毕业进入国有担保公司分公司任职综合部助理和项目经理助理。前年跳槽到某商业银行分行任职小企业客户经理一职，今年辞职。现在想尝试人力资源或者自己创业办理一个幼儿托管或者培训类的机构，再或者考个教师。但是我自己还是想给自己两年的时间来尝试创业，如果失败再回来考个教师什么的。我该怎样做人生规划呢？

3. 张菇凉 (^_^):

大学报考英语专业被调剂到法律系，但英语是我的兴趣所在。我一直在自学英语，后来考了托福，到一所英美法学院继续学习，也在国外给小孩子上过中文课、英语课。然后去了一家小型的英语培训机构做课程顾问，只做了3个月。后来换了七八种工作，却还是很迷茫。从北京到了成都，本来打算和老公创业，没想到他根本没有创业的想法，只想给别人打工，也反对我创业。我不知道我该不该创业？

"1人企业"练习题解答

1. Elena——没有信心单干却又苦于公司发展缓慢:

a）问题不是出在新机会上，而是在你现有的岗位上。要想成功，必须从今天开始，抛弃"打工者"标签，你已经是"1人企业"的CEO了；你跟你的老板，已经是合作关系了。如果你在过去半年或者一年，都是用这样的心态工作的，我可以打赌：你目前肯定可以判断出，新的投资人给你的，是不是好机会。而且，你也不会没有合伙人。所以，你要先改变今天的心态，而不是先去判断这个机会要不要拿下来。

b）此外，不要仅把创业成功当作成功；有时候创业失败了，但收获了体验和巨大的经验价值，从五年十年的跨度来看，依然是一种成功。

2.简——不想打工一辈子的客户经理：

a）经验，重要吗？我想，你一定会说，嗯，挺重要的。

b）现在，你想用两年时间去创业，问题来了：你是否有过创业经验？如果没有，你自己也知道：失败率比较高。

c）那么，如何减少创业失败的风险？很简单，从今天开始，就从今天、现在这个岗位，把自己彻底改成"张三××企业总经理"的头衔和心态，你所看到的一切，都会产生本质的改变，你就能利用打工者这个身份开始积累CEO的经验！这种好事，何乐而不为？

d）总结：我希望你先开半年的"1人企业"，再决定是否创业、如何创业。

3.张菇凉（^_^）——想拉着老公创业被拒绝、换过七八份工作：

a）打工七八份，却一直很失败的人，创业几乎一定会失败。

b）你有创业的梦想，自己不敢实现，不会实现，于是抓着老公，想依靠他实现，这不是解决问题的好办法。

c）你从今天就可以创业，从今天就变成"张菇凉××有限公司董事长"，那么，我可以跟你打个赌，你绝对不会再称呼自己是"张菇凉"，因为这个名字不会让供应商、渠道商、客户有任何的好感；你会想办法给自己起个靠谱、让人信任的名字。而在这一点一滴的改变中，你无论打工，还是"1人企业"，还是未来的"N人企业"，都会成功。

三十六、如何申请升职加薪？
——"别提贡献"

你向老板提出过升职加薪的申请吗？

没有？

你在心里，想过向老板提出升职加薪的申请吗？

是的？

我在读者群里做过上述两个问题的调研，你的回答，很有可能就像多数读者一样：心里想过N多次，行动上做过0次。

那么，为什么大家对升职加薪的态度，如暗恋一般，内心轰轰烈烈，行动裹足不前？

在我看来，是由于大家还没有掌握跟老板谈判升职加薪的技巧。我以自己收到过的一封加薪申请为例分析一下：

尊敬的领导，你们好！

我某年某月入职本公司，很荣幸见证了公司从小到大，从××多么小发展到××多么大，我本人也从××岗位成长为××岗位，非常感谢。

从我入职以来，公司业务的具体变化是：客户数量从多少增加到多少；办公人员从多少增加到多少；等等。随着业务的发展，我本人的工作量也不断增加，从多少到多少，我的工作量比其他同级别员工大，可是却拿一样的工资，确实觉得不平衡。

鉴于以上原因，希望领导能考虑我的加薪10%的申请，如有不足，恳请指正，不论怎样，我仍将以严谨的工作态度认真对待这份工作。

××部门员工：王大华

这份加薪报告核心内容有四条：

1）公司比原来大了，盈利了，应该给我加薪；

2）我的工作量、贡献比原来大了，应该给我加薪；

3）我干的活儿比别人多，应该给我加薪；

4）如果不加薪，我也继续干。

这样的加薪申请，到了领导手中，会得到怎样的审核呢？我来模拟一个领导对这封信的真实处理过程：

1）询问部门主管：王大华这个员工，是否还能承担更多的职责？如果能多干点活儿，适当加点工资，用老员工当然更顺手；如果无法多干活儿，那么，还有多大成长空间？如果有，可以给王大华设定一个成长目标，达标后就增加工资。

2）询问HR部门：招聘一个新人取代王大华，招聘周期多久，招聘成本高低，月薪多少。

你们看，申请信与审核，是不是生动地表现了一个俗语"鸡同鸭讲"？员工的申请信逻辑和老板的审核逻辑完全不同。其实，老板在审核的时候，还有如下这些潜台词：

1）如果公司大了就应该给你加薪，那么，当时公司借钱发工资的时候，就应该给你零薪。

2）如果工作量增加了就应该给你加薪，那么，以前公司只有几个客户的时候你整天闲着，要先把工资扣了。

3）你怎么会知道其他员工的工资？此事需要HR调查，你违反工资保密制度，必须先处罚。

4）公平就是你干多少活儿，公司给你多少钱，和别人拿多少钱有什么关系？不过，既然你攀比别人干活儿少拿钱多，我一定要分析一下你说的这个人，如果属实，要给该员工增加工作量！

现在，你应该明白一个老板和领导的心理活动了吧，也应该理解为什么很多加薪申请没被批准了。

不过，有些小伙伴可能会质疑：老板这么不给面子，不给老员工加薪，老员工不就流失了吗？

这个问题问得好，可是答案并不友好。事实上，老板从来不爱老员工，只爱优秀员工。在能力相等、潜力相同的前提下，老板更愿意用新员工，因为新员工不仅工资偏低，而且心态好、干劲足、抱怨少。

▲ "别提贡献"计策

那么，到底如何提交加薪申请呢？我给大家提炼的计策，是"别提贡献"，你的申请信核心内容，应该有四条：

1）我现在的市场价：我在别人家值多少钱。当然，你这么写的前提，是你提前做了骑驴找马的准备工作，已经准备好了，如果老板不从你就走人。

2）取代我的新人的市场价：您用新人取代我，将会花多少钱，我具有哪些难以替代性。

3）我未来的价值：我是否可以增加工作量；我未来可以承担哪些工作职责。

4）如果不获批准，请为我列出：我做到什么，才可以加薪多少。

上面的这四条，绝口不提"贡献"，因为贡献是过去时，已经完成了，老板已经为你支付了等价的报酬。既然你申请的加薪是现在时态和将来时态，你的申请信的内容，就不应去谈过去时，而应该着力于描述你现在的价值，以及将来可实现的更高价值。

"别提贡献"计策案例分析

我们来模拟一个加薪申请的框架，这样会很直观：

张主管：

很抱歉要给您添麻烦，我谨向您和人事部门提出增加500元底薪的申请，理由如下：

1.以我目前的资历，可以在本地找到底薪3000元的同类岗位，而我目前底薪2500元。不过，我一直认可公司的发展，也认可您这个领导，所以，在工资近似的前提下，我希望继续留在公司干。

2.我理解，我目前岗位的部分工作可以用月薪2000元的新员工取代，但是，忠诚和可靠并不容易取代。我在过去两年来，经手总额为一百多万元的办公经费，包括装修款、年会组织费用等，很多费用没有发票，但是您非常了解我这个人绝不多拿一分不该拿的钱。我用私人手机号给公司注册5个公众号，用个人银行卡给公司申请POS机，我账上收款几十万元，一分没少连利息一起交给财务了。我希望领导能看到忠诚的价值。

3.我知道底薪3000元在四线城市的行政专员岗位已经是较高水平了。如果我这次的加薪申请能够得到批准，我能想办法帮公司创造超过500元甚至超过1000元的回报。比如，我上周报名参加了"打印机维修基础班"，我应该可以学会维修简单的打印机故障，帮公司省钱省时间。

希望我的申请能得到批准，如果因故无法批准，也恳请领导为我指明加薪的道路。

王大华

大家看完这样一封升职加薪申请信，肯定就理解"别提贡献"这个计策了吧。

"别提贡献"计策练习题

1. 婷儿：

我之前是一名护士，现在转行做康复医师。最初没有正式开始康复医师工作，工资比较低，现在已经开始正式工作了，老板之前承诺会加薪，但是现在没有。我在想我应该隐晦地去向我的上级提加薪这个问题，还是直接去问老板呢？

2. 蒲公英：

我是学景观设计的，今年24岁，刚到一家设计院上班。我们公司很多人都想辞职，都说公司开的工资太低了，今天已经走了两个，我有点忐忑。我愿意去学习，去做好这份工作，但我怕过几天谈转正工资的时候老板会给我开很低的工资。求老师和各位大神指点一下怎么跟老板谈工资？如果有设计行业的大神，求指点怎么做好设计？

3. 胡凤贤：

我是做设计的，在一家咖啡连锁企业负责设计管理。年终的时候我书面提交给副总一份加薪申请，她回复我说很认可我的工作也希望跟我一起继续工作，她本来也在考虑给我加薪感谢我对公司做出的贡献，会尽快回复我。但是我的直属领导回复我这个月没给我涨。因为我们每个月都要写个人对公司有什么建议、需要什么帮助，直属领导说让我碰碰运气写上加薪的事，请问怎么写比较好呢？

4. 花前柳：

我今年35岁，目前换了一家加工贸易单位做外销跟单员一年多了，公司不大事情很多，生产、仓库、采购等什么都做，但是工资很低，还没有3000块。想让领导给涨点工资，现在公司业务很少，又不知道怎么开口。想再换工资高一些的工作，其实一直想做财务方面的工作，网上报名参加了会计学习课程，但随着年龄的增长，工作也不太好找了。还是说我应该学点什么？

"别提贡献"练习题解答

1. 婷儿——想找上级升职加薪的康复医师：

a）没必要"隐晦"地去提，直接光明正大地提加薪，但是务必按照我们今天讲的格式来提，理由绝不能是：老板，你答应过我的啊。

b）老板不履行承诺，很可能是因为你试用期表现一般。所以，你必须先考虑一个问题：我是否已是一名合格的康复师了？

2.蒲公英——同事不满低薪而离职、为此动摇的景观设计师：

a）从众的人多数都是失败者。如果这么说有些绝对，我换个说法：从众者很难成功。

b）如果你能在B设计院拿到更高工资，去；拿不到，留。

3.胡凤贤——需要反复提交加薪申请的设计师：

a）加薪申请格式：领导，我申请加薪××元……（此处省略客套话200字）猎头为我介绍了B公司和C公司的岗位，薪水均高于我目前的薪资，但是，我很认可公司和领导……（此处省略客套话200字）

b）如果你不把B和C公司能给你开的价格列出来，你的老板不会认真考虑你的加薪申请。

4.花钱柳——不好意思开口要钱的外贸跟单员：

a）所有的学习应该首先立足于"谁为你埋单"。现在你想为会计投资，但是压根儿没有想好你的投资将要找谁给你回报，这种学习是极度盲目的。

b）跟穷老板谈加薪，无异于与虎谋皮，如果你看不到"明天会更好"，跳槽吧。

参照物

以人为镜

在漫长的职场马拉松中，你需要不断找到参照物，以人为镜：照照成功者的镜子，找找自己的差距；照照困惑者的镜子，避免掉进同样的坑。

在这一部分，我依然要提供真实案例给你们，其中既有已经很成功的职场大白，也有正在坑里纠结着的小白。请你参照他们，以人为镜，走好自己的路。

一、职场大白的故事

所谓职场大白，是已经工作了十年以上的职场人。本节的案例，多数是我的朋友。这些大白，职场路已经定型了，职业经历非常值得你们年轻人参考。

1. 老鹿

东北男生，东北某二本机械本科毕业，爱好舞文弄墨，毕业后加入机械工业出版社，算是把机械和舞文弄墨二合一了。工作五年，年薪从2万到5万。

然后跳槽到某英语教育机构，年薪5万，专门策划推广图书，其中包括我写的一本书，因此我们有机会认识并深入了解。我建议他立刻离职，因为他英语很差。这是个大"黑点"，他永远策划不出畅销英语书。此间工作两年，年薪从5万到8万。

老鹿跳槽到某文艺出版社，策划畅销书，从此人生开了挂。托平台的福，他接触的作者都是于丹、白岩松级别的。此间工作十年，年薪从15万到80万。

然后，每年都会被挖，最有诚意的老板开价到年薪100万+30万（租房与车辆补贴），于是跳槽到此。工作两年后，纸媒发展断崖式下跌，老鹿主动离职，自主创业。目前所创公众号估值超过2亿。

老鹿的经历告诉年轻人：哪怕不喜欢自己的专业，也可以让它成为一个跳板，把你送到自己喜欢的岗位上去，让你一步步走向理想岗位。

2. 方洪波

1987年，方洪波进入《东风汽车报》担任编辑，五年后决定南下寻找机会，因为"不想在二十岁的时候看到自己五十岁的样子"。

他靠编辑的技能获得了一份工作——《美的报》的内刊编辑，逐步从一个文案人员，开始接触营销策划。

方洪波虽然是内刊编辑，但是关注国际国内形势、关注美的全局的发展。工作三年后的某次出差中，他站出来发表了一番对公司现状的不同看法，引起了公司一把手何享健的注意，并由此获得提拔，并获得了何享健对他历时十年的培养和打磨——从广告科经理到营销公司总裁。2012年，何享健退居幕后，方洪波接任董事长兼总裁，个人持股2.14%，是除何氏家族以外最大的个人股东。

方洪波的发展路径是：利用编辑技能进入美的——在编辑岗位上，创作产品推广文案，展现出策划才能，并关注公司全局发展——转岗为策划人员，逐渐成长为营销专家——成为全局管理者。

无论普通大白老鹿，还是明星大白方洪波——或者可以将他们称为"职场老白"——他们在职场中"摇摆"的时间都很短。老鹿的才能，从始至终就是出版策划，用文字影响人；方洪波，从编辑到营销策划，其使用到的能力模型也是一样的，就是策划能力，这也是他的核心能力。这两个人的经历都再一次印证了我们说的"红点"择业方法：用自己的最大能力（也是长期的兴趣）去就业，不论起点有多低（《美的报》的编辑，这是个边缘岗位，低起点岗位，对吧）。

3. Jenny

Jenny是我师姐，上大学的时候就比较时髦，喜欢摄影，还选修了电影学院的课程。毕业后为了拿户口，她在一个小学校工作了一年，然后迅速离职，被人介绍进了一个五星酒店，做餐饮部总监的秘书。

由于Jenny人缘特别好，总有人给她介绍工作，干了餐饮总监秘书一段时间之后，她们单位的一个经理给她介绍到一家德国公司，做品牌助理。相比之下，Jenny更喜欢品牌营销的概念，于是离职前往。从此爱上这一行，一辈子投身品牌管理，干了20年，再没换过岗位（单位换过两次）。从品牌助理，到助理品牌经理、品牌经理、品牌总监、中国市场总监、亚太市场总监，Jenny今年的年薪，已经到了160万元人民币（此处你可以咽一口唾沫），当年抛弃她的男朋友，若干年后再相见，几乎想去同仁医院检查一下自己当年是不是瞎了。

Jenny的经历告诉我们什么道理？

其实，年轻的时候都是糊里糊涂的，Jenny也不知道自己的特点适合做品牌，但是，她人缘好，周围的师哥师姐老白大白会帮她进行分析，介绍更合适的工作给她。于是，我要问你一个问题了：你是否拥有最好的人缘？好到你周围的长者都很热衷帮你分析哪个工作更适合你？

如果没有，面壁反思，改进。

4. 可菲

可菲学的是外贸，毕业后机缘巧合，进了一个很大的会计师事务所，本来干的人事助理，负责给大家上保险、算工资之类的工作。后来，可菲觉得做人事的钱跟审计师相比实在太少了，于是苦心准备了两年，转岗做了审计师。

可菲工作非常拼，35岁的时候还给我普及如何通过咖啡熬过最困的深夜2点的妙招。可是，可菲一直没能升级为合伙人。而且，更可惜的是，她中年罹患癌症；万幸的是发现得很早，及时手术治愈。

如果时光倒流，可菲不会再计较一时的工资高低，而是会踏踏实实做HR，慢慢发展。HR是一个需要熬到老的岗位，做到经理、总监级别的时候，优势才彰显出来——收入不错，而且不会太辛苦。

"不计较一时之短长""绝不为了钱去做自己不擅长的事"，这就是我借由可菲的经历分享给你们的。

二、职场小白的困惑

年轻人的困惑很多，我晒出来一些。一来，让你们围观别人走过的路，避免掉进同样的坑；二来，我也邀请了一些职场大白和我一起进行点评，因为每个人的观点都有主观性，但是，当多个主观意见放在一起的时候，就具备了客观性。

（一）应届生的择业问题

1. SunshineLee——找不到方向的应届生

我刚从师范学校毕业（英语专业大专学历），我想在英语方面发展，但自己的英语也不是很棒，不知道如何提高自己的英语水平。现在我面临找工作的问题，更不知道什么样的工作适合我，该怎么办呢？

八姐主观意见：

a）不建议你往英语方面发展。因为，第一，你在过去的三年中英语没学好，走出学校后突飞猛进的概率几乎为零；第二，从概率上看，专科生不适合往培训师和老师发展，因为教师岗位极度看重学历。

b）你一定有自己的"红点"，找到它，按"红点"就业。找不到的话，就"7531"去了解。

Nina主观意见：

a）单纯靠一门语言，又不是很精通（英语达到母语水平），又不是很小众（西语阿语这类小语种），是无法靠这一单一技能获得良好的职场竞争力的。

b）但是越来越多的复合型人才广泛受到市场的青睐，如今不再是单一技能的专业大牛"独霸天下"的局面。比如，外贸销售，需要有英语基础，但又不全是依靠英语，它需要英语和销售。所以对你而言重点就是英语和××。

周密咨询主观意见：

a）找工作基于自己已有的实力来找是最可靠的，实力包括你的人脉资源（比如老师、朋友的工作推荐）、专业学习的能力（师范类专业可以在教育大行业下找，英语不好做个少儿老师，机构顾问也是可以选择的）。

b）对于职场新人，第二个方法就是凭热情探索，问自己喜欢什么样的工作，理想的工作画面是怎么样的，直接以助理、实习生这样比较低阶的岗位入手。

郑雯主观意见：

语言学习是战略投资问题。要计算投资回报率，有两个维度：一个是财务投资，一个是时间投资。你们遇到"是否学习"这类问题，要同比计算你们的短期、中期、长期回报率，然后拣选性价比最高的予以操作。

2. 鳗鱼 jackiepooh——面临选择无从下手的广告学本科生

我是一名即将毕业的广告学本科生。有过两次实习经验：一个是广告公司，担任策划、文案工作；一个是赛事运营公司，担任媒体、文案工作。目前我选择入职赛事运营公司，但这是一个创业公司，我不知道这个选择是否正确。是否应该去更大的公司找机会呢？

八姐主观意见：

a）行业、单位、岗位这三个因素当中，对应届生最重要的是岗位。因为在岗位上积累经验，才会使你越来越值钱。

b）从你的描述判断，这两个公司的岗位几乎是一样的。在岗位之后应该考虑的是行业，因为行业经验比某个单位累积的经验更加重要。你只需要问自己，你更想从事广告行业还是赛事运营行业，或者20年后创业的话，你想做一家广告公司还是赛事运营公司，按照这个来选就很容易决定了。

Nina主观意见：

a）我和你一样，刚毕业的时候，相比小公司，也更向往大公司。但事实上，当你提出这个问题的时候，你还没有意识到你其实并不具备这样选择的权利，否则你就不会这样问了。因为在岗位、薪资相同的情况下，你会毫不犹豫地选择大公司。

b）但你忽略了一点，就是机会的价值。你看不上的、犹豫中的，恰好是给了你未来成长机会的小公司；而你眼巴巴向往的是看不上你的大公司。眼高手低是所有人的通病。高估了自己的价值并不可怕，但你要学会通过自己的努力给现任的公司增值，你给它增加的价值，正是你的价值。假如小公司10个人，高矮胖瘦一目了然，7个傻8个呆，还有1个人人爱，你竭尽全力就能脱颖而出；大公司，1000个人，你费尽心思取得的突破，可能只是旁人的起点而已。我是通过一次次的跳槽进入了越来越大的公司，但我深深地感激成全我的每一个小公司，因为是它们给了我机会，给了我在迈进大公司时依然可以具有话语权而不是做基层的宝贵经验。

周密咨询主观意见：

a）如果是创业公司，观察下是否具备这些信号：士气高涨，战斗力强；迭代（产品或活动等）速度快；你的领导给你很多事干，给资源支持你干。

b）另外，对于职场新人，大家说第一份工作很重要，是指第一份工作做出成绩很重要，不是指要挑出一个其他人都觉得很有前景的公司；因为那才是你个人能力的体现。简历里引人注意的是岗位本身的业绩描述，而不是这家公司的描述。

郑雯主观意见：

这山望着那山高是很常见的。这个时候你需要问自己三个问题：第一，我在这家公司干得开心吗，有成长吗，有发展潜力吗？第二，我向往的大公司，具体的工作情况是怎样的，薪酬是怎样的，是我想要的活法吗？有没有可信的情报源可以打听，能不能立刻行动？第三，计算两条路径下你的投资回报率，择优录取。

3. Only伊——销售能力突出却不想干销售的毕业生

我大四即将毕业，很迷茫。我之前做过很多销售的工作而且都是做得最好的，但在心理上总觉得什么人都可以做销售，苦学这么多年以后做销售让我觉得接受不了。我很想从事英语相关的工作，可是能力不够。很想知道当下该怎么办，在学习英语的同时，如何应对工作问题？

八姐主观意见：

a）去做销售。大学的兼职销售做第一并不难，有本事的话，就到工作单位真刀真枪继续"做得最好"。在很多牛×的公司，销售一年收入能达到几百万，难道"什么人都可以做"？

b）放弃英语，至少在目前阶段放弃，参考"农民施肥"计策。有"红点"你不用，偏跟"黑点"较劲，你以为自己的时间没有成本吗？

Nina主观意见：

如果你在哪里都能把销售工作做到最好，可以来我们公司做外贸销售。国际视野，英语相关，老外陪你练口语，只要你能证明自己的销售业绩，可以联系我。[PS：你可以加入读者QQ群（群号：410076718）找到我的QQ群]

周密咨询主观意见：

a）我教你一个打破你认为"什么人都可以做销售"这种成见最好的办法：站在办公室随机数10个人，判断一下能做好销售的有几个。

b）能力是这样体现的：把擅长的、做得好的事，持续做。你少了"持续做"。针对你的担心给两个建议：第一，销售作为主业，同时发展销售和管理技能；第二，销售作为主业，英语当作兴趣学习（如果能学得不错），找需要英语能力的销售工作。

郑雯主观意见：

你的问题不是做不做销售，而是做什么销售，卖什么，这很重要。去卖更值得卖的东西、更能触动你灵魂的东西。

4. Moon——"没有光照到的月亮"

我是即将毕业的大学实习生，对专业不感兴趣。可以精打细算地记账存钱，自主行动能力强，大学从假小子变成会化妆的小姑娘，熟悉日韩产品。可我现在很迷茫，该怎么选择工作呢？

八姐主观意见：

a）希望你不是真的认为自己是"没有光照到的月亮"，希望你使用正能量的昵称，因为人极容易受到心理暗示。

b）大神级别的人从不迷茫。既然你跟我一样不是大神，可以用"7531"的计策，了解职场，找到匹配"红点"的岗位。

Alvin主观意见：

既然你对化妆品这么感兴趣，为什么不从事化妆品的销售工作？而且你对数字有管理意识，要知道化妆品的SKU（库存量单位）是很复杂的，这就刚好结合了你的优势。而且从事销售，以后往上走，对于数字的敏感度是必需的。将你的优势合而为一，会有很好的效果。

周密咨询主观意见：

你列出来的都不是职场上的能力素质，所以无法给出太多建议。给你一个参考角度：找最了解你的同学、朋友、老师等，问问他们会推荐什么样的工作给你（因为他们在平时吸收了足够多有关你的信息，判断会更准确）。你也可以上简书搜索"周密咨询"提供详细信息。

5. 崔TOP的girl——想要更大舞台的钢琴表演生：

我是一个钢琴表演专业研二的学生。本科是在武汉某一专业音乐院校就读，考研失利调剂到重庆市一所二类师范院校的音乐学院。最初考研的目的是找一份好的工作，可是就目前的形势而言，高校的音乐教师需国外院校的研究生以上学历。感觉现在是骑虎难下，认为自己研究生的身份如果在琴行教学有点屈才，但去应聘高校职位学历又不够。不知是回武汉还是在重庆发展，极度不自信。我对彩妆、摄影又感兴趣。该作何选择？

八姐主观意见：

a）考研本来就是为了研究音乐，你当初为了找一份好工作而读研其实算是"初心不正"，现在遇到困难，这是必然的。

b）既然本来就不应该考研究生，现在就不要把自己当研究生对待；事实上，在国外很多研究生、博士生需要隐藏自己的学历才能就业。

Nina主观意见：

如果你是真爱音乐的人，那就别管在什么学校、教什么人。但凡从事的工作和音乐有关，难道你会不幸福吗？如果不是，那对彩妆、摄影就是真爱了吗？还是迫于无奈寻一份工作呢？倘若找不到你真爱的"100分"，那就做好你能做的"80分"吧。

奉劝每一个培养孩子往艺术方向发展的家长，不要期待功利化的回报，那样会害了孩子。艺术修养就像识字数数一样，是个基本技能，没有什么比懂得欣赏美、具备感知幸福的能力更美好的事情了。

（二）工作N年仍然找不到方向

1. 中午——创业不见成效的资深导游

我是北工大建筑工程专业毕业的，毕业后去德国留学经济学，三年后未毕业回国了。然后在国内做导游至今有十年了。我一直想自己创业，我也看了一些服装布料方面的书，今年我设计了蕾丝图案的白色打底衫，已加工完毕，并已上架开卖，但未见成效。我应该怎么办？我的职业规划应如何呢？

八姐主观意见：

a）你一直是个好奇宝宝——学建筑工程却留学经济学，经济学硕士肄业却去做导游，不做导游了又去做服装设计。

b）我不反对你"好奇"，但是我反对你"一直对完全没有相关性的东西好奇"。所以，建议你思考一下：在所有事情中，你最想做什么？如果依然是服装，克服万难继续做，拒绝半吊子工程。在职场上，60分等于0分，80分以上才有价值。

周密咨询主观意见：

参考八姐意见，另外再补充一下：80分的标准是你用这项技能赚到符合你心理预期的收入。

Nina主观意见：

杨老师讲过，烧开一锅水都很难，更何况烧两下就换一锅的呢？这就能很好地解释，一个学建筑的经济学没毕业的导游服装设计不畅销的原因。那些专业出身的服装设计都未必能卖得出去呢，让你这个外行来这么痛快地就抢了饭碗，他们不是都要哭晕在卫生间了吗？很多年轻人不想在一个岗位上干一辈子（我小时候也是这么想的），他们追求的就是丰富的人生体验，什么都想试一试。只是，丰富有丰富的成本（起薪不高），专业也有专业的代价（职业倦怠），选择了什么就要勇于承担。

郑雯主观意见：

你缺几个好帮手，欣赏你，愿意和你一起干，并能够弥补你的不足的有才干的小伙伴。你的职业规划是意识到自己的局限性，学习合作，不要单打独斗。

2. 简荣——纠结创业还是工作的领事馆工作人员

我在拉美某国驻沪领事馆工作。平时工作主要给各个领导人进行翻译，同时负责文化艺术展览的开展，还多次主持重要活动。但这份工作没有很好的发展空间了。老公一直在灯具行业负责质量岗位，已经是经理。我们现在准备自己创业，但我依然很纠结。是继续在领事馆做呢，还是去别的公司上班锻炼销售能力，或者是直接和老公创业？

八姐主观意见：

a）在领事馆工作，如果不自己从政，只是做助理，本身就没有什么发展空间。刚从事这份工作时，如果你的目标不是向领事进军，是不应该进的。

b）创业必须听创始人的，你和你老公到底谁要创业？谁创业就听谁的。这是句废话，可惜很多人做不到。明明自己不是发起人，偏偏要拿主意（此处省略本人创业中的感悟5000字……）。

c）适合创业的人，应该可以利用你原来的工作所得资源；如果你没有抓住任何资源，说明你不适合创业。如果你老公适合，你就做辅助他创业的配角。

Nina主观意见：

我觉得这个问题更应该问问你老公，他是否需要你去帮他创业呢？如果为了抗风险，你现在的工作还能给家庭提供一份收入保障。如果你的翻译技能正是你老公所需要的，比如他要经常和老外打交道，那你跟随他创业就是业务所需。如果你的技能对你老公的创业没有特别突出的价值，那即便用了自家人也只是节省成本而已；那就要好好掂量一下，是你跟老公一起做节省下来的成本更多呢，还是你现在的工作收入更多呢？

周密咨询主观意见：

我希望看到你对这些问题的分析再来得出结论：

a）领事馆工作跟创业需要的能力各是什么？从你的工作经验有什么可以过渡的通用能力呢？

b）对于老公的创业方向，在加入之前问一下身边闺密、朋友，让他们客观地评价，你能贡献什么能力？

c）为什么想锻炼销售能力呢？身边的人如何评价你的想法的？觉得靠谱或不靠谱的理由是什么？

郑雯主观意见：

领事馆的社会资源是比较有优势的，怎么用好你过去积累的人脉，这是你创业及辅助创业成功最重要、最关键、最需要思考清楚的问题。

3. Sharon——觉得公司前景不好而退缩的核算员

我今年32岁，现在做会计相关的工作。原来也做出纳，因上司是个特别的女强人，我感到佩服也愿意跟在后面干，但由于公司政治变化，她走了。老板把我调到核算岗位，我也多少为公司做了点事情，但前景不好。我不甘心自己现在的状况，想突破提升，有没有好的建议？

八姐主观意见：

a）很遗憾要说难听的话：你注意到了吗？你的提问里，标点符号多处使用错误（现在已经由编辑修改了）；逻辑也比较混乱。这说明你的心态比较急躁，细节和逻辑性都比较一般；对于能力一般的人，首先"爱我所做80分"，不要挑剔老板是谁，自己先"努力到无能为力"。

b）如果你已经"努力到无能为力"了，依然觉得前景不好，"立定跳远"，跳槽。

Alvin主观意见：

如果你的工作能力特别强，为什么不申请内部换岗？或者问问你之前的领导，她那边是否要人？这不是你的一条人脉吗？既然目前不甘心，就寻求改变：一、在目前岗位做到最好；二、主动寻求其他的工作机会。

郑雯主观意见：

你是遇强则强型选手，你需要一个能干的老板，给自己物色一个新的强人做你的头头，问题就解决了。

4. 燕子——只做基础工作而不甘心的IT人

我现在在一个做项目管理的部门做事，由于没有很多想法并且不自信，只能做做需求文件；主管又让我去做系统说明，说是让我锻炼锻炼，我觉得我有进步但还是不好，三年了觉得自己也没有提高。不知道该如何更好地提高自己，是不是我不适合这份工作呢？我觉得我比较适合做开发那样的工作，但我只有一点点编程基础，比较难找。我应该怎么办呢?

八姐主观意见:

a)你提供的信息几乎都是"黑点":没想法、不自信、只能做需求文件这种简单的事、做系统说明也一般。这说明你最大的问题不是择业,而是正能量。没有正能量的人,干什么都干不好。从今天起,强制自己不要再说自己的坏话。

b)既然想做开发,为什么不先自学?业余先试试看。大家都是这么干的。

周密咨询主观意见:

a)从文中描述感觉你思维偏感性,多次用到了"我觉得",而IT工作(如编程,项目管理)都是理性思维、逻辑性要求极强的工作。提一些问题供你反思:做系统说明时你觉得自己的进步具体是什么,你是如何判断自己适合做开发的?你周边的人对你的工作建议是什么?你过去做出成绩的事是什么?(我没有从上面的描述中看到可以量化的劳动产出)

b)找到好工作的自信来自对自己优缺点的明确把握,你只说了自己的缺点,几乎没说优点,所以无法帮你详细分析。

5. Zoe——想要做好电商工作

我是2012年毕业的,之后结婚生子,2014年春天再出来上班,从事电商类工作。婚前做淘宝天猫销售工作,之后也是做自营商城销售,后来做了商场运营,但是不知道怎么发力才能把商城做好。中间辗转,现在终于找到了一份电商工作,我很想把这份工作做好,这不仅是对公司负责,更是让自己成长的机会;但是我不知道怎么突破。有什么方法呢?

八姐主观意见:

a)做电商运营的人,必须有创意好、数据分析能力强的"红点",首先判断一下:你是否具备这些"红点"?

b)很抱歉,我怀疑你不具备这些"红点",因为你做了N年电商,依然"不知道该怎么突破",这不像是一个能把电商运营做得很成功的人。

c)电商领域岗位很多,销售需要的模型就跟运营不同。你热爱学习,敢于提问,也许可以考虑一下继续做电商销售。

Nina主观意见：

电商想要做好有三个维度：行业、电商、公司。在这三个圆圈里面找到的交集部分是最好的突破口。行业决定了你客户需求的属性，电商提供了怎样对接到客户的手段，你所在的公司决定了可以为客户做什么。之所以要画这三个圈，是因为电商的一切平台或工具都不能孤立地成为销量增长的原因。所以，不能只考虑你能做什么，更要思考这三个圆圈的交集在哪里。

周密咨询主观意见：

做好就是做出成绩，电商成绩即营业额=客单价×客流量×转化率。那么做好的方法就是去分析这三个因素目前的问题是什么，然后制订解决办法。在做职业咨询前我做过多年的电商运营，可以上简书搜索"周密咨询"私信我。

（三）人际关系矛盾

1. 暖——想要升职加薪、想要挑战的日企内勤

我今年32岁，目前在500强日企做业务内勤。已经做了六年，工资5000，几乎没有晋升机会，工作稳定，不加班。但是我不满足现在的状态，我想要更高的工资、更有挑战性的工作。目前一直在学习日语，比较内向，不会讨好上司，不会和上司搞好关系。现在很迷茫。

八姐主观意见：

a）你在过去六年工作稳定、几乎不加班。这违反了"自讨苦吃"计策，所以，确实难以升职加薪。

b）从现在开始，在工作当中加入新的挑战；至于挑战是怎样的，只有了解你工作的人才能告诉你。持续地做高难度的工作一年以后，升职加薪自然会来。

周密咨询主观意见：

a）想做挑战性的工作，先做挑战性的人吧。比如不再内向，跟上司搞好关系，"讨好"上司，这是说话能力的挑战。

b）争取多揽活，工作一稳定就跳出来找领导要活干，这是突破舒适区的挑战。

c）制订严格的学习日语计划和学有所成的目标（能直接用于工作中），这是对自

己学习能力的挑战。

2. 婷婷——为不和谐的工作环境烦恼

目前所在的单位上面有一个小组长，我没想过与她争什么，但是总被穿小鞋；而且直辖领导还总是听信她的话，有些打击我的工作热情。我在想我是继续努力工作用实力证明自己，还是离开这样不和谐的工作环境。

八姐主观意见：

a）如果你的观点成立，你的小组长是个坏人，你的直辖领导是个傻蛋，你是个受害者；

b）我认为上一条判断不成立，所以可能是你得了"被迫害妄想症"，建议你检讨自己。

周密咨询主观意见：

补充一下杨老师的话，判断是否得此症的办法：问一下身边其他同事关于小组长和你的看法，侧面核实一下（最好找男同事问）。

Nina主观意见：

上下级关系的本质在于信任。通常情况下，所能感受到的不怀好意，多半来自三种原因：

1）你想多了。你真的没有那么重要，可以重要到让别人故意针对你。

2）就是别人不好。如果是别人的问题，而不是你的，你可以把心放在肚子里了。他不会只对你一个人这样，他会对每一个人都这样，那自然会遇到可以收拾他的人，他早晚会吃亏，不劳你动手。

3）你的职位职能威胁到了他人。我觉得你的状况不会是这一种，这种处境下的人虽然也承受压力，但必然是因为公司需要在组织架构上设置这样的岗位，用来牵制其他人；那么自然会有上级乃至老板坐镇。

你当然可以选择离开，跳槽换工作。但是能和谐到"一片净土"的公司，恐怕是极少数的。有人的地方，就有和你"不一样"的人。学会包容，懂得周旋，是成熟的标志之一。

3. 刘艳艳——与领导相处不融洽的国企人

我在一个国企待了快八年了，我是财务专业的，平时工作卖力、记性好、执行力强。但是我不会和领导沟通；有问题、有困难不会求助，自己承担很多导致怨气滋生；面对权威时胆小怕事，但也忍不住和上司发生过冲突，所以感觉自己升职无望。性格缺陷不知如何才能改善。目前不知该何去何从，是离职还是继续做下去？

八姐主观意见：

a）离职解决不了你的问题。

b）任何性格缺陷都是极度难改的，比较现实的做法是带着缺陷生存。所以才有"扬长避短"一说，当你的长处足以掩盖你的缺陷，你的升职就有望了。

Nina主观意见：

不妨和你的领导开诚布公地谈一次，告诉他你忠诚可靠，办事勤快，但就是不善言辞，情商不高；请教你的领导，未来的职业路径该如何发展。所谓尺有所短、寸有所长，一个人的优点与缺点，往往是同时存在，不同情境下可以互相转化的。你的领导作为你的买家（雇用你的人）最有发言权，他一定会有用得着你的时候（不然他就亏了嘛）；他能给你指出方向，只是你要先表忠心，告诉他你是自己人（用着放心）。

郑雯主观意见：

你对自己的问题看得如此清楚，却总是说自己没有办法调整，我只能解读为你根本不想改。诚意有问题，行动当然没变化。你的环境是你自己创造的，也是你自己选择的，后果自负。

4. 羽——关于下属竞争关系的疑问

领导一般都喜欢制造所管理部门的下属间的竞争关系，是特意制造矛盾吗？

八姐主观意见：

a）领导当然希望下属之间激烈竞争，这样优秀的人才可以脱颖而出，混事的"东郭先生"会浮出水面。

b）如果你因为竞争就认为彼此之间会产生矛盾，那是你理解错了，竞争就是竞争。

Nina主观意见：

良性竞争的结果是"多赢"，对员工个人发展有利，对公司经营效率有利，对客户解决问题有利。恶性竞争是"多输"，大多数以盈利为目标的企业都不会从根本上支持这样的做法。

郑雯主观意见：

一个领导不能代表一群领导。你问这个问题说明你走的是犬儒主义的路数。人选择了用嘲讽的姿势打开世界，世界就会向你展露满满的嘲讽；自己选择，自己承担。当然正统犬儒主义的修行人其实境界是很高的。因此我说这句话："我并没有歧视嘲讽系的选手，嘲讽系也是可以出大师的。"（八姐备注：郑雯是北大高才生，成功的咨询师，如果大家觉得她的语言让你难懂，其实这就是差距。我也是看了她的留言才去查询了犬儒主义是什么。让我们彼此拥抱一下，别怕，八姐最初也没懂。）

5. 玻璃心的包子——因为培训问题与领导产生矛盾的国企优秀员工

我的问题是怎么与领导、同事相处。我是一个国企的班长，因为我是省公司的优秀人才，培训比较多。今年的培训又开始了，这次主任很不高兴，我要外出五天，他不同意我出去。后来主任的气消了些，同意让我去。最后主任还告诉我，外边有人议论说我不干活，等等。我听了此番话伤心了好几天，觉得别人无权议论我。我很纠结，有些培训是省公司要求必去的。我想知道我接下来该怎么做，我觉得培训得减少了。我以后怎么跟我的领导相处？

八姐主观意见：

a）首先改一下你的昵称吧，没有人喜欢玻璃心。

b）你是省公司的优秀人才，我希望你继续保持优秀，并变得更优秀。如果你只比其他人优秀一点，可能会招人嫌；但如果你一骑绝尘，比他们优秀太多，他们就会膜拜你，称你为大神。

c）希望你做一个"容错率"大一些的人。你看，你外出做培训本来就没干活，这是实话，别人背后吐吐槽也是难免的，男人的胸怀是委屈撑大的。

d）至于培训是否该减少，我认为要直接跟你的老板商量。"手脚耳目"计策，你应该问你的"大脑"有什么想法。

Nina主观意见：

第一，要向你的领导表忠心（你是他的人）；第二，要把功劳的帽子给领导戴上

（领导栽培）；第三，要多谢他的宽容大度，没有听信谗言（领情）。如果你觉得这三点太虚情假意了，请你换位思考一下，把你自己想象成他，你立马气儿就顺了。

郑雯主观意见：

谁告诉你别人无权议论你？我告诉你：言论自由，每个人都有权利议论你。当然他们议论得是不是公允，是不是失之偏颇，这是另外一个问题。主任说的是实话，还是只是婉转地敲打你，这个我们也不知道，他有他的考虑，你还识别不出来。至于你接下来会怎么做，目测你也不太可能调整你原有的路径，而你俩有矛盾目前显而易见；在我看来，你应该关注的不是具体你要做什么，而是尽快提高和人打交道的艺术，想办法活得圆融一点。

6. Jasmine Zhang——想要提高沟通能力的精英律师

我是一名律师，工作六年，一直在国际和国内的顶级律师事务所工作。工作努力，但工作能力不是很突出，不擅长与老板和客户高层沟通；做事专注细致，但工作效率不够高。希望能改善与高层的沟通能力和提高工作效率，有什么建议吗？

八姐主观意见：

a）律师是一个精英行业，你能在顶级律所工作升职，已经很棒了。

b）改变与生俱来的缺陷非常困难，所以优先要考虑的是如何扬长避短，让你的长处更突出一些。至于改善沟通能力这种与生俱来的特质，我想你应该学会用"明日计划"。迫使自己增加书面和口头沟通的能力，坚持也许会有效果。跟做瑜伽一样，开始下腰是很痛，持续拉伸两个月便会好很多。

周密咨询主观意见：

a）沟通就是说得别人愿意听，倾听到别人愿意说。所以注意观察你在说的时候，别人是否愿意听，如果没有，就要停下来直接问哪里有问题；在听的时候要有反馈，让别人知道你在用心听，愿意持续说。

b）提高工作效率的办法：一是提前安排，二是向高效率人士学习好的习惯。

Alvin主观意见：

工作细致专注，但效率不高。是否因为过于追求完美而导致效率低下？可以试试一开始并不一定要给出完美方案，先出方案，不断迭代，这样可以提升你的工作效率。沟通力还是要多多练习，在网上寻找学习资源，坚持下来会有成果的。

7. Miss卤卤蛋——在前公司饱受委屈的小白

我被新公司在试用期开除了。在这三个月里面受了很多歧视，被老员工告状和羞辱，感觉好委屈。当时一直忍着没有辞职，现在好后悔，觉得一点尊严都没有了。我得到的教训是自己没有表现好，犯了很多错误，不会讨好老员工，但是如果老员工指桑骂槐说一些侮辱性的话，应该站出来不让她们觉得我好欺负。我好痛苦，我要怎么样走出来？

八姐主观意见：

a）你没表现好，犯了错误被开除，这是职场定律；你没有正式地为自己的错误而道歉，这又是一个错误。

b）当你表现很差的时候，势必影响了老员工自身的利益，他们告状也是情理之中的。至于他们是否在羞辱，我打个问号，我个人认为也许只是告状罢了，在你耳中听起来是羞辱。请去看"看清原罪"这一计策。

c）如果已经离开了原单位，还在脑补当时应该怎么做才显得自己强大，这又是一个新错误。当务之急：不要继续在错误中打滚，有本事就混出样子来再回去示威。

郑雯主观意见：

辛苦了，人生不易。你们看，该出手时不出手，自己痛苦，敌人快乐。这是你们喜欢的活法吗？当然我说的出手，不是让你们打人骂人；我说的是该理论不理论，自己没有据理力争，那么后悔的肯定是自己。这就是个反面教材，前车之鉴。

（四）爱好与职业的冲突

1. 小晴天——想做设计的物流管理学生

我是今年毕业的大四生，我学的物流管理但想找平面设计类的工作，目前在自学。同学或家人都叫我要现实一点不要那么理想，但是我一根筋觉得不应该是这样，应该根据自己的兴趣和优势去选择。家人要我考公务员或事业单位，但那种一眼能望到头的生活不是我想要的。有时想不然我就妥协了吧，但又不甘心！我该怎么办？

八姐主观意见：

a）平面设计是一个需要灵感、创意、天分的岗位，回顾过去，你是否有非常好的创意类的想法？如果没有，你未必适合做平面设计。

b）你完全可以找一家平面设计的公司做行政或者前台类的工作，接近平面设计师，用"7531"的方法了解你到底适不适合。

周密咨询主观意见：

a）一根筋代表执着，这是好事。但有一个前提：你执着的东西有产出，出成绩（比如赚到了让自己满意的工资，这才是最实在的）。

b）所以建议是给一个1～2年计划：如果我做设计，我的目标是什么，并如约完成。相当于一个跟自己的约定。刚毕业的新人就该有点"匪气"，不甘心，就让自己不甘地走一回。

Nina主观意见：

中国的大学生，有些填报的专业不是自己所选的。比如我当年高考时，我父母只允许我填报第三志愿，我仔细研究了各个大学的各个专业介绍，兴奋不已地填上了"戏剧影视文学"；结果被第一志愿录取了，根本就轮不到的第三志愿才是父母让我填的。所以也就难怪，有人后来从事的工作和之前所学的专业八竿子打不着了。如果你有自学设计的能力，又真心希望从事设计工作，会有人愿意给你这个机会的。

2. 人家拿小刀刀捅你胸口噢——想追求服装设计兴趣的IT女士

我24岁，女，从事IT行业，全日制本科，软件工程，月薪一万。我很不喜欢现在的工作，没有动力往深里研究，自己不太喜欢这个行业。请问我是攒够10万转行做自己梦想的服装设计师还是继续做IT？

八姐主观意见：

a）你的昵称"人家拿小刀刀捅你胸口噢"让我有些担忧，希望这不是你的真实感受，否则你显然经常陷入"我是环境受虐者"的心态。

b）平庸而失败并不可怕，可怕的是从来没有争取过就承认失败了。所以，既然喜欢做服装设计，就拿出一年去试试吧。

Nina主观意见：

入行不深，月薪一万的IT，在别人眼中已经是可以羡慕的对象了。你可以拆分工作，你所不喜欢的到底是哪一部分，然后再对照你想要从事的服装设计行业，是不是也存在这些你不喜欢的部分。我想告诉你的是，即便是自己真爱的工作，也有80%会随着时间的推移而变得枯燥无趣的，剩下那20%纯粹是苦中作乐的一厢情愿。想要拆散两个热恋之中的小情侣，最好的办法就是让他们天天待在一起。

郑雯主观意见：

就不能"脚踩两只船"吗？试出感觉，再决定上哪条"船"。

3. 米粒——想要脱离家族企业向兴趣工作进发

我29岁，从事行政工作一年、出纳工作两年，现在在自己家的公司做中餐管理。在家干实在没动力，我喜欢女性形象气质设计和情感咨询师这两项工作，我要不要放弃自己家这安逸没有存在感的工作呢？我该怎么学习和进入这两个行业呢？哪个更适合我呢？而且我还在犹豫二胎的计划。该怎么选择呢？

八姐主观意见：

a）你的留言让很多人觉得安慰：原来富二代也有困惑（抱歉，我怎么八卦起来了）。

b）29岁，已婚已育，对职场困惑犹如小白。这说明，你可能是个选择恐惧症患者，或者你家族对你的保护太多。所以，我建议你挑战自己，把三件事都做了：生二胎、找形象设计工作、做情感咨询师，至于怎么入行，这就是你的挑战之一。哪怕最终都失败了，你一定会成为一个抗挫折能力更强、更有主见的中餐馆老板娘。

郑雯主观意见：

一般而言，看见你们这样在重大问题上依赖他人意见的人我都是绕道走的，你们潜意识不愿意为自己承担责任，我给你任何意见都不合适。但我也讲，我这么说，并不是责怪，也不是批评，我是提醒你们，人生重大决策要自我负责。当你开始真正自我负责时，实际上你提的这几个问题你自己就会回答。这不是什么一般人的思考能力不能企及的难题。要向真正懂行的人去问，这一点很重要，是给你的忠告。

4. Yours——以英语工作为目标的"跳槽达人"

我目前的状况是毕业快一年了，换了三份工作也没定位好，从文员到销售再到现在的销售文员兼后勤，感觉很迷茫。本科人力资源管理专业毕业，考过人力三级证书。喜欢英语，但英语不怎么好，没过四级。我想学好英语以后，不仅能对工作有帮助，还可以了解不同国家的文化。那么我怎么实现这条道路，怎样去规划它？

八姐主观意见：

a）你的问题看上去是迷茫，其实是不踏实、不敬业、不肯干。做文员你嫌无聊不踏实，做销售你嫌困难不肯干，再做后勤又回到最初的简单无聊的原始状态。

b）你说自己"喜欢英语但是没学好"，验证了我刚才说的话，只有兴趣但是不努力。如果你持续带着这样的状态工作，先不说三年，十年也有可能依然事业无成。

c）总结：先把手里的工作做好，评为优秀，然后才有资格做下一件事——学英语。

Nina主观意见：

我的英语也不好，但我还是过了六级了，可见你英语是真不好。既然如此，上学时都没学好，工作以后时间精力更有限了，就能学好？你这么执着地想要学英语，是因为觉得英语好了就能高人一等，拿高薪了？可这是你的"黑点"啊。不学英语你也可以了解不同国家的文化，想要对工作有帮助，那就多学一些对你目前的工作有帮助的技能。

郑雯主观意见：

喜欢英语就去用这块敲门砖砸向整个英语世界，我鼓励你们这样，这样才能最大化自己的利益。计划赶不上变化，做个善于抓住机会的人，多观察多思考多积累，这样你遇到机会的时候就能识别出来。（八姐备注：这就是我引入更多的职场大白答疑的原因，大家的观点各异，才会呈现客观性。）

5. A静——纠结稳定与兴趣的资深财务员

本人性格外向、活泼、开朗。从事财务工作多年，目前是一家公司的财务部负责人。但我并非真的喜欢财务工作，或者说不适合做财务，只是出于种种原因一直没敢换工作。我想问的是，我到底是应该求稳定，还是应该按兴趣爱好找工作？

八姐主观意见：

a）走出围城看一看，城外不好再回头。

b）真正的稳定，很可能是在经历动荡之后才能感受到的。

Nina主观意见：

工作不是简单地按照兴趣爱好来找的，而是在你所喜欢的诸多工作中，和你所擅长的能干得好的一些工作中，相互交集产生的。不会有雇主愿意给你埋单，只为了让你享受探知世界的乐趣。

周密咨询主观意见：

回答这种问题前，最好先做一下理性分析，用MECE原则（搜索一下）把你的"种种原因"变成各种具体的原因，再分别填下分数权重计算一下总数，就能知道不敢换工作的总分是多少。用同样的方法，再分析一下支持你换工作的"各种理由"，列举出来。然后，你就知道答案了。

6. 细细君——想做插画师的前采购

我是一名30岁女性，已婚已育。目前在广州生活。大学本科法语专业，专业成绩优秀。四年销售两年采购，都在和法语相关的跨境电商公司。现打算转行，打算依靠特长转做插画师，目前还没找到新工作。设计公司的核心岗位也不是画师设计师，而是运营和销售人才。销售似乎和我的"黑点"对应，找到工作后是不是应该补短板？我看了关于插画师的几篇文章，大多数财务自由都很难，做得好的"金字塔尖"也靠人脉或者机遇。而我重新做插画师的话，感觉精力拼不过小年青，有点犹豫；又有养家养孩子的压力。但是因为喜欢画画还是很想做，我该坚持吗？

八姐主观意见：

a）喜欢艺术的人，可以试试从兼职中起步，在兼职中判断自己是否真的有兴趣、真的有才能。

b）插画师是一个天赋依赖型岗位，有天赋的人才能财务自由。所以，考虑好这一点：如果相对清贫，但是一直做自己热爱的插画，你愿意吗？

郑雯主观意见：

如果一份工作不足以支持个人财务支出，那就要考虑两份；如果两份太累，以至于失去了人生的乐趣，那就要继续优化决策。何况还有个孩子，你是不是还有和孩子相处的很多乐趣不想失去？做个善于享受幸福的人吧。

（五）理想与现实的冲突

1. 随风——理想型人的苦恼

我的问题有四个：

1）把世界想得太完美，我是向往大同社会的。首先我对待工作专一认真，"态度决定一切"成了我的座右铭，但不知为何工作三年做了三份工作自己都会不自觉地挑剔。一向奉行好的工作氛围才能工作快乐，所以当工作中出现不公平、不良现象时我就好难过。

2）我的胆子小，会在一些我觉得比较厉害的人面前怯场，有机会面对面地交流都不敢出声、脑子空白。所以在工作的时候，合理的想法都不敢提，比如提成算少了。

3）自己定位不准。是我尝试得太少，还是我陷入了个连我自己都还不知道的圈？

4）我爱幻想，会把很多事都幻想得很美好。结果现实和预期就有落差了，失望就来了，可还是会止不住地想。

八姐主观意见：

a）大多数人尊敬有洁癖的人，但是对他们敬而远之。完美主义的人其实就是有洁癖的人。

b）如果你把世界想得太完美，你就要有本事把世界变得完美；如果你没有本事把世界变得完美，请你接受现在的世界。

Nina主观意见：

所谓天真，就是经历过的世事太少，没有承受过什么重大的打击或变故。你的理想主义挺可爱，虽然对职场无益。大多数的人在少年时都是理想主义者，随着年龄阅历的增加，会逐渐认识到并接受现实的残酷与人性的黑暗面。

郑雯主观意见：

你很好，灵魂很纯正。但我告诉你，这个世界不太兼容灵魂纯正的人，你要学会自我保护，学会保护他人。你会在人生之旅历练提高自己的段位的，人生是个幻象，不要太当真，但体验人生的过程要认真。

2. 漂流瓶——对自己不自信的培训老师

我是学会计的，自考生，没自信，"黑点"一大堆，"红点"寥寥无几。应届毕业生，可能运气不错，在学校招聘会上面试上了一家会计培训老师的职位，来公司快两个月了，还不敢上讲台讲课，一直在给自己找借口——不行呀、没经验、没实践。

八姐主观意见：

a）以后干什么都别怕，害怕的人其实很自恋，误以为别人都关注你。其实呢，没有人那么在乎你的，即使你讲得稀巴烂，别人心里嘲笑你一小会儿，第二天也就淡忘了。

b）既然没那么多人关注你的失败，为什么不冲刺一下？成功最好，失败了无非是被嘲笑一天。

Alvin主观意见：

你没有自信，这个不是你的错；有可能是成长过程中造就的。你现在需要改变的是，拿出一个小本子，记录下你在工作中进步的事情，和自己比，和过去比，坚持一个月，回顾并反思写一篇月总结，提升你自己的正向反馈。不要太在意别人的眼光，你只有不断地提升自己，别人看你的眼光才会发亮。因为看到了你的改变，看到了你的自信。

（六）盼望升职加薪

1. 霏霏——做着兼职、想要找老板加薪的康复师

我之前是一名护士，现在转做康复医师，老板之前承诺会加薪，但是现在没有。我在想我是隐晦地去向我的上级提加薪这个问题，还是直接去问老板？同时我自己还在兼职创业做营养减肥俱乐部，自己拉流量。但现代人自我保护意识都很强，怕别人拒绝，会有一点纠结。目前的这两份工作我都比较喜欢，我该怎么做好？还有我该怎么提升英语能力？

八姐主观意见：

a）千万不要以为你兼职创业的事老板不知道，我做老板多年，下属的事我都知道。因为张三的事，李四王五会主动跑来告诉我的，因为他们之间是有竞争关系的。

b）职场只为优秀埋单，两个60分相加，其实不如一个90分，如果你做康复医师是60分，做营养减肥俱乐部是60分，不如好好考虑：你到底在哪个事上能获得90分？

c）你做着两个60分，现在还想在英语学习方面来一个60分，我反对这种做法。先

把一件事做到90分，再加入另外一件事。

郑雯主观意见：

太能干了，欣赏你。直接吧，现在的人都喜欢直接。纠结啥？都这么好搞掂早就被你的竞争对手搞掂了，不好搞掂才是你的机会。英语还不简单吗？用啊，学啊，就提高了。问题是你要直指核心一点，如果学英语不能直接帮你挣钱就不要学。这一点秀水的小老板就是楷模，人家会十四种语言，但都严格地限制在用来交易的用语范围内。

2. 育萍——工作六年但没有升职加薪的银行职员

我是一名银行职员，2007年就业到现在一直在营运部门工作。在现在这家银行已经做了快六年了，工作业绩一般，但兢兢业业。但领导并没有要给我升职加薪的意思，我是不是该跳槽了呢？

八姐主观意见：

a）跳槽解决不了问题，因为人是有惯性的，如果你不改变自己的思维方式和工作方式，到了新岗位依然可能兢兢业业，但"工作一般"。

b）你的升职加薪和苦劳无关，和业绩有关。你没有业绩，怎么可能升职加薪呢？所以问题在你自己。别看苦劳看功劳，至于如何建立功劳，你可以应用"7531"的方法找到标杆，效仿标杆。

Nina主观意见：

不满于现在的工作，又没有骑驴找马，结果就是耽误了自己，还在持续酝酿的不满中产生自我怀疑的毒素。迈出那一步固然会有风险，但你可能也低估了自己抗风险的能力。就像滑雪一样，掌握不好平衡会有摔倒的危险，可急速飞驰的快感是旁观者永远也体会不到的兴奋。如果你把目标锁定在跳槽只能成功不能失败上，那恐怕真是无解。但如果你有足够的意志力和坦然接受的心智，摔了一跤没什么大不了，抖抖身上的雪，振作精神再来一次，你就离成功不远了。

3. 瑞士糖——工作经验与薪酬脱轨的财务人员

我是一名财务人员，本科专业也是财务。毕业七年，包括毕业实习的工作，已经换过三份工作，目前这家也做了两年多了。但是，公司所处的行业却都不同。因为组织架构的问题，在现公司继续做也没有升职的希望。由于没有管理经验，即使跳出去也找不到经理的工作。公司待得越久，工资就越脱离市场。我应该怎么做？

八姐主观意见：

a）财务工作和所属行业关系不大。你过去一直没有升职，和所处行业、公司没有关系，是因为财务升职本来就慢，其次你本身工作能力可能一般。

b）想要跳槽做经理，一步到位是很难的。也许可以到规模小很多的同行业其他公司做会计主管，管一两个人，有了经验之后再一步一步跳槽。

Nina主观意见：

骑驴找马的好处之一，就是可以借助外力来帮你修正对自我的认知。比如，你认为目前的工资比市价要低，没有升职是公司组织架构的问题，那你自然可以向外部寻找机会。但是绕了一圈，发现也没找到理想的工作，说明你目前所得到的和你自认为应得的，其实差距没有那么大。

周密咨询主观意见：

七年做了哪些工作，喜欢并做出成绩的有哪些，喜欢还没有行动的是什么，喜欢却没有行动的理由或阻碍是什么？这些我都没有看到，只能请你自己分析回答一下，或许那样答案就不言自明了。

4. Alice——公司效益不好、感觉没有升职加薪希望的台企员工

在台企做业务助理已经快三年了，是那种积极接受领导分配的新工作并会努力做得更好的人。需要直接做业务，但本业务处没有要新提的业务，也有其他业务处的领导想找我过去，可是我的直接领导不同意。每次想跟领导谈加薪，总是被回绝。现在公司效益不好，也感觉没有什么晋升空间。没钱途、没前途，我该换工作了？

八姐主观意见：

a）对于行业、单位、自己，你自己做到了百分之百，如果你的行业没问题，那现在的问题就是你卡在了单位上，要立刻跳槽。在公司内部，从A业务处跳槽到B业务处，本身就是职场大忌，并且它的难度比从A部门跳到B部门的难度还要大，不要再想了。因为两个业务处有竞争关系。

b）所以不需要想了，明天就交辞职信。

备注：其他大白没有回答这个问题，我希望在台企工作的读者可以给予解答。

5. Tulane朵——跳出银行体系重新做回设计师

我大学学的是室内设计，毕业当了三年设计师。出于家庭压力和其他原因考了银行，目前是某商业银行柜员，入职五年，和领导提了辞职，想回到原先擅长的设计领域。现在我已联系了当地一家设计公司，多年不接触生疏了，想在我能够胜任的时候再谈工资待遇。请问，公司的设计师都没有我年纪大，在学习的时候如何相处更好？毕竟我原来也是不错的设计师，可能会尴尬。还有，如果我个人觉得水平已经恢复正常的时候如何和老板谈留职加薪这类问题？

八姐主观意见：

a）你做的是对的，先不要谈工资待遇。只要一个单位肯给你一个机会重新开始做设计师，就立刻把你的技能捡起来。

b）职场上的"年纪"并不是你真实的年纪，而是你从事这一行的年纪。你的设计年龄是3岁，而其他设计师的设计年龄可能是4岁，所以请你尊重这些"4岁的人"，不要觉得人家比你小。你带着这样的心态，常说这样的话，你的同事会因为你比他们年龄大而不好意思帮助你了。

c）等你"武功"恢复了，再谈薪酬。

郑雯主观意见：

你不尴尬，落落大方，就不会觉得别人尴尬；否则你自己内心尴尬，看谁都尴尬。我记得有个剧集，一位老人去读大学，照样很愉快。做喜欢的事，和喜欢的人一起做，其实本来就是可以很愉快的。薪酬你一开始就可以说好，你说我追求的是多少，现在是多少，我恢复期是多久，谈好，大家透明一点，不要互相猜来猜去，容易造成不必要的隔阂。

（七）体制内的思索

1. 园园——晋升与创业的选择倾向

我今年32岁，有一个4岁的女儿，我和老公都在县城一家银行担任中层。他是支行行长，我是合规部部门经理。我很喜欢目前的工作状态。但我想在35周岁前生二胎，又想在事业上更进一步；同时我又有创业的冲动，因为我对幼儿教育很感兴趣，想成立自己的培训机构。该怎么选择呢？

八姐主观意见：

a）想创业的人不会去征求别人意见的，犹犹豫豫去征求别人意见的人，即使创业了失败概率也很大。

b）在银行做合规（我并非非常熟悉银行业务），以我个人分析是个辅助工作。如果在银行系统内部希望向上晋升，我想销售岗位的人提升概率更大。如果你在合规系统提升，只能向分行、总行这样的路径走，那么就需要你踏实精进合规业务，一步一步走吧。

Nina主观意见：

创业不是一时冲动。你和你老公都是在银行工作的，与你想要创业的幼儿教育事业无关。虽然你有养育女儿的经验，可是你们养育的方式方法，未必会是别人也认可的培训方法。我现在有一个手下就曾经创业开办幼儿培训机构，他看别人做都很赚钱，结果把家底都赔光了。并非是要给你泼冷水，但是创业有风险，需要量力而行。多做市场调研，提前规划好资金用途以及后续的备用金，会让你更靠近真实的创业场景。

周密咨询主观意见：

a）你喜欢目前的工作状态，我的理解就是你喜欢相对稳定、舒适、压力小的工作，这个跟创业完全是相反的。所以如果你在心态、思想认知上没有做好对不稳定、高压的准备，创业肯定是不适合的。

b）可以考虑选择在银行晋升。方法就是找出3~5个获得晋升的朋友，看看他们是如何做到的，然后一步一个脚印地去实践。

2. 守望者——体制内的升职加薪问题

在体制内单位，升职加薪是不是没必要提了？我又该怎么提出呢？

八姐主观意见：

a）如果在体制内单位也可以去申请升职加薪，也许这就不是体制内单位了吧。

b）提升职加薪的前提是，如果不升职不加薪我就走人，你想好了吗？如果已经骑驴找马找到了其他可以进的单位，那为什么不提呢？

备注：提问信息太少，导致其他大白无以作答。

3. 拥抱阳光——民办学校与公立学校的选择

我是一名40岁的中学高级教师，恰遇这几年社会办学规模化，我的好多伙伴都加入了高薪的民营办学学校，是保留编制的。我有点蠢蠢欲动，但不知该不该去。此刻刚好遇到民办学校高薪招聘，所以有了想改变现状的想法。我该怎么选择呢？

八姐主观意见：

a）既然保留编制，为什么不去试试？

b）无论去或不去，只要热爱你的学生们，哪里都有高薪。

周密咨询主观意见：

a）如果你能在公立学校被评为高级教师——这代表权威的教学能力认证，在民办学校一样可以输出自己的价值。

b）其他方面我也没看到什么不好的，高薪、保留编制，退路上也没有什么风险。

4. Qian——想要放弃科研工作的女博士

我是一名女博士，副教授。目前在体制内从事科研工作，工作没有严格时间界限，经常做梦都在调研写论文。职场上升空间有限，收入较低，唯一好处是时间灵活，不用每天坐班。现在35岁了，想给家人更好的物质生活。会用软件做数据分析，想换份收入与付出成正比的工作，不知道如何选择。

八姐主观意见：

a）纠正一下：在哪里工作，收入和付出都成正比。这种付出，不仅仅是时间，还有智慧。如果你做梦都写论文却从来都写不出好论文，需要反思自己是否应该读博——博士是精英岗位，没有极强的研究能力就考博士是一种职场灾难。

b）我建议你先找兼职挣外快，等外快超过了体制内科研工作，再砸了这个铁饭碗。

Nina主观意见：

先去面试看看能有怎样的工作机会，薪资与你的期望相差多少，然后再做决定。不知道你具体科研的是什么方向，可以找这个行业领域内的公司，这样你的经验还能用上一些。

周密咨询主观意见：

a）如果你喜欢科研，有你的博士学位，首选民营企业的科研工作。

b）或者，使用数据分析这项技能，找这个领域的私企工作，忘了你是个博士。

5.？？咪西咪西——考完证不知道从事什么行业的护士

我是一名护士，在三甲医院工作了五年了，其实打心底里我并不喜欢这个工作，但转行的话，不知道该往哪一方面去转。我喜欢有挑战性、让我有成就感的事……去年业余时间里把执业药师考过了，然后最近准备报考心理咨询师，已经开始着手准备了。我以前比较喜欢文学，平时也会看看书，高中的时候学过编导，在演讲和作文比赛中也获过一些奖。我该怎么选择呢？

八姐主观意见：

a）你考执业药师证、心理咨询师证，似乎是一种意淫，这让你的无聊的工作增加了一些色彩并且让你对未来有了梦想。（八姐备注：如果我的刻薄可以让你这个"农民"想好种植什么"庄稼"再去施肥，我的刻薄也算值得了。）

b）你既然喜欢有挑战的事，就应该迎接现在的挑战，辞了工作，去找到自己真正喜欢的事啊！如果你害怕这个挑战，那你就不该说"我喜欢有挑战的事"。

c）既然你的"红点"是作文好，可以试试在内部的宣传科发一些文章，如果做得好，也许以后有机会去做文案宣传策划工作。

Nnia主观意见：

做市场的都明白一个道理，叫品牌定位，职场同理。什么叫定位呢？就是你和别人越是不同，越是能拉开竞争差距，在细分的小众市场上，就越能因独特而卖得上高价。工作中，我们往往没有那么长远的眼光可以看得那么准，难免会有一些工作经历与自己的目标出现了偏离。这时候，最好的办法就是发挥它独特的价值，而不要因此沦为"污点"。比如曾经的工作经历是A、B、C三份相关度不大的工作，那就去找需要A+B+C的工作。比如在A行业，需要B技能，和C打交道的公司，你的特殊背景就会成为优势。你在三甲医院做了五年的护士，多么难能可贵的经验，千万不要因为现在转行而让它变成了平淡无奇的过往。顺着这个思路，你的故事会非常动听。

郑雯主观意见：

很能干啊！你的选择是看时机。目前哪个机会最好，就去哪个；未来也一样。选了做一阵子，其实也还可以换。但不要停下来做选择，边做边选。

6.燕窝——想要改变的国企文员

我在国企上班，已工作六年，目前在监察部门工作满三年了。但是我现在觉得工作每天都在写材料，偶尔查查单位的信访案件，而且女性在该单位也没有升职空间，因为我现在是一名专责，上面就是主任。感觉自己单位职业生涯已经到头，这就是我退休的样子。我该怎么改变呢？

八姐主观意见：

a）在国企上班没有升职，就把责任推到国企身上，推到你的女性身份上，这种心态肯定不对。

b）既然是写材料的，第一步先把材料写到最好。我的哲学是：当你把一件事做到100分的时候，机会就会敲门。

Nina主观意见：

国企的工作更加考验个人的意志力，因为大多数人都是缺乏自制力的，把自己的没有长进归咎于组织上的不需要，是很容易在温水煮青蛙的情境中破罐子破摔的。如果你确实不喜欢国企的工作氛围，可以跳出圈子，到外面的世界来闯一闯。以前我也曾对国企的干部有偏见，后来发现，能在国企里风生水起，摆得平各种复杂关系的，都是高手。

郑雯主观意见：

国企有很多福利，确定要抛弃吗？外面风吹雨淋，你六年没有历练，你确定竞争得过？如果有觉悟可以出去，没觉悟先待着吧。没有升职空间可以找点外快，现在绝大多数人都是这么变通的吧。

7.艳京——在国企坚持十年想要跳出来的员工

我在一个国企工作了快十年了，一直是做事务性工作，虽然稳定，可是我不喜欢那个环境，每天很悠闲，没有太大的发展。我不想一辈子就这样过了。可是我又不知道干什么才适合我，特别迷茫。

八姐主观意见：

a）你已经悠闲了十年，其实能力已经退化很多了。

b）如果想离开这个悠闲的环境，恐怕要在现在这个岗位上开始练飞，把你的翅膀练得硬一点；否则贸然出来，会经历很长一段时间的"折翼"。

c）其实我几乎可以断定，你提问了并且听了我的咨询，还是会继续做你那份悠闲工作。如果你可以改变，不可能在这份悠闲的岗位上坚持十年。最后送你一条有实操性的建议：疯狂寻找自己现岗位能做的工作，把自己变成忙碌的状态。如果你说疯狂地找工作还是没活干，换作是我，不会让自己在三十岁的时候发出腐坏的味道。

Nina主观意见：

这样的工作，在很多人眼中是好工作。现在也还有不少长辈就想把孩子送进这样的国企中去。钱多，事少，稳定，福利好。也有不少年轻人像你一样，一边享受单位的清闲与安逸，一边抱怨说前途没发展。不知道纳税人的心里在滴血吗？即便是你没有勇气走出国企，可时间是自己的，你怎么会让自己的时间变得悠闲呢？工作中没有什么事情可做，那就利用空闲时间来做能增长个人技能的事情啊。你要有一种紧迫感，假如随时都可能下岗，那时你要找什么工作？按着这个假设，去对照那个岗位的招聘要求，加紧补齐。

8. 吃猫的鱼——停止考研后找不到方向的事业单位员工

在您建议我应该停止考研、找真正的工作以后，我目前处于一个非常混乱的状态——已经停止看书了，但对目前的工作提不起精神，又不知道从何下手分析自己究竟适合什么工作。联系一些之前的同学，感觉大家都处于迷茫的走一步看一步的状态：留在小城镇的同学羡慕在广州深圳工作的，而处在大城市的同学也想过个两三年就回家，还有些同学羡慕我目前的这份事业单位的清闲工作。怎么办？我觉得自己找不到任何目标、找不到自己的价值所在了。

八姐主观意见：

a）没有目标的人，都会迷茫；我之所以曾经建议你停止考研，是因为你并没有自己想研究的目标。

b）先乱后治，我认为你现在的迷茫和混乱是好事，继续思考你到底要做什么。

周密咨询主观意见：

我写过一篇关于"不知道自己想要什么"的文章，你可以参考一下：

http://www.jianshu.com/p/b45f2de3a5e6

（八）全职妈妈的苦恼

1. 陈芬——想要自己创业、不甘心做幼儿园老师的妈妈

我没有文凭，没有特长，从孩子上幼儿园起，我就进入一家民办幼儿园上班。干了两三年，年前就不干了。现在很犹豫，想自己办小学托管又怕失败，可要再找幼儿园上班，我又有点不甘心。我该怎么办？

八姐主观意见：

a）一个能成功创业的人，必然在打工的时候名列前茅。你做了两年民办幼儿园肯定表现平平，是这样吗？

b）找幼儿园上班，做一个没有文凭但是却能被评为先进的工作者，然后就会有人愿意跟你合伙办托管。

周密咨询主观意见：

创业等于十倍于最优秀员工的状态，因为创业要求的能力更系统、更专业、更复杂。从描述上没看出你有什么显著的工作成绩产出，现实不会为你的不甘心买单。单有不甘心是幼稚，不甘心加有能力才等于良好的职业能力。

郑雯主观意见：

文凭不重要，特长更是不相干。托管现在貌似也是风口，可以一试。如果不敢，那就抱大腿，和别人一起干，或者给别人干，慢慢养成信心。不甘心就想办法呗。

2. 庞圆圆——被徒弟赶超不舒服、想自己创业的妈妈

我从事房地产六年，正在家休产假的时候，公司转型做二手的业务了。之前我带的徒弟通过培训现在都成店长了，我下个月产假就到期了，可能我回去就得在他们手底下工作，心里不得劲。现在的问题是我爱人也在做二手房，我也想回去学几个月，然后我

们两个开店。这合适吗？我现在应该是踏实上班还是自己创业呢？

八姐主观意见：

a）你生了个娃，你的徒弟升了职，这很公平。如果你和老公想开店，却来问我这个对二手房完全不懂的人，我想现在你并不适合开店。

b）先踏踏实实上好班，带好娃，心态稳定了，再考虑是否创业。

备注：其实其他大白也回答了这个问题，不过被我删除了。因为没有创业过的大白，只能回答职场问题，最好不要回答创业问题。我希望你们也注意不要向没有创业过的人询问关于创业的问题。问问题要找对人。大白可以帮你成为优秀的打工者；创业成功和失败的人，都可以给你提供关于创业的经验。

3. Vanessa——想要重返职场、有些担心的妈妈

我27岁，2013年二本师范院校英语专业毕业，专八成绩及格，学校期间有教育行业实践，因为不喜欢老师这个职业毕业后没从事教育相关工作。找了两份工作，之后从深圳回武汉学驾照，帮朋友管理美亚账号，之后一直待产照顾孩子。现在想重新工作，最近有个心仪的面试不知怎么介绍自己情况比较好，而且也担心公司之后的背景调查。

八姐主观意见：

a）你又没做错什么，为什么会想到撒谎来掩盖自己的真实经历？

b）务必真实地介绍自己，因为撒一个谎要用十个谎来圆，这是生活给我们的智慧，也应该带到职场上。

Nina主观意见：

虽然你离开了职场一段时间，但这并不是什么太大的问题，要转化劣势为优势。比如，薪资要求不高，就是一个性价比高的优势；养育孩子的过程也会让你成熟很多，会有很多公司愿意给你这个机会。以背景调查来论成败的公司非常不靠谱。

4. 某某——不知选择进国企还是在公司发展的妈妈

我毕业十年，一直从事人力资源部管理工作，在离家很远的城市工作。为了孩子的教育，我现在要放弃现在的工作回老家，去做一份国家单位统一招聘的合同制的基层岗位工作。但我刚和所在的这家公司一起经历了痛苦的转型期，马上要进入好的发展期，

我的工作也已经进入高速发展的阶段，前期的努力和付出我要全都放弃，内心充满了恐慌和不甘。33岁的我没法再做错选择了，我该怎么解决这个问题？

八姐主观意见：

a）你要做一个好妈妈，所以，如果为了这个身份失去了你的资历，你要心甘情愿地接受。

b）没有任何一种努力和付出会"前功尽弃"，会前功尽弃的只有一件事：失去了改变的勇气。

c）个人意见：我本人反对你进入"非市场经济"的工作单位。

Nina主观意见：

回老家能否选择更有发展前途的工作？如果老家的工作机会少，能否考虑把孩子接到你目前工作的城市来？如果你要回老家，那你老公是否也要放弃现在的工作？你纠结的点似乎不在国企还是私企，而是离家很远的工作。为了孩子的教育，你要认真考虑，真的没有别的解决方案了吗？父母的心态平和，自我价值的实现，是对孩子最好的教育。不要让他觉得你是为他而做的牺牲，那是强加的压力，不是爱。

（九）工作与私人生活的平衡

1. Soyen——工作与私事撞车的活动策划人

二月份的时候预约办理居住证，但是排队人很多，不去就要再等很久。然而与自己策划的一个活动时间上撞车了，这件事我该怎么跟我领导说？我该选择做自己的事还是公司的事呢？

八姐主观意见：

a）领导需要的未必是你在这个活动时间一定出现，除非你是主持人。如果你活动设计得好、管理得好，在你不出现的情况下活动依然运作正常，你的领导是不会介意的。

b）跟领导保证结果，领导不管你当天是在那里还是在居住证办事处，或者是在月球，只要你敢拍胸脯保证活动结果一定非常优秀就行了。

2.薄荷——准备当英语老师却不够坚决

我喜欢演讲，专业也是英语，前一阵一直在准备新东方的面试，在等待结果。但是新东方的老师都是周五晚上和周末上课，工作日可能只有1天的时间大家一起磨课，平常也不用坐班。那么我周一到周五除了备课基本都没什么事情，我现在很纠结，而且周末只有排了课才有我的课。我喜欢跟大家一起工作的感觉，而且工作日没事，这会让我觉得比较焦虑，我应该怎么办？

八姐主观意见：

a）培训机构的老师都是这样的工作日程，这也是我当年选择离开新东方的原因。

b）你可以入职之后马上申请在学校坐班，这样你就可以在工作日见到同事，但是这意味着你可能要一周工作七天，因为周六周日不上班是不可能的，并且坐班的工资很低。

c）如果热爱教育事业，想做一辈子，那就克服吧。

（十）管理人员的困惑

1. Myart张萍——当管理者不如做设计师

我目前从事管理工作，我之前是有12年工作经验的设计师，干得不错，一直感觉很自信。现在从事设计部经理职位，感觉很不好，所有的困难一个一个出现，领导对我的管理理念也不认同，我感觉很迷茫，我是否还要继续做管理？

八姐主观意见：

a）管理是一门学科，需要一定的学习、思考和实践。如果你刚刚出任经理岗位，需要给自己一点时间，也需要请你的领导给你一点时间。

b）假如你已经全力以赴地按照"我是唐僧"的策略去管理团队，但是效果很差，也许你更适合做一名靠单兵增值而获得职业发展的设计师，目标就是成为设计大师。

c）如果让凡·高做画家经理，我想这个世界也许就会少了一个天才画家，多了一个糟糕经理吧。

Nina主观意见：

不是每个人都适合走上管理岗位，中国人喜欢做"官"，这也是中国特色之一。

当不了"官"的职场人，在晋升到一定层级后，就很难再靠个人的专业技能来获得更高的收入了。这是国内普遍的对专业性权威的漠视，还有官本位思想潜移默化的影响。是否适合做管理，需要一段时间以及你的全情投入，切身体会之后再做判断。和你的领导多沟通，他也是这么走过来的，你或许不认同他的观念，但是你应该认可他对你的认可。这对你而言也是一种有益的挑战，走出"舒适区"，能打开另一片天地。

2. 恩妈Emma——想要改变自己事业单位的工作环境

我大学毕业参加工作已经十年了，前三年在设计院，后七年在体制内事业单位工作，正处在一种如果要跳出鱼塘不知道能干什么活的迷茫期。我工作一直很积极主动，但是单位其他同事甚至领导恰恰相反，工作很没有成效，以致我的工作热情都被浇灭了。每天上班却感觉不到自己的工作能力提升，我的危机感越来越强烈，工作十年后的自己要是出了这个单位可能真的找不到其他工作了。我想问的是，我该怎样改变这个状态呢，如何改变领导和同事带来的拖延症效应？现在好像是这"大脑"的方向不明确，也不知道我执行的东西是否达到"大脑"的要求，我要如何告诉"大脑"说你赶紧给个方向、做个决定呢？

八姐主观意见：

a）你选择进了体制内的事业单位，上蹿下跳非但自己难受，其他领导也会讨厌你。

b）我也曾在这样的单位工作过半年，我从三个月开始就每天在策划如何跳出这样的鱼塘，最终是以装疯卖傻的形式才得以解除劳动合同。

c）这不是你该如何改变环境的问题，要么离开这个环境，要么适应这个环境。

Nina主观意见：

道不同不相为谋。人是不可能改变得了另外一个人的，更何况是一群。趁着你还有点上进心，去找市场化的有竞争力的工作吧。出来干会不适应，遇到这样那样的困难，但好在你还年轻，还有勇气和能力，还能提高。现在不解决困境，将来再想突破成本会更大。

郑雯主观意见：

这是个典型又复杂的问题。我就强调一点，跳出鱼塘肯定有风险，但是高风险高收益。如果你承担得了出去的后果，你就出去。外面一片大好河山都是你的。如果承担不了，你想办法不要那么努力做事业，花点心思去干别的有意思的事情。

（十一）创业问题

1. 李建华——考证无望想要做微商的房产评估

我是一个毕业出来工作了两三年的大专生，做房地产评估的工作，但是现在一直也只是做最基层的工作。我本想着做一两年就可以考个估价师证，但是学不进去，考证没有希望。纠结要不要继续在这儿做下去。刚好有同学邀请我跟他一起去创业做微商，不用整天为一份死工资累死累活的。但是我对微商知之甚少，我不知道我适不适合去做微商，我该怎么办？

八姐主观意见：

a）你不适合做微商。因为首先一百个微商中只有一个能成功，而这个能成功的人是个有想法、很执着的人。你在对微商了解很少的前提下考虑去做，显然你不会是这1%。

b）但是我恰恰不反对你做微商，因为年轻人不撞南墙不回头。你不浪费几千块钱是不会珍惜现在的岗位的，所以快去做吧。

Nina主观意见：

你确定你要做的是微商而不是传销吗？这是很大的一个坑，不要被创业的激情冲昏了头脑，看不清事物的本质。我的微信号里，时不时就会冒出一些辞了职做微商的同事转发的各种看上去很完美的微商产品，但是通常超不过6个月，他们的朋友圈里神奇地就不再发这些信息了。我曾打听过，他们所谓的赚钱都是假的，下线别说赚钱了，稳亏是一定的。因为你要拿货啊，上线发展到你的时候，就是靠你来花钱拿货，他才有的赚的。这样的模式不是经商之道，骗术而已。不明真相的同学请自行百度：微信对话、转账交易生成器。

2. 梁嘉欣——创业比赛获奖却迟迟得不到奖金

在校期间，我参加了一场创业大赛，我的创业项目是花店，赢得了特等奖5万元奖金。获奖后学校告诉我这笔钱是由企业方给我，但是事情已经过去5个月了，最近我才发现，原来其他的一二三等奖是学校方颁发的，而且获奖同学已经都拿到奖金了，然后我问校方跟企业方，都一直在推时间。我已经需要找工作了，之前是想着拿到奖学金继续发展花店创业，但现在变得很被动。我不知道怎么处理。

八姐主观意见：

a）如果你的创业项目真的有市场价值，你可以把创业策划案发给108个天使投资人，中国的天使投资人像狼一样挖掘好的创业项目，他们何止会给你5万元，50万、500万都是可能的。别较劲，去找天使投资人。

b）既然你能赢得这场创业大赛，说明你的能力很强，可以先找个工作挣来5万块钱。

c）也不要真把学校组织的创业大赛看得那么重，有很多学校创业大赛评选并不认真。当然我不是在暗示你的特等奖有水分，我只是提醒你，这不是一个在市场经济下组织的创业大赛，而且冠名单位连5万块都不肯出，我就更怀疑这场创业大赛的水准。

d）如果你是个能干的人，请记住你的时间最值钱，不要等，一边找学校要钱，一边以没有这笔钱的心境去成长。

Nina主观意见：

付出了，却没有得到许诺的回报，这种事情不经历过几次，不足以看透。无论工作还是参赛，你都是为自己而做的，不是为别人。所以，你没有损失，你想了一个好的创意，你为此策划周全，并萌生了创业的念头，这一切都是你的收获。那些以为你只有这么一点利用价值，小看了你的未来，只占到这一丁点便宜却失信于你的人才是可悲的。千万不要在这点小事上浪费了你的大好光阴。收拾好心情，加倍努力，你要甩出一个让人望尘莫及的上升曲线来，才是送给他们最好的啪啪打脸。

郑雯主观意见：

两个要点：第一耐心细致地去沟通，不要显得是讨债，要有理有据有节，最好还能动之以情晓之以理，照理说其他人都得了不该如此，也许人家公司出什么问题了；另一方面，真想开花店的话，该开开起来，想办法找别的融资渠道。注意选址。

后记　我等你成为"铁托儿"

在动笔写这本书的时候，我想征求一下学员们的推荐语，没想到大家把几十字的推荐语写成了洋洋洒洒数百字的学后感，看上去像极了"托儿"，而且是"铁托儿"。

我把部分"铁托儿"的推荐语放在这里。因为，这些"铁托儿"其实已经开始逐渐成为同岗位同级别的人中那些"少数人"了。我知道，他们升职加薪的速度会达到自己应有的最高水平。

我希望一年以后，可以在"途正职场"的后台看到你的留言，看到你成为一个来炫耀的"铁托儿"。那时候请你一定留下联系方式，我隆重地邀请你入伙，一起为更多的后来者分享。

越分享，越成功。

1. 学员"老其实话"：

看杨老师的文字是轻松的。她用浅显易懂的语言讲解论点，然后用最实操的方法告诉你怎么做，这就是电影里所说的那个"摆渡人"吧。

我常常偷着乐，因为我花了一份买甜点的钱，让我有了比吃甜点还要大的满足感，过去这半年，我真的被"36计"改变了。

现在的我，不再忧虑待在国企以后会怎样发展，再也不会怠慢生活；现在的我，面对性格中的"原罪"改变了语言和行为，重新懂得了如何与身边的人相处，也给孩子树立了正确的榜样。

现在，我把这份体验分享给你，愿你一样受益匪浅。

2. 学员"采购+刘珊"：

我曾倔强地认为只要努力，任何一行都可以成为佼佼者。

我做过四年外贸业务员，然后转行做了供应链，又做了现在的采购，薪资大不如从前，发展也没有前景，这些一度让我的工作态度很消极。我开始反思自己的职业生涯到底是哪个环节出了问题，也正是在这个时期接触到了"职场36计"。

杨老师的分析让我恍然大悟，尤其是"'立定跳远'怎样跳槽更合理？"那一计策中，杨老师提到跳槽最忌讳的就是既换行业、又换单位、还换岗位这样的三级跳，而我这两次跳槽恰恰都"完美"地呈现了三级跳。如果我早一点知道"职场36计"，就不会走这样的弯路了。

此外，通过"'回顾往昔'到底哪类工作最适合自己"这一计，我认真分析了自己的"红点黑点"，发现我并不适合现在的工作岗位。而在"'7531'不了解职场的人如何选工作"这一计的学习中，我基本确定了自己所适合的行业，这一点真是太重要了。

我觉得，36计不仅适用于职业规划，还可以应用到职场发展，例如"'委屈成本'觉得委屈怎么办？"消除了我工作中的负面情绪；"'等价交换'如何获得人脉的帮助"让我学会换位思考领导的处境，如何巧妙地从领导那里获得帮助。

总之，杨老师的"36计"几乎是满满的干货，感谢自己曾经的选择！

3. 苹果大魔头：

我是一名二孩妈妈，毕业以来都是从事文职类工作，现计划二宝两岁时再回归社会参加工作，但对职业的发展方向一直迷茫与不确定。机缘巧合下订阅了杨老师的"职场36计"，才发现自己过去原来犯了很多职场认知错误。

杨老师的"36计"中，对我影响最大的计策有"回顾往昔""委屈成本""以终为始"以及"农民施肥"。从过去经验回想起来，上面计策中提到的错误我都犯了，有些还相当严重，以致我的职业发展没有提升空间：

1）没有回顾往昔根据自己的"红黑点"选专业，盲目听从长辈意见，选了一个商务英语读大专，而且读得一般。由于专业不具竞争性，毕业后也为自己设限，只能做文职类工作。

2）没有"委屈成本"意识。我最初做的是前台，当时有两名前台，正赶上一个部门扩张要让一个前台去帮忙，我就让那个女孩去了。没想到人家帮忙后就直接调岗了，我特别后悔自己亲手把机会推给别人，于是总觉得委屈，工作态度变得消极和有敌意，结果反而导致我自己未能实现调岗。

3）没有"以终为始"地为自己做好职场定位。生完大宝回归前台后，一门心思只想快点调离，没有耐心等待营销部的回复，见到工程部增设助理岗，就立马去应聘。虽然顺利内部调岗，但我没设计工程的相关知识与技能，没有能力待在工程部并晋升变成设计师或工程监理，只能当部门的文职打杂。

4）乱"施肥"，工程部工作一段时间后，已熟练上手，工作也变例行，当时也意识到再干下去没有任何晋升空间。还没想清楚自己要什么的情况下，利用空余时间乱考证，考三级的心理咨询师、人力资源师、婚姻家庭咨询师及驾照。考了这么多证，却一项都用不到工作上，完全是"本本族"，浪费时间浪费精力。

其实，除了这些，杨老师的课程还让我体会到了这些：

1）时间是最大的成本，考证貌似上进心强，其实是用身体的勤奋掩盖思想的懒惰。

2）我变得有勇气往销售岗进发，这可能是我最大的收获！以前我总认为口齿伶俐，外向活力才能成为好销售。但原来只要你有情商，能用心关护客户所需，而且还能踏实抗压受得了委屈，即使内敛的人也能做好销售。我根据自己的"红黑点"分析，坚定了自己可以做好以优质服务取胜获得回头客形式的销售类型，努力往金牌销售方向去走。

感谢杨老师在职场经验的总结分享，让我们少走很多弯路。我决定以实际努力，好好应用课堂所学的，升职加薪，报告给"途正职场"的小编们，让大家看到我的成功案例！

4. 细细君：

在"36计"之前，我也听过许多大道理，可回到工作中还是会迷茫。大概是因为听完就忘，和实际的问题联系不到一起吧。

"36计"整合概括了职场的道理，并给它们安上了过目不忘的名字——"以终为始""知己知彼""移情换位"，等等。特别是"知己知彼"那一计，我反复听了又听，看了又看。它帮助我理解了异性的思维方式，也让我认识到理性化、量化的工作方式其实就是我这种拖延症所缺乏的。改变了思维方式，我感觉心情都明朗起来了。

谢谢杨老师的"36计"，批判引导了迷茫的我，我已经将它推荐给我身边的朋友，也会继续推荐给更多的人。（八姐备注：细细君后来成了"36计"的插画师）

5. 小乔：

真心觉得"36计"不论是在工作还是生活中都给了自己很大的帮助。

从怎么接触"36计"开始说吧。2017年3月8日，想给自己买个有意义的节日礼物，在"十点课堂"里发现了杨老师的"36计"，便订购了。

"36计"中的每一计几乎都能带给自己一些启发，让我学会了很多东西，比如"知己知彼""锅炉效应"（后改名"煤油炉子"）"明日计划""T.E.N.D."，等等。对我影响比较大的计策有：

1）"知己知彼"。之前觉得身边的男同事们怎么都那么不喜欢说话，讨论什么总是给很少的回应，自己会因为他们给的回应太少而觉得是不是自己哪里做得不够好，自寻很多烦恼。听完"知己知彼"后发现，这仅仅是思维和表达方式的问题，之后很少再因为工作上的事情那么玻璃心了，自己在工作中获取了很大的满足感。

2）"锅炉效应"。3月份真的是自己最纠结的时候，想着换工作，可是又不知道该做什么。"锅炉效应"一下点醒了我，自己只是个小小的煤油炉，已经工作两年了，如果在这个时候选择换工作会让自己一切从零开始；又结合"回顾往昔"分析自己，发现自己真的是适合现在的工作的，于是便安下心来继续现在的工作了。

最后，愿越来越多的人接触并了解"36计"，它会带给大家很大的帮助和改变的。

6. 我们一起长大：

《西游记》在我们国人的心中是尽人皆知的经典中的经典，我小时候就特别"迷恋"孙悟空，经常拿个棍子瞎比画，嘴里振振有词："妖精，快放开我师父！吃俺老孙一棒！"那时候大圣就是我心目中的超级英雄，我甚至当众宣布长大了要找孙悟空当男朋友……（捂脸，那时的我还不到十岁）

青春期过后进入社会，初尝人生冷暖，领悟人情世故，才发觉八戒也有可取之处，上可哄得师父心花怒放，下可团结师兄弟。沙僧是一个明白人，明知道自己不如大师兄会降妖除魔，也不如二师兄会讨好师父，所以就老老实实、兢兢业业地挑起担子，保护好行李。三个人各司其职，也各自安好，这里好像没有唐僧什么事了，难道唐僧是多余的吗？（其实我小时候最不喜欢的就是唐僧，软弱无能，不辨是非，特别是他念紧箍咒"欺负"悟空的时候，恨不得把他揪出来暴打一顿，尤其是《三打白骨精》这一集）

然而经过职场的洗礼，结合杨老师的讲解，我理解了唐僧的重要性。我想，最重要的就是唐僧信仰的坚定——即使许多次眼看就要被妖怪做成"粉蒸肉"，但他却只为取经大业不能完成而忧心。唐僧在，经就能取；他不在，猪八戒就要回高老庄，孙悟空就要回花果山。

我觉得，"我是唐僧"这一计，不仅能帮我们做好领导，还能帮我们理解自己的领导，千万别总指望领导打妖怪的能力比你强！

7. Lily：

讲讲"36计"对于我的影响。当初报名，就是觉得自己工作进入第十个年头也进入了瓶颈期——说是职场小白，肯定不算，但是离职场老人又相去甚远，最主要的目的是想提高自己的情商。事实证明，我的选择是对的，杨老师讲课浅显幽默，却能揭示深刻的道理。而且我觉得杨老师很能理解和领会现在年轻人的想法，绝对是职场和人生的好导师。

我复盘了杨老师的"36计"，我自己把它分为四大块内容：

1）第一块就是"我是谁"。即如何自我定位，包括"回顾往昔""红点黑点""以终为始""锅炉效应"等计策。在这些计策中，对我最有启发的是"以终为始"，之前在生活和工作中，也算是个有计划的人，但是计划只是眼前我要做些什么，而没有长远的方向性，这样就容易跑偏，埋头做事却忽略了目的和方向。

2）第二块内容包括职场中如何做好下属和如何做好上级。很多之前心存芥蒂和迷茫的事情，从未细想根源；学了这些计策之后，我能一针见血地看到问题的本质，让我释然。

3）第三块内容就是我之前最想提高的"情商"部分。其中我印象最为深刻的是

"等价交换"和"看清'原罪'"。"等价交换"让我意识到，即使是很好的闺密，也存在着"等价"的概念，没有所谓的理所当然，这样才能平衡。

4）最后一块内容是英语学习，杨老师的英语教育方法真的太独特了，难怪把保姆也培养成英语老师了。

特别要提一下的是第36计"三生三世"，杨老师对"创业"的见地十分新颖，对"三生三世"的解读让人真的有冲动去闯一闯，不去做会后悔。

说点题外话，因为"36计"，我知道了杨老师，也去买了她的书《这些道理没有人告诉过你》。虽然这本书的很多内容更适合职场小白，但还是有很多其他内容是我这个从业多年的人也没有想到和注意到的，绝对值得一看。另外，我也网购了一盒古方红糖，真的是"甘蔗榨取，古法炮制"。

人生会遇见很多导师，至少在现阶段，杨老师成了我人生的领路人，她应该是把所有的人生经验揉碎后，手工做成一架"梯子"，直接告诉你眼下该行去何方。（八姐备注：这丫头真是托塔李天王那种硬托儿啊。）

分享了这么多小伙伴的感想，我心里沉甸甸的，感觉装进了十公斤愉快的情绪。渴望被认可、被认为有价值，是人从动物演化来的天性DNA。我把这些感想晒出来，希望鼓励你们也能够"学而时思之"，把学到的东西变成自己的感悟，指导自己的职场，爬上更高的"梯子"。

若你爬上了更高的"梯子"，请你回头告诉我，让我们"途正"编辑部的每个人都能享受一公斤的成就感。

杨萃先携"途正"编辑部全体小孩

（35岁以下在我看来都是小孩）

2017年6月13日星期二

扫一扫　学习杨萃先老师

"十点课堂"课程

职场36计

撕掉单词语法书
颠覆你的英语学习